应用本科
实践教学体系研究

YINGYONG BENKE
SHIJIAN JIAOXUE TIXI YANJIU

  主　编　李定清　母小曼
副主编　肖大成　杨　矛　张梁平

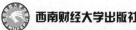西南财经大学出版社

图书在版编目(CIP)数据

应用本科实践教学体系研究/李定清,母小曼主编.—成都:西南财经大学出版社,2012.10
ISBN 978 - 7 - 5504 - 0852 - 4

Ⅰ.①应… Ⅱ.①李…②母… Ⅲ.①高等学校—教学研究—文集 Ⅳ.①G642.0 - 53ʼ

中国版本图书馆 CIP 数据核字(2012)第 225030 号

应用本科实践教学体系研究
主 编 李定清 母小曼
副主编 肖大成 杨 矛 张梁平

责任编辑:张明星
助理编辑:涂洪波 赵 琴
封面设计:墨创文化
责任印制:封俊川

出版发行	西南财经大学出版社(四川省成都市光华村街55号)
网 址	http://www.bookcj.com
电子邮件	bookcj@foxmail.com
邮政编码	610074
电 话	028 - 87353785 87352368
照 排	四川胜翔数码印务设计有限公司
印 刷	郫县犀浦印刷厂
成品尺寸	148mm×210mm
印 张	11.5
字 数	285 千字
版 次	2012 年 10 月第 1 版
印 次	2012 年 10 月第 1 次印刷
书 号	ISBN 978 - 7 - 5504 - 0852 - 4
定 价	29.80 元

前　言

　　应用本科教育是高等教育大众化的产物。应用本科教育是高等教育的重要组成部分，是我国从人口资源大国走向人力资源强国，提高国家核心竞争力的重要途径。《国家中长期教育改革和发展规划纲要》中指出："重点扩大应用性、复合型、技能型人才培养规模。"这表明在我国的经济与社会可持续发展中，应用本科人才培养将发挥着重要作用。应用本科教育是相对于学术性普通本科教育而言，是高等教育"职业性"和"学术性"两种不同价值取向的追求。应用本科教育是由知识本位向能力本位转变的实现方式。温家宝总理曾指出：我国高等教育人才培养的一个问题是，"动脑的不会动手，动手的不会动脑"。其根源在于"教动脑的不会教动手，教动手的不会教动脑。"这说明应用本科教育就是要培养既能动脑又能动手的应用性人才。即不是以学科化系统知识的传授为主，而是以需求为导向，以综合职业能力的培养为本位，具有创新精神和实践能力的高素质的应用性专门人才。

　　应用本科教育的生命力在于办学质量和特色。应用本科教育主要由理论教学与实践教学构成。应用本科教育实践教学的本质特征是学以致用。从某种意义上说，实践教学的学习与实践，比理论教学更具有现实意义。因为实践教学是由理论过度到实践的桥梁，是培养学生创新创业的"切入点"，是培养学生综合素质的重要平台。因此，应用本科教育的成功与失败直接取决于实践教学模式是否能

1

够支撑对学生职业能力的培养，进而适应社会经济发展对技术应用性人才的需求。综观发达国家和地区，应用本科教育实践教学模式多种多样。比较典型的有：德国的 FH"企业主导型"实践教学模式；加拿大的"能力中心的课程开发型"实践教学模式；英国的"资格证书体系推动型"实践教学模式；中国香港的"工业训练中心"实践教学模式。其实践教学模式具有以下共同特点：一是实践教学的目标和课程开发强调能力本位；二是在实践教学方式上，理论与实践并重，将职业能力与职业素养有机结合；三是校企合作办学是实践教学模式的关键。

随着我国高等教育的改革发展，实践教学在人才培养的地位越来越重要，也是培养应用本科人才的关键。但我国应用本科教育的发展历史不长，应用本科教育还存在办学观念认识不够和理论研究滞后的现状，严重影响了应用本科教育的持续发展。从观念上看，重做人轻做事、重理论轻实践、重学历轻学力等仍有其深厚的土壤；从理论上看，应用本科教育的实践教学体系构建，实践教学质量评价考核标准、产学研结合、学生创新创业等问题仍处在探索之中，科学、合理的应用本科教育实践教学体系尚未形成。因此，开展应用本科教育实践教学体系理论研究与探索，构建具有中国特色的应用本科教育实践教学体系，是我们从事应用本科教育工作者必须关注的重要课题。

　　本书坚持理论联系实际的原则，充分体现了理论性、实践性、学术性和前瞻性的特点。我们围绕应用本科教育实践教学的基本理论与实践中的热点和难点问题，立足重庆工商大学应用技术学院构建"需求导向多维互动实践教学体系"基本思路，对应用本科教育实践教学模式、实践教学与职业能力、实践教学与校企合作、实践教学与创新创业、实践教学与学生综合素质培养等方面的问题进行了广泛的研究与实践。其中，既有对应用本科教育实践教学体系及模式理论的深层次探讨，也有对应用本科教育实践教学探索中的难点问题的具体剖析，还有一些目前学术界研讨的热点问题。不少文章不乏真知灼见，很多观点给人以启迪，对应用本科教育实践教学的改革与发展具有指导意义。

　　本书由李定清、母小曼任主编，肖大成、杨矛、张梁平任副主编。本书由李定清、张梁平修改统稿，最后由李定清总纂定稿。本书得以出版，首先要感谢重庆工商大学应用技术实训与创业中心的资助，其次感谢重庆工商大学应用技术学院领导和老师的支持和帮助。由于撰写本书的时间仓促，加之水平有限，书中难免存在不当之处，恳请广大读者和同行专家批评指正。

李定清

2012 年 6 月于重庆

目　录

理论体系

教学模式

专业课程

创新创业

理论体系

试论应用性本科教育实践教学体系的构建*

李定清

一、应用性本科教育实践教学的内涵

(一) 应用性本科教育的基本特征

应用性本科教育是高等教育大众化的产物。应用性本科教育是由"应用性"和"本科"构成的二维复合概念。"本科"是一种教育层次，是相对于研究生和专科而言的，毕业达到一定的要求授予学士学位。"应用性"人才是相对于学术性人才而言的一种人才类型。应用性本科教育与学术性普通本科教育相比，是高等教育"职业性"和"学术性"两种不同价值取向的追求。应用性本科人才既要体现本科教育的学科性、学术性和创造性等学术教育的基本特征，又能体现职业性、应用性和技能性等职业教育的基本特征。即应用性本科＝本科底蕴＋应用特色。因此，我们认为应用性本科教育是："以需求为导向，以学科为基础，以培养职业能力为核心，以全面提高职业素质教育为目标的应用性高级专门人才。"

　＊ 本文是 2012 年"重庆市高等教育教学改革研究"（编号：1203222）的阶段性成果。

应用性本科教育是由知识本位向能力本位转变的实现方式。具体地讲，应用性本科教育的基本特征包括：①应用性本科教育的培养目标，不是以学科化系统知识的传授为主，而是以需求为导向，以职业能力的培养为本位，具有创新精神和实践能力的高素质的应用性专门人才，如技术师、工程师、经济师等；②应用性本科教育的专业设置具有行业、职业或技术的定向性和地方性，以增强学生就业适应性；③应用性本科教育的教学计划是以职业能力及工作任务为主线设计人才培养方案，强调学生实践能力的培养；④应用性本科教育的人才培养必须具备"双师型"教师队伍和实习实训条件；⑤应用性本科教育实现的途径必须走产、学、研结合的道路；⑥应用性本科人才培养的评价标准是行业企业标准与教育标准的融合。

（二）应用性本科教育实践教学的涵义

实践教学的本质特征是学以致用。实践教学是应用性本科教育实现人才培养目标和实施素质教育的重要环节，它对于培养学生的创新能力、实践能力、创业能力和综合职业素质有着不可替代的作用。实践教学是相对于理论教学而存在的综合性教学方式，一般指有计划地组织学生通过观察、试验、操作、实习等途径，掌握与专业培养目标相关的理论知识和实践技能的教学活动。它主要包括课程设计、课程实验或实训、教学实习、科研实践、社会实践、岗位实习与毕业设计（论文）等环节。应用性本科教育实践教学主要由学校实验室的教学实验、实训基地的仿真和模拟训练及生产企业的现场实习和岗位实践等环节组成。

应用性本科教育主要培养学生的实践专业知识和技能，促进学生职业经验和职业素养的形成，其教学目标以物化知识、形成技术技能和职业能力为主，教学内容强调实用性、应用性和针对性，要求理论与实践并重。在具体的教学过程中，注重学生的主体性、体验性，重视学生在做中学、学中做，教学做合一，体现以学生为主体、以实践为主导的教学理念，给学生创造一种团队协作、发挥潜能和实践创新的空间。其具体的教学方法与普通高校通常采用的讲授法、讨论法、实验法等也有很大的不同，更多地是采用案例教学法、模拟教学法、情景教学法、项目训练教学法和顶岗实习等。

二、构建应用性本科教育实践教学体系的基本理念

应用性本科教育实践教学体系的构建，必须遵循应用性本科教育人才培养目标和定位，坚持"需求导向、能力本位、合作办学、多维互动、创新创业"的实践教学基本理念。从而使学生得到全面发展，成为具备扎实的专业理论基础，受过系统的专业应用能力训练，具备较强的分析问题和解决问题的能力、创新创业的能力，适应区域经济社会发展，具有广阔视野的高水平的技术应用性专门人才。

（一）应用性本科教育实践教学目标：以需求为导向

应用性本科教育人才培养要树立以社会需求为导向的基本理念。"需求导向"就是应用性本科教育的发展必须致力于满足经济社会发展的需要，满足行业、企业发展的需要，满足受教育者就业和终身发展的需要。因此，应用性本科教育实践教学体系的构建，也必须坚持"需求导向"的实践教学观。学生的就业能力和终身发展能力是应用性本科教育实践教学的最大需求，是实践教学的目标。即坚持以综合能力、素质培养为主线，贯彻以人为本的教育理念，注重知识、能力和素质的培养，促进学生全面发展。需求导向有助于办学资源的整合与优化，有助于学生、教师和合作办学企业对实践教学和人才培养的参与热情，充分满足学生、教师和企业等相关利益者的需求。

（二）应用性本科教育实践教学的逻辑起点：职业能力为本位

应用性本科教育实践教学体系的逻辑起点，就是构成实践教学体系的出发点和归宿点。它不仅是构成实践教学体系的组成部分，而且是对实践教学体系的构成具有决定作用的前提理论。实践教学体系的逻辑起点，能够连接教学系统和教学环境，能够联系理论教学与实践教学，是实践教学追求的目标。根据我们 10 年应用性本科教育实践教学的探索实践，我们认为以"职业能力为本位"是应用性本科教育实践教学体系的逻辑起点。因此，在人才培养的过程中，突出能力的培养，坚决避免学科本位的思想和行为，把能力本位思想贯穿在实践教学全过程的考核中，在实践教学课程体系的设计上按照技术应用性人才的培养规律，在实践教学课程结构上根据能力培养的需要处理好知识、能力和素质的关系，打造好校内实践教学平台和校外合作办学平台。

（三）应用性本科教育实践教学的平台机制：校企合作与多维互动

应用性本科教育的成功与失败直接取决于实践教学模式是否能够支撑对学生职业能力的培养，进而适应社会人才市场对应用性人才的需求。校企合作办学既是培养应用性本科人才培养的主要途径，也是培养学生职业能力和构建多维互动实践教学体系的关键。《国家中长期教育改革和发展规划纲要》第十五条指出："建立健全政府主导、行业指导、企业参与的办学机制，制定促进校企合作办学法规，促进校企合作制度化。"这表明高等院校培养应用性本科人才要积极以不同形式进入企业或同企业合作，走产、学、研结合的道路。通过校企合作办学使学校的教育资源与企业资源整合与优化，构建学校、企业、学生利益共同体和价值共同体。多维互动的实践教学体系就是确立一个以学生为中心，以学校为载体，以企业为动力的多维平台，创新实践教学体制和机制，实现人才培养实践能力强和具有创新创业意识的技术应用性人才的目标。

三、应用性本科教育实践教学体系的结构框架

（一）发达国家和地区典型的应用性本科实践教学模式

1. 德国的 FH"企业主导型"实践教学模式

FH 是德国应用科技大学（Fachhochschule）的简称。德国应用性本科教育是面向职业的专业教育，其实践教学的特色是"企业主导型"实践教学模式。德国的 FH 与企业有紧密的合作办学关系，企业在实践教学中占有重要地位，是实践教学经费的主要来源，并主导整个实践教学过程。其主要特点是：①学校与企业共同制订实践教学计划；②主要的实践教学课程和实习环节由企业组织实施；③实践教学和实习的考核评价主要由企业负责；④在实践教学过程中，学校与企业开展解决企业实际问题的应用性研究与开发，以及开展为社会提供技术服务。

2. 加拿大的"能力中心的课程开发型"实践教学模式

加拿大以能力为基础的教育（CBE 实践教学模式）是目前国际上比较流行的实践教学模式。它是以能力培养为中心，以胜任岗位要求为基础。其最大的特点是围绕从事职业工作所需要的知识、技能设置学习课程，制订教学计划，决定教学方法、步骤、内容及考核方式，从而保证学生具备从事某种职业的较高实践能力，使理论与实践紧密融合。加拿大的 CBE 实践教学模式分为四个阶段：职业分析形成 DACUM（课程开发）图表、学习包的开发、实践教学实施与管理、实践教学评价。其中，核心是职业分析形成 DACUM 图表。这是一种与企业界紧密结合、科学、准确的系统分析方法。因此，加拿大的 CBE 实践教

学模式体现了以社会需求为导向、重视学生实践能力培养的应用性本科实践教学模式。

3. 英国的"资格证书体系推动型"实践教学模式

英国的高等教育是围绕职业资格证书而进行的实践教学模式。目前，英国建立了包括国家职业资格证书（NVQ）、普通国家专业证书（GNVQ）和普通教育证书在内的非常完整的证书体系，各种证书之间还建立了互换关系。国家职业资格证书以实际工作为基础，按具体行业工种制定技能标准，共分 5 级等级，国家职业资格证书培训以技能训练为主、理论学习为辅。普通国家专业证书是一种专业面较宽的理论知识和专业技能培训体系，分初、中、高三级。高级的普通国家专业证书和三级国家职业资格证书等价。该证书制度的建立旨在将学历教育与职业培训相结合，在职业资格和学历证书之间建立起一座桥梁，使应用性本科教育在更广泛的范围内得到发展。英国以资格证书为中心的实践教学模式的特点是：①实践教学目标是以能力为基础；②实践教学的方式强调做中学、学中做；③建立以实际工作效果评定学习成效的考核制度。

4. 中国的香港"工业训练中心"实践教学模式

中国的香港"工业训练中心"实践教学模式是为学生提供一个接近真实的工业环境。这种工业环境无论在设备配置、布置，管理方式的运作，选择典型产品的生产，执行的工业技术标准和安全法规等方面都基本接近实际的工厂环境。实际工业训练一般包括基本训练和项目训练。工业训练不是某一门课程的一个实践教学环节，而是一个综合性的工程实践训练，它着眼于学生培养的整体目标，不仅仅是为了让学生学习有些设备的操作和许多加工技术，而是为了培养学生寻求、接受新科技的能力，具备创新的思维。

以上几种实践教学模式具有以下共同特点：①实践教学的目标和课程开发强调能力本位；②在实践教学方式上，理论与实践并重，注重职场氛围的营造，将职业能力与职业素养有机结合；③实践教学的关键是学校与企业行业合作共同培养人才。

（二）应用性本科教育实践教学体系的结构

1. 应用性本科教育实践教学体系结构设计应考虑的因素

我们认为，科学、合理的实践教学体系结构要考虑以下因素：①以职业能力作为构建实践教学体系的逻辑起点，贯穿实践教学活动的始终；②以系统理论设计实践教学体系结构，根据应用性本科教育培养目标和特点，确定实践教学活动要素，体现实践教学体系的层次性、逻辑性和一致性；③正确处理理论教学与实践教学的关系，把核心技术的综合应用能力、实践能力和创新创业能力培养作为交叉点和教学重点；④以动态性适时调整和优化实践教学体系的结构，关注实践教学环境对实践教学体系的影响；⑤专业和职业岗位标准的差异性。制定与之相适应的实践教学体系，其结构具有多样性，不是唯一。

2. 应用性本科教育实践教学体系结构的内容

实践教学体系的结构是运用系统、科学的理论和方法，对组成实践教学的各个要素进行整体设计，以形成结构和功能最优化的实践教学系统。广义的实践教学体系是由实践教学活动中的各要素构成的有机联系整体，包括实践教学目标体系、内容体系、管理体系和保障体系等要素；狭义的实践教学体系是指实践教学的内容体系，即围绕专业人才培养目标，在制定人才培养方案时，通过课程设置和各个实践教学环节的配置而建立起来的实践教学内容体系。

（1）实践教学目标体系。目标体系是各专业根据人才培养目标和培养规格的要求，结合专业特点制定的本专业总体及各个具体实践教学环节的教学目标的集合体，它是实践教学应达到的标准。在整个实践教学体系中，目标体系是核心，它既在一定程度上决定着实践教学内容体系、实践教学管理体系和实践教学保障体系的结构，同时又取决于这些体系的功能水平，在整个体系中起驱动作用。

（2）实践教学内容体系。实践教学内容是实践教学目标任务的具体化。具体来说，是将各个实践教学环节的实验、实习、实训、课程设计、毕业设计、创新制作、社会实践等，通过合理配置，构建的以技术应用能力为主体，按基本技能、专业技能和技术应用能力层次，循序渐进地安排实践教学内容，将实践教学的目标和任务具体落实到各个实践教学环节中，使学生在实践教学中学到完整的、系统的技能和技术。

（3）实践教学管理体系。教学管理是开展教学工作的基础和质量的保障。实践教学管理体系是指管理机构和人员、管理规章制度、管理手段和评价指标体系的总和。它在整个体系中起到信息反馈和调控作用。应用性本科教育实践教学管理，包括管理机构、实践教学基地和人员等的硬件管理和校内外实践教学管理的规章制度、管理手段和评价指标体系等的软件管理。

（4）实践教学保障体系。实践教学保障体系由师资队伍、技术设备设施和学习环境等条件要求组成，是影响实践教学效果的重要因素。即实践教学保障体系要求有熟悉生产、建设、管理、服务第一线，掌握过硬技术的双师型的专兼职教师，较完备、先进的技术设备设施和仿真性的实践教学环境以及实践教学质量监控体系三个重要条件。实践教学保障体系要求，既要有一定水平的硬件环境，又要有相适宜的软件环境。支撑保障体系的建设已成为实践教学效果的决定性因素，其成功与否决定着应用性本科教育实践教学的成败。

需要指出的是，应用性本科教育实践教学与理论教学是并重融合的关系。既要求应用性本科以学科为基础，理论扎实，又以能力为主线，实现实践教学与理论教学的融合。因此，实践教学体系的结构必须与理论教学体系相协调。即构建"相互平行、融合交叉"的理论和实践教学体系。相互平行，是指两套体系的教学计划相互平行，课程流程相互平行；相互融合，是指课程知识内容与技术、技能培养相互融合，理论和实践教学场所相互融合；相互交叉，是指两套体系的功能相互交叉，知识、技术和技能培养的落脚点相互交叉。

四、应用性本科教育实践教学体系的构建

（一）实践教学体系结构设计整体优化

我们认为，应用性本科教育实践教学体系的构建就是要建立"需求导向的多维互动的实践教学体系"，实现实践教学体系结构设计的整体优化。①学习并借鉴发达国家和地区应用性本科教育实践教学模式的先进理念和做法，以社会需求为导向，以培养学生能力为根本，坚持"知识、能力、素质"协调发展，以此创新实践教学模式与方式。②以人才培养方案为载体，构建系统的实践教学体系。即坚持实践教学与理论教学并重融合的原则，重组实践教学课程，形成一个既有基础性实践又有专业性实践、既有基本技能方面的实践又有创新能力方面的实践，一个与理论教学既相互联系又相对独立的分层次、多模块的实践教学体系。③多维互动的实践教学体系的关键是搭建校内实验实训平台和校外合作办学平台。从总体上讲，应用性本科教育实践教学体系结构设计要逐步实现"实践教学信息化、实践教学多样化、实践教学综合化和实践教学人文化"的目标。

重庆工商大学应用技术学院，通过多年的改革与实践，形成了"一个中心，两个平台，三个互动，四个结合"的多维互动的实践教学体系。一个中心：以"职业能力"为中心；两个平台：校内实践教学平台和校外实践教学平台；三个互动：一是建立以"职业能力"为中心的培养机制与考核机制，二是建立以"双师型师资"为中心的校企师资互动机制，三是建立以"订单培养"为主要模式的校企合作机制；四个结合："双证"

结合、"双纲"结合、"双课"结合和"双师"结合。

（二）实践教学内容体系注重能力培养

实践教学内容是实践教学体系中最核心的部分，实践教学的内容应充分体现"能力本位"的思想。应用性本科教育实践能力的构成主要包括基本实践能力、专业实践能力、创新创业能力和社会适应能力。实践教学内容体系的设计，从横向看，包括"基础性实践课程、专业性实践课程、创新创业性实践课程和社会实践课程"四个子系统；从纵向看，包括基础层（低年级）、综合层（二三年级）和提高创新层三个子系统。纵横融合形成点线面体的"层次化、模块化、立体式"的实践教学内容框架。积极推行"双证制"、订单培养，探索工学交替、任务驱动、项目导向、顶岗实习等有利于增强学生能力的教学模式。借助软件公司开发的"把企业搬进校园"的理念和产品，积极探索经济管理类跨专业的综合性实训，提高学生专业能力适应性和就业竞争力。

近年来，重庆工商大学应用技术学院在实践教学改革探索中，确立了"能力本位"的实践教学观。我们认为，"能力本位"实践教学观要落实到实践教学过程始终，必须处理好三个关系：①人才培养与实践教学的关系；②职业能力与实践教学的关系；③校企合作与实践教学的关系。最终目标是实现知识、能力和素质的融合，培养学生的创新创业能力和实践能力。因此，学院每年在制定人才培养方案时，都明确专业职业能力标准及构成，要求实践教学四年不断线，实践教学课时占总课时的30%～40%，实践教学与理论教学考核实行"双合格"。同时，学院为了提升学生的职业能力和综合素质，全面推行学历证书与职业资格证书的"双证制"制度，打造了"两赛两坛"和"系企一体"的创新创业平台，尤其是专业技能大赛成绩斐然，彰显了"能力本位、两个平台、多维互动、创新创业"的实践教学特色。

(三)实践教学师资队伍重视双师素质

美国教育家毕比（Dr. Beeby）说："教育的质量是教师质量的反映。"因此，教师队伍是教学的第一资源，实践教学教师队伍是实践性教学活动的实施者，是进行实践教学体系建设和确保实践教学质量的根本。温家宝总理曾指出：我国高等教育人才培养的一个问题是，"动脑的不会动手，动手的不会动脑"。其根源在于"教动脑的不会教动手，教动手的不会教动脑"。我们认为，应用性本科教育教师队伍应具有"三实"（实用、实践、求实）特色"双师"能力和"融合"素质，成为应用性本科教育人才培养与区域经济、行业经济之间紧密联系的主力纽带。

产、学、研合作是"三实"特色和"双师"素质队伍建设的主要途径。一方面，依托校企合作平台，聘任来自行业、企业，精通生产操作技术、掌握岗位核心能力的专业技术人才来担任兼职教师，参与实践教学，建立一支实践应用能力强的兼职教师队伍；另一方面，采取合作研发、企业实践等多种措施，让教师到企业实际工作岗位上锻炼，提高教师实践教学能力，促进教师实践应用素质的形成。近年来，重庆工商大学应用技术学院通过校企合办专业和实习基地建设，构建了一支"学校、学院、行业企业"三位一体的实践教学教师队伍。

(四)实践教学环境营造企业职场氛围

实践教学体系是在一定的实践环境下建立起来的，它要受到来自外部环境的影响和制约；同时，实践教学体系又通过实践教学活动作用于实践环境。即实践教学体系必须考虑社会经济、科技的发展和人的个性发展对教育和教学的要求，促使实践教学体系从封闭系统向开放系统转变，主动面向社会开展实践教学活动。我们所说的实践教学环境要营造"企业职场"氛围，就是要学习借鉴德国、我国香港等国家和地区的实践教学模式，为学生提供"企业化"实践教学环境，甚至引进企业资金生产或研发基地放在学校，实现校企资源共享，让学生在真实的环境下培养职业能力和职业素养，也在一定程度上训练了学生的就业能力和职业迁徙能力，缩短与社会、企业需要的磨合时间，使校内实践与企业技术状态"连成线"。

重庆工商大学应用技术学院紧密依靠企业行业，以"人才共育、就业共担、资源共享"为目标，全方位、多层次建立实践教学基地，努力营造"企业职场"氛围。2002年至今，学院已先后与57个企事业单位建立了实习合作关系，实习点遍布全国13个省市或地区。

（五）实践教学管理与评价遵循科学、合理

科学的管理和评价是促使实践教学达到最佳效果的有力保障。因此，要根据应用性本科人才培养目标和实践教学的要求，遵循科学、合理的原则，制定切实可行的实践教学管理与评价体系。实践教学过程的本质是以培养技能、提高职业能力为基础，以学生为主体的双边活动，其教学过程由教师、学生、合作办学企业、教学活动、教学手段等基本要素构成。因此，在实践教学体系中，体现了教师与学生之间的互动。学校与企业之间的互动，也是评价实践教学效果的主要方面。同时，职业资格证书教育可以培养学生的职业素质和职业能力，并通过这种企业认可的形式测试出学生对各种技术或管理的实际掌握程度。

具体包括：①评价主体要多元化——评价主体不仅包括学校内部实践教学的教师、学校外部企业、社会，还需包括学生自己和学生相互间的评价；②评价内容多样化——评价不仅应关注学生学习效果，还应关注在情感、动机、信念、价值观、

生活态度等非智力方面的发展；③过程评价与效果评价相结合——职业能力开发教学模式的实践教学评价要求重视评价过程，改变那种只顾结果不顾过程，只顾目的不顾手段的评价思路；④定性批评价与定量评价相结合——实践教学在评价内容多样化和主体上的多元化决定了在评价工具的选择上，既要对学生实践教学效果进行量化测试，同时还应采用定性的评价工具，包括运用描述性的、展示性的评价手段。

参考文献：

［1］沈奇，等. 应用性本科实践教学体系的构建与改革［J］. 实验技术与管理，2010（10）.

［2］许志才，等. 应用性本科院校实践教学体系的构建与探索［J］. 滁州学院学报，2010（3）.

［3］徐理勤. 德国应用科学大学（FH）的人才培养模式及其启示［J］. 浙江科技学院学报，2005（4）.

［4］刘志鹏，等. 应用性本科院校发展模式的创新与实践［J］. 中国高等教育，2010（11）.

［5］李定清. 需求导向：应用性本科人才培育的新模式［J］. 黑龙江高教研究，2011（4）.

高等职业教育实践教学改革研究

肖大成

在 1997 年联合国教科文组织颁布的《国际教育标准分类》中，将大学教育（5 级）分为学术性为主的教育（5A）和技术性为主的教育（5B），这对应了我国高等教育体系中的普通高等教育和高等职业教育。同时在标准中对学术性为主的教育（5A）描述为："课程在很大程度上是理论性的，目的是为进入高级研究课程和从事工程要求的职业做充分的准备。"对技术性为主的教育（5B）描述为："课程内容是面向实际的，是分具体职业的，主要目的是让学生获得从事某个职业或行业或某类职业或行业所需的实际技能和知识，完成这一级学业的学生一般具备进入劳务市场所需的能力和资格。"通过这一标准的描述，我们不仅可以看到高等职业教育的社会地位、基本职责，同时也清楚地了解到高等职业教育与普通高等教育的区别。从这一定义中也确立了实践教学在高等职业教育中的重要地位。

一、实践教学在高等职业教育中的作用

实践教学是高等职业教育特色的体现。实践教学是高等职业教育与普通高等教育的区别所在，我们从上面的《国际教育分类标准》中可以清楚地看到，职业教育在课程体系、知识体系上都与以下两个方面有着紧密的联系：一是职业或行业；二

是技能。这两个结合决定了实践教学在职业教育中的重要作用。在普通高等教育教学过程中通常也开设实验、实习等课程，但它与职业教育相比较有着重要的区别。一方面开设的目的有着不同。普通高等教育开设实验课程的目的是帮助学生对理论知识的掌握，而职业教育开设实训、实习课程的目的是对技能的掌握。以烤面包实验为例，普通高校的学生要求的是对发酵原理的掌握，而职业教育要求的则是对烤制工艺的掌握。另一方面从实训、实习的内容、形式、所占课程的比重有重大的区别。职业教育的实践教学的形式更为多样，内容更为丰富，课程比重达到50%。因此说实践教学是职业教育特色的体现。

实践教学是职业教育核心竞争力的载体。近年来带动高等教育快速发展的根本原因在于高等职业教育的快速发展。根据统计，1991年全国高校在校生人数为413.46万人，到了2005年全国高校在校生人数达到1561.78万人，增长了3.8倍，但在全国高校在校生人数中普通高校的在校生人数只有750万人左右，而高等职业院校的学生及其他类形的学生则超过750万人。职业教育为何能够在社会中得到如此快速发展，并得到社会广泛认可呢？这是因为长期以来推行的以"能力为本位"、"学生为中心"、"行业为引领"的职业教育思想，形成了职业教育的核心竞争——"能力"、"职业"。这一核心竞争力的实现与职业教育的实践教学有着紧密的联系。从某种意义上说，实践教学起着决定性的作用。

实践教学是评价高等职业教育质量的标准。虽然在现行的《高职高专院校人才培养工作水平评估指标体系》15个二级指标体系中，与实践教学直接相关的"教学条件与利用"、"职业能力训练"两项所占的权重系统数只有13%，但从社会、行业对职业教育学校的评价标准上看，专业特色、实践教学体系的完备具有重要的标准。从国家教育部与财政部所公示的《国家示范性高等职业院校建设计划》职业学校名单中，我们不难发现，这些能够成为示范性建设学校，原因在于他们的实践教学体系完备、专业特色鲜明。因此，它们能在高等职业教育中脱颖而出，成为职业教育的佼佼者。

二、高等职业教育中实践教学中存在的问题研究

（一）对职业教育实践教学的认识不到位

高等职业教育的实践教学始终是围绕着"能力"与"技能"开展的，这也是职业教育中开展实践教学的目的所在，因此通过实践教学，必须让学生获得某种能力与技能。但在实际教学过程中，通常把实践教学当作一种辅助手段，当作一种对理论知识的验证与加深理解的手段。这种问题首先集中体现在教学过程中，演示性多，学生动手操作少；操作一次的多，反复练习的少，达不到获得技能的目的。其次是形式重于内容。在目前的高等职业教育实践中，人们认识到了实践教学的重要性，开展了多种形式的实践教学活动，形式是非常丰富的，但内容却严重不足。最后是对实践教学的层次性认识不到位。学生从入学到毕业能够有一个逐步提高的过程，因此在实践教学的体系中设计了多层次的实践教学活动，从观摩、单项训练、综合训练、顶岗实习等通过一个渐进的过程，实现学生具备一套完整的技能。但在实际教学过程中，这一层次性的过程始终脱节，或省略，或低层次代替高层次等。

（二）实践教学管理体制从属化严重

由于我国的职业教育很大程度上是从普通教育中转型而来的，在这一过程中也将普通教育的管理模式带入了职业教育中来，形成了实践教学从属于理论教学的管理模式。主要体现在：①实践教学的管理机构依附于理论教学，一些学校甚至没有设置独立的实践教学管理机构，直接将实践教学纳入到教务管理

之中；②实践教学服务于理论教学，在制定人才培养目标过程中，实践教学的所有计划都是围绕理论教学计划而制订的；③实训项目、内容围绕理论进程开展；④实训课程指导依赖理论教学导师等。

(三) 实践教学考评标准模糊化

由于实践教学以培养学生能力为目的，对能力的考评确实存在一定的难度，理论教学的考试能够通过一份试卷评出学生的"优"、"劣"，但对能力的评估却远非能够通过"答卷"来体现。正因为对"能力"的考评存在一定的难度，因此在目前的高等职业教育中的实践教学考评过程中存在严重的模糊性，对学生实训成绩的认定标准不统一、相同课程的考评方法不统一，职业教育中提倡的理论教学与实践"双合格"，也只能停留在口头上。

(四) 实践教学资源的相对不足与资源浪费严重并存

实践教学必须依赖一定的设备与条件。由于我国的职业教育快速发展，国家投入却存在严重的不足，从而导致职业教育资源与职业发展的规模比例严重失调，无论从人均面积、师生比、人均占有设备金额、生均年投入金额等方面，高等职业教育与普通高等教育都具有较大的差距。特别是在开展实践教学的过程中所需要设备的绝对数量严重不足。以重庆工商大学为例。会计专业和市场营销专业在校生人数近千人，但每个专业的设备台套数不足 100 套，平均 10 人才能拥有一套设备。在开展实践教学的活动中，必须分多组才能进行。这是现实的一个方面。但另一方面，由于一些老师在开展教学的过程中不重视技能的培训，不重视实践教学环节的开展，导致设备的利率又非常低下。

三、实践教学改革对策研究

（一）加强实践教学管理体制建设

实践教学管理体制建设是高等职业院校保证实践教学活动正常开展的重要保证。在高等职业教育人才培养中，能力培养放在突出的位置，能力的培养来源于实践，因此在高等教育的教学管理体制中就应当将实践教学放在与理论教学具有同等重要的位置之中。高等职业教育的实践教学管体制为：院长→分管理实践教学的副院长→实践教学管理办公室→实训中心→各实训基地的管理体制。同时在成立学校的理论教学委员会的同时，成立实践教学管理委员会负责制定每年的课程实训的总体规划、任课教师的资格审查、指导课程实训的运行，研究课程实训中的重大问题。

（二）精心制定人才培养方案

人才培养方案是高等职业教育人才培养纲领性文件，人才培养方案的制定是高等职业教育人才培养思想、教育理念的全部体现。在长期的教育实践中，理论教学部分在人才培养方案中体现较为充分，但对于实践教学的理论、实现途径在人才培养方案中却存在较大差距，对实践教学的方案论证不充分，导致在实施人才培养方案的具体操作上难以达到理想的效果，甚至流于形式，无果而终。因此，加强人才培养方案的制定是实践教学改革的重要途径。

（三）加强对实践教学指导老师的管理与激励

任课教师是实践教学的主体，也是提高课程实训质量决定性的因素。因此，对承担学院课程实训任务的教师应应认真做好对应课程的项目设计、项目论证报告（授课计划）考核标准制定等。实训课程的指导老师应认真组织学生的课程实训、指导学生进行操作、实训报告的撰写等，并认真负责完成实训报告的批阅、实训成绩的评定等工作。具有课程实训内容的课程，学生的平时成绩构成应包含课程实训报告、课程实训完成质量的要素，且所占分数比例不得低于平时成绩的1/3。教师在实践教学中的表现应与学校的年度考核、优秀教师、优秀教育工作者及优秀党员等评选工作中相联系。

(四)积极鼓励学生参加实践教学活动

学生是实践教学活动的对象，在教学活动中应充分调动学生参加实践教学活动的积极性。在对学生进行实践教学活动的考核中应该建立严格的标准，对于独立设置的综合性实训课程，进行独立考核；经认定课程实训课与理论课程重要程度相当的课程应当实行双合格制度，课程实训进行独立考核；环节性课程实训应当建立与能力标准一致的评分标准。推行学生自助实训制度，各教学系应建立一批实训项目，由学院提供固定实训场地，供学生自助实训。自助实训项目在实训中心统一管理下，由学生进行自助与互助式实训（高年级辅导低年级、技能强者辅导技能弱者）。在条件成熟的情况下，学生完成实训项目的培训应当获得对应的实训选修课学分。学校每学年组织一次"实践教学积极分子"的评定工作，对在课程实训各种组织活动中表现优秀的同学给予表彰，由学院颁发荣誉证书及适当的物质奖励，该荣誉等同校级奖励。

综上所述，实践教学在高等职业教育中具有重要的作用，但高等教育中的实践教学还存在许多问题与不足，必须不断加强高等实践教学的改革，实践教学的作用才能够得到充分体现，实现其应有的目标和价值。

参考文献:

[1] 汤大沙. 职业教育人才培养中的问题及对策思考 [J]. 中国职业技术教育, 2006 (12).

[2] 朱涵珍, 等. 试论高等职业教育中的实践教学 [J]. 河南农业, 2011 (12).

[3] 李莉. 职业教育实践教学质量评估模式探索 [J]. 中国校外教育, 2011 (11).

[4] 郑建英. 我国职业教育现状及对策研究 [J]. 管理观察, 2011 (14).

应用本科需求导向人才培养模式的结构与内容设计

朱俊耀

一、应用本科需求导向人才培养模式的内涵

(一)应用本科教育的内涵

准确定义应用本科教育的内涵，是选择其人才培养模式的前提。应用本科教育作为一种新型的教育类型，目前在一些省市尚在试点之中。笔者看来，应用本科教育的定位，当经过"朝下看，朝上看，朝外看"的审视和借鉴，才能赋予应用本科教育更具活力的内涵。朝下看，是要借鉴职业教育的能力本位，夯实应用本科教育的基础；朝上看，是要搭建更高学历深造的平台，获得持续的后劲动力；朝外看，更要放眼国际，扩展教育的宽度与广度。

综上，笔者认为，应用本科教育的内涵可以概括为：应用本科教育首先是职业教育，强调应用技能；其次是本科教育，强调可持续发展能力；最后是开放教育，强调实践能力。

(二)需求导向办学理念的内涵

办学理念是办学的指导思想与方针。通常来讲，需求导向一直是高校专业设置的风向标。然而，现代市场节奏越来越快，

专业的分工越来越细，变换升级也越来越频繁，高校专业建设有其长期性和稳定性，不可能频繁调整跟风，违背教育规律。因此，如果仅仅将需求导向作为专业设置和调整的依据，仍不能完全解决高校培养的人才规格与市场需求脱节的矛盾。这就是，"围着需求转，反而丢失了自己"。

笔者认为，在教育活动中，有需求便意味着有利益诉求，有需求便意味着其对教育活动能保持较高的关注度与热情。因此，需求导向可以作为办学资源整合的原则考虑，激发各利益主体在办学活动中的积极性和能动性，让应用本科人才培养模式能充分体现各方利益诉求和各需求主体对办学的参与和贡献，因此，需求导向是应用本科教育办学资源整合的逻辑起点。

（三）人才培养模式的涵义

教育部在 1998 年《关于深化教学改革，培养适应 21 世纪需要的高质量人才的意见》中明确指出：人才培养模式是学校为学生构建知识、能力、素质结构，以及实现这种结构的方式。应用性本科教育的人才培养模式作为教育理论、教育实践一体化的操作体系，其构成要素包括培养目标、培养方式、专业设置和课程设置等内容。根据应用性本科教育的特点，应用性本科教育人才培养模式应该是：以直接满足经济和社会发展需要为目标，以培养学生社会职业能力为主要内容，以教学与生产实践相结合为主要途径和手段的人才培养模式，是学校和用人单位共同确定的培养目标、教学内容、培养方式和保障机制的总和。

综上所述，我们可以对人才培养模式做一个简单的概括：人才培养模式即人才培养的标准形式（样式）或使人们可以照着做的人才培养标准样式。① 它包括以下几层含义：①人才培养模式体现了某种教育理念；②人才培养模式规定了人才的特征；③人才培养模式具有"可移植性"；④人才培养模式具有多样性。

二、需求导向人才培养模式的结构体系

结构是物质的一种运动状态，结是结合之意义，构是构造之义。意即组成整体的各部分的搭配和安排。在需求导向的人才培养模式的构成上，便是要将应用性本科教育的资源优化配置，结合构造，打造出培养优势，并具有结构上的稳定性和可移植性。我们认为，一个科学、合理的应用性人才培养模式应当具有如下构造方能充满活力，才能培养出合格的应用性人才。

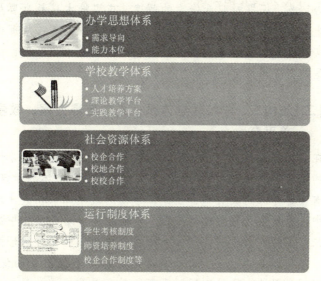

图1　需求导向的应用性人才培养模式的结构体系

---

① 陈向军，索凯峰. 经管类应用本科人才培养模式探讨 [J]. 教育与教学研究. 2009 (12).

（一）结构一，办学思想体系：需求导向、能力本位

在应用性本科教育中，四大利益主体"校、生、政、企"在职业教育活动中均能表现出各自不同的、交叉的、承接的、关联的需求，即国家、政府层面科教兴国的战略需求、企业提升人才竞争力的发展需求、高校提升办学竞争力的发展需求，以及学生提升就业竞争力的需求。职业教育的成功就在于上述利益主体能各取所需，乐得其所。因此，在人才培养过程中，应充分体现这四大需求，服务国家、服务企业、服务学生，提升自己。

应用技术教育本质上属于应用性本科教育，其人才的基本定位是实践技能性人才。职业能力是应用性本科教育人才培养的中心环节。根据对职业能力的解读，应用性本科教育要加强对学生专业能力、素质拓展能力和方法能力的培养。从理论教学到实践教学的课程结构，都应围绕职业能力本位展开，能力本位是教育资源指向的中心与核心。

（二）结构二，学校教学体系：人才培养方案、教学培养平台

在"校、生、政、企"四大利益主体中，学校是人才培养模式的探索者、制定者和组织者。它是四方利益主体的衔接点，是所有教育资源的集合地，因此，学校的教学体系在人才培养结构中占据着基础且重要的地位。学校在人才培养结构中的任务有二：①制定科学、合理的人才培养方案。在先进的理念指导下，结合行业、社会、学生的需求，以及学校自身的优势，准确把握应用性本科教育不同于高职教育以及普通学科教育的特殊性，培养方案要突出应用性本科教育两大差异化优势，即"在职业教育层面凸显了可持续发展优势；在普通本科层面体现了应用技能的特长"。②学校在教育活动的实施过程中，要打造

理论与实践培养的两大教育体系及平台。理论教学方面，在职业教育原先"实用、够用"的原则上，还应强调"备用"知识的储备。实践教学方面，应夯实硬件基础，并在实践教学的组织、设计上突出培养特点及优势。

(三)结构三，社会资源体系：校企、校地、校校合作的开放办学平台

越来越多的理论探索与教育实践行为都得到了一大共识，那就是必须要借助企业资源、政府政策等社会资源共同办学，方能找到一条真正的应用性人才培养之路。在职业教育的实践中所出现的成功经验中，无一例外，都有企业参与人才培养的案例。因此，在应用性人才培养模式中，必须打造一个开放办学的资源整合平台。

(四)结构四，运行制度体系：内部资源整合制度、外部资源整合制度

人才培养结构的各体系、各要素之间，整个系统运转的效率取决于运行制度的设计，运行制度实质上是整个人才培养模式的方法体系。整个机制主要体现在两个方面：①学校内部资源整合制度，诸如专业建设制度、学生考试考核制度、师资培养制度、实践教学制度等。②外部资源整合制度，诸如校企合作制度、政府政策、国际交流合作制度等。

三、需求导向的应用性人才培养模式的内容

(一)从需求导向分析到人才培养模式的内容分解

从需求导向分析到人才培养模式的内容分析。见图2。

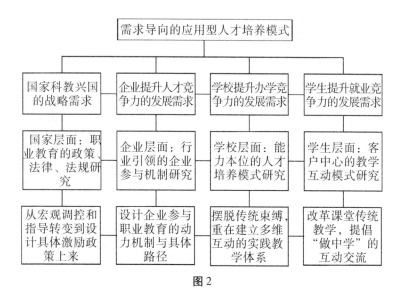

图 2

由图 2 可知，从四大利益主体的需求点入手，我们可以明确找到国家、企业、学校、学生各方参与人才培养模式构建的主观动机，这是进行资源整合的必要前提。构建此人才培养模式的假设前提有三：①国家职业教育政策法规体系决定了职业教育改革和前进的基本动力；②企业负有参与职业教育的社会责任，企业内部的职业培训与高校的职业教育有着内在的必然联系；③职业教育理念是行动的先导，理念和思想决定改革的高度和深度，行动和方法决定改革的难度和进度。

综合考虑，我们认为，一个成熟稳定的人才培养模式应该包括的内容大体上应包括：政府政策配套＋企业参与机制＋学校教学运行＋学生做、学相宜的系统构建。

（二）需求导向的应用性人才培养模式的内容设计

1. 能力本位的培养方案设计：以职业能力为中心的培养内容作为应用性人才培养的规格标准，应紧紧围绕职业能力展开，规划人才规格的能力结构，并考虑本科院校办应用性本科教育的特有优势，应在职业能力的培养之外，一并考虑应用性人才的可持续能力培养和发展，根据各方利益主体的利益关系，来共同提炼能力培养的单元和要素，利用各方的办学资源，合理的在大学四年里嵌入培养内容。见图3。

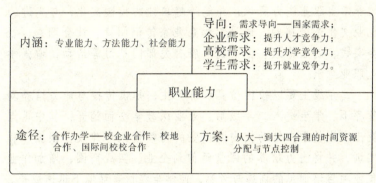

图 3

2. 应用本科培养流程设计：从大一到大四时间节点的过程培养（见图4）

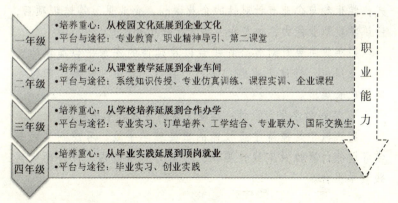

图 4

根据职业能力的培养要求，在大学期间，应合理分配时间资源。

一年级主要以培养职业能力意识为目的。学生一进校，就展开专业教育，由校内资深专业教师与企业方共同开展，在强化专业意识的基础上，通过企业师资的导引、模范示范作用，培养学生职业能力意识，并能跨越单纯的校园文化，与先进的企业文化亲密接触。通过参加企业家传记阅读、社会调查、社会实践、创业论坛、企业或政府有关部门见习等活动，增强学生职业意识。

二年级主要以校内仿真训练为主，知识传授与能力培养双管齐下。学生进入二年级后，专业课教学全面铺开，其中重点突出实践教学，借助校内实训室的持续投入与建设，狠抓课程实训，并将能力培养的课堂延伸到企业、实战商圈，增加作业包或项目培训包的训练与考察，使学生在仿真环境下迅速成长。

三年级主要是充实学生的综合专业能力，并通过多个渠道进入合作办学平台。通过学校精心打造的合作办学平台，借助订单培养模式、工学结合模式、专业联办模式、国际交换生模式，学生参与企业有针对性的企业课程、企业见习等培训项目，锤炼学生职业能力，并与企业需求无缝衔接。

四年级主要针对各合作平台以及延伸的资源平台提供的实习就业岗位，搭建毕业生"学习、实习、就业、发展"四位一体的成长渠道。

3. 实践教学平台设计：构建完整的实践教学平台

实践教学是锤炼学生技能的重要教学手段。考虑到实践教学环境的仿真性及实战性要求，应着力打造校内、校外两大实践教学平台。

校内实践教学平台主要是建立仿真训练的实践环境。在以专业实训室为基本教学资源外，还应通过职业资格鉴定、院办经济实体以及第二课堂等方式展开实践教学。见图5。

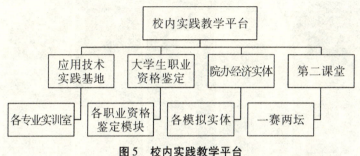

图 5　校内实践教学平台

校外实践教学平台更是体现了实践教学的实战性演练，通过与社会经济的调研、了解、融入，通过多层次的合作办学通道，为学生提供综合性训练的平台与途径。见图6。

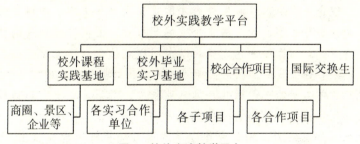

图 6　校外实践教学平台

4. 校企合作模式设计：根据需要取舍，确定各专业合适的合作模式（见图7）

产学转化模式　实习实训模式　订单培养模式　工学结合模式　专业联办模式

合作模式由弱到强

图7

校企合作是培养应用性人才的重要平台和方式。如何能吸引企业参与办学，如何激发企业的积极性，如何发挥企业的优势资源，如何选择合作方式，以上问题是校企合作办学中的主要问题。在实践中，校企合作通常是由弱到强，逐步加深合作，从产、学、研的一般转化，到专业联办，乃至走出国门进行国际合作，校企合作有着很强的生命力。在我国，如果进一步从制度上激发活力，校企合作办学的潜力必将被大大释放出来，成为应用性本科教育人才培养模式的必要组成部分。

5. 运行制度设计：多维互动的内外部资源互动机制（见图8）

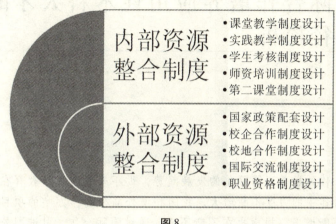

图8

模式的运行，取决于运行机制的活力。从内外部来划分，内部应重点处理好课堂教学、实践教学、学生考核、师资培训以及第二课堂等制度设计；针对本科院校办应用性本科教育的先天不足，应重点开展课程重构、实践教学以及职业技能大赛等工作。外部资源整合，应充分将各方的利益关系转为参与激励，特别是国家从政策层面应站在应用性本科教育发展的高度以及科教兴的战略高度来设计激励制度和政策，企业站在自身用人需求及社会责任的角度增进参与办学的深度与广度。学校应积极与地方政府建立校地合作的机制，并能把握国际先进职业教育的脉搏，建立全方位开放办学的机制。

国际合作培养应用性本科人才的路径探析

陈　芹

伴随着教育国际化的发展趋势，近年来我国高等教育在国际合作上的力度不断增大，我国和境外高校合作办学的项目数量不断增多，规模也在不断不大。通过国际合作，引进国外优质教学资源和全新的教学理念，构建全新的办学模式，提高人才培养的质量，国际合作在人才培养中发挥的积极作用已得到了越来越多实践经验的验证。与此同时，随着我国工业化进程的不断推进，社会和经济的发展对技术应用性人才的需求呈现出层次高移、类型多样和职业化程度加深的趋势。同时，我国的高等教育已从过去的"精英教育"逐渐向"大众化教育"转变。在这一背景下，应用本科教育作为新的教育类别应运而生，很多地方高校都将培养应用性本科人才作为主要任务和发展契机，应用本科教育也逐渐成为我国高等教育的一个重要组成部分。

但是，由于应用本科教育在我国发展时间短，尚处于起步阶段，在应用本科教育的人才培养定位、培养目标和培养体系等方面，还存在许多值得探讨的问题。结合国际合作在我国职业教育发展进程中已取得的成效和经验，笔者认为，在寻求应用本科教育的发展之路时，要充分注重借助国际合作这一手段。因为，应用本科教育发展不仅是自身体系和模式的发展，更是一种与社会、与企业乃至与国外应用性教育相协调进步的外向型发展，其开放性的特征受教育国际化的影响越来越明显。通过开放办学，应用本科教育可以不断吸收外部能量，检验并不断修正、完善其人才培养模式。因此，加强国际合作是应用性人才融入国际先进应用教育的重要途径。本文力图在借鉴应用性本科人才培养国际实践经验的基础上，结合我国应用本科教育的实际条件和客观环境，对国际合作培养应用性本科人才的路径进行分析，以期为提升应用本科教育办学水平寻求多样化的发展方式。

一、应用本科教育发展模式的国际实践经验

综观世界经济发达国家和地区，专业应用性教育主要发展于 20 世纪 60 年代。德国、英国等国家经过几十年的实践探索，在应用性本科教育方面，已逐步形成了自己独具特色的培养模式。

（一）德国的应用性本科大学人才培养特色集中体现在"双元制"上

德国《高等教育法》规定，应用性本科高校的基本任务是在科学和艺术的基础上对学生进行理论与实际紧密结合的教育。它要求学生具有使用科学知识、方法或艺术创造的能力，为今后的职业生涯做准备。德国的应用高校还十分注重与企业的合作，企业始终参与整个人才培养过程，并由国家出台法律保证校企合作的实施。学校还聘请企业的技术人员进行课堂教学并参与对学生的考核。这一校企紧密结合人才培养特色被称为"双元制"。政府立法保障，校企密切结合，强化实践应用，由企业主导整个实践教学过程，并由企业提供实践教学经费，评价考核实践教学成果，是"双元制"培养模式的精髓。

（二）英国的应用性人才的培养方面主要依托证书保障体系和工读交替模式

英国建立了包括国家职业资格证书（简称 NVQ）和国家通用职业资格证书（简称 GNVQ）以及普通教育在内的独特的证书体系，各种证书之间还可以互换。完整的证书体系以及相应的严格、标准的资格认证制度，进一步促进了应用性高校在理论教学的同时，注重实际技能的培养。在英国完成工读交替制的学位课程一般要用四年，其中第三年用于工作实践。一年的工作实践通常由企业来安排。

（三）美国的应用性人才培养主要通过"回归工程"模式和技术准备制度等来实现

所谓"回归工程"模式，是指高等工程教育由过分重视学生的工程科学素质教育转变到更重视其工程系统实践素质和工程背景、环境素质培养上来，从而加强大学生的工程实践能力。

（四）法国教育界与企业界日趋密切的联系在教育改革中发挥了至关重要的作用

法国教育界知名人士与工商界代表共同组成了"教育与经济高级委员会"，向政府提供教育改革的建议和措施。毕业证书与行业证书挂钩，加强专业教育的行业性，是法国大学在办学过程中，注重与企业界密切联系并得到政府支持的最好写照，也是其办学成功的秘诀。大学以其独特的专业理论课和实践课把培养学生的理论修养、专业能力和实践才能较好地结合起来，并促使校内课程与政府企业等部门的实际需要密切结合，形成了独特的专业教育特色。

二、国际合作培养应用性本科人才的合作模式

目前，在中外合作办学模式上，常见的有以下三种类别：

(一) 融合式合作办学

融合式就是将中外合作院校的课程体系和教学模式有机地融合在一起。在这种模式中，中方院校引进外方院校的教学计划、教材、教学方法及教学考核评估办法等，同时中外双方根据实际的教学情况制订切实可行的教学计划、教学大纲等，教学实行外方派相关专业教师来中方授课和接受过外方系统培训的中方教师双语授课相结合。融合式模式在满足人们接受国外先进教育的同时避免了出国留学的高额费用，因此受到了人们的普遍欢迎。

(二) 嫁接式合作办学

实行嫁接式的中外合作双方院校保留各自的教学模式，通过双方对各自开设课程的评估，互认学分及对方院校颁发的毕业证书和学位证书。通常所说的"2＋2"、"3＋1"或"3＋2"等模式便属于此类。由于嫁接式模式保留了双方各自的教学模式，学生在中方院校可根据自身的实际情况选择出国或完全在国内完成学业，从而为学生的自由选择增加了一条出路。同时该模式相对学生高中毕业直接去国外学习而言，可节省很多费用，因此该模式也受到了学生和家长的欢迎。

(三) 松散式合作办学

松散式是指通过聘请国外教师来中国讲学，或者中国教师去国外进修，学习借鉴国外先进的教学管理经验，或者学生去国外短期学习、实习等手段实现与国际教育的接轨。由于该模式对我国高等教育的改革具有普遍意义且可操作性强，因而受

到了各级政府部门及高校的重视和欢迎。

三、国际合作培养应用性本科人才的实现路径

人才培养模式在很大程度上决定着受教育者的情感结构、知识结构、能力结构、素质结构，关系到培养目标能否顺利实现。从上述经济发达国家应用性本科教育的发展模式中得到有益的启示，结合我国高等教育特别是应用性本科教育的现实状况，提出国际合作开展应用性本科教育可采取的模式。

(一)培养目标

应用性本科是以本科层次专业应用教育为主的普通教育，而与普通学术型高校的学科教育模式相区别。从其价值特性看，突出专门性、实践性和应用性，强调厚基础、宽专业、多方向、人本位，培养具有一宽（基础学力宽厚）、二高（较高的综合素质和专业能力）、三强（就业能力强、创业能力强、发展能力强）的鲜明特色和复合能力的专业应用性高级人才。

(二)专业设置

专业设置要面向市场，强调面向区域经济发展，根据工业和企业界不断变动的职业和岗位群需求设置灵活性专业。要突出行业特色，培养市场急需的专业人才，从而使学生就业前景广阔。

(三)课程体系

课程体系以提高职业岗位应用能力为导向。在课程设置上既要有不同专业或专业方向所需的共同知识和共同技能，又要有某一专业或某一专业方向特定的知识和技能。要构建"大平台＋小模块"的理论教学体系。大平台包括公共课平台和专业基础课平台，以大专业领域实际工作岗位群所需的知识能力

和基本素质为主线，确定专业人才培养的校级公共基础教育平台、大类专业技术基础教育平台、专业方向的模块化课程系列。小模块是指专业方向模块，这是按市场需求灵活设置的一个弹性模块。

（四）实践教学

应用性本科的实践教学体系应该是一个课内外结合，校内外结合，实验、实训、实习相结合，分散与集中相结合，由基本技能训练到专业技能训练再到综合技术运用、创新能力训练的递进式、开放式的实践教学体系。这一体系包括三个层次：基本技能层、专业工作能力层、工程实践与创新能力层。

四、开展国际合作培养应用性本科人才的质量保障体系

国际合作共同培养应用性本科人才，提高应用性本科人才培养质量，是一项复杂的系统工程。因此，在人才培养的过程中，不仅要构建科学的人才培养模式，而且必须建立并推行这一模式的保障体系。

（一）高度重视国际合作，建立健全组织领导机构

高度重视中外合作办学是国际合作得以有效实施的前提条件。为确保合作办学的顺利开展，应建立健全中外合作办学的组织领导机构。为保证教学工作的顺利开展，实施项目负责人制十分必要。遴选项目负责人，应保证当选人具备以下基本条件：①精合作办学专业，最好是该专业的带头人或骨干教师，这样才能统领合作办学教学工作；②在校内有一定的影响力和威望，最好担任一定的行政职务，这样才能协调合作办学中出现的问题，比如与教务部门的联系、系授课教师的安排等；③外语过硬。既然是中外合作办学就必然要与外方联系，包括

外方授课教师的接待，与外方院校的日常联络等。外语成为一种工作语言。这就对项目负责人的外语水平提出了很高的要求。合格的项目负责人能够对中外合作办学项目的成功运作发挥至关重要的作用。

（二）摆脱传统教学模式的束缚，更新教育观念

在传统的教育模式中，作为认知主体的学生在教学过程中，自始至终都处于受灌输的被动地位，从而难以发挥主动性和积极性。这样的教育不利于培养学生的发散性思维、批判性思维和创造性思维，不利于他们创新能力的形成和创造性的成长。尽管人们早就意识到传统教育模式的种种弊端，也曾试图改变它，但是我国的教育土壤和教学条件等因素限制了改革的发展。而合作办学项目要求教师尽快吸收并运用好国外职教的优秀教育模式，抛弃旧的、不利于培养职业人才的教育模式。因此，要迅速将一些符合现代教育发展需求的国际化的先进教学理念、方法和形式融入教育实践中，进而贯彻和落实"教授治学"、教育"面向人才需求市场"等办学理念和服务意识。

（三）通过多种渠道，加强师资队伍建设

由于课程的特殊性，中外合作办学在很大程度上都依赖于合格师资队伍的建设。而引进的课程体系、教学方式以及原版的教材等，都对任课教师的专业经验、学历学位、"双师型"师资，特别是双语的教学能力、专业翻译能力和专业实践能力都提出了较高的要求。因此，应开辟多种渠道，加大师资队伍建设。①向合作院校"派出"中青年教师进行教学交流。②多方"引进"外籍教师，包括合作学院的交流教师、派遣教师和其他国籍的优秀教师。外籍教师一般具有强烈的敬业精神和使命感，教学方法新颖灵活，合作办学项目的相关教师应尽量多听他们的课，并与他们共同备课，用外语进行交流，这是培养合格师

资队伍既经济又有效的途径。③在国内招聘有相关工作经历的优秀教师（特别是海归派），以达到见效快、成本低的目的。

（四）加强英语教学与双语教学的探索，强化学生的英语能力

较强的英语综合实践和应用能力是中外合作办学的毕业生的显著优势，所以，英语教学和双语教学就应是中外合作办学项目的显著特色。在应用性人才培养的会过程中，要注重培养学生英语的综合素质，以使他们适应不同形式的双语教学的需要，从而消化、吸收原版的专业课教材，并提高英语的综合应用能力，这也是合作办学项目能够实现预定的人才培养目标的关键之一。通过以下举措，在入学的基础阶段对学生的英语进行强化训练，使他们的英语水平得到明显提高：①聘请外籍教师进行英语口语教学，并加大口语课的课时、采取多种授课形式、举办多种活动，使学生置身于英语的语言环境中，从而逐步培养他们学习英语的兴趣和自觉性。②大学英语课应从基础抓起，在词汇量方面进行强化训练，使学生有个过渡阶段，以便及时打牢基础。③班主任、辅导员要加强日常管理，抓好早晚的自习时间，督促学生学习，使英语学习成为他们的一种习惯。

（五）实行学生信息及时反馈，建立教学评估制度

最佳的教学组织首先要符合学生的实际，即学生能够接受和理解教师讲授的内容。国际合作办学过程中必须建立学生信息反馈系统，可以通过在班级设立信息院的方式及时了解和收集学生对外方教师或中方教师授课的意见或在学习中遇到的困难，并把相关意见反馈给教师，以便教师及时调整自己的教学方法和进度，以适应学生的要求。在此基础上还应建立国际合作办学的教学评估体系，在教务处的牵头组织下，多方主体开

展定期或不定期地听课，了解教学情况，并就教学进度安排、教学方法、教学效果、学生意见和建议等及时给予反馈，限期调整，确保教学质量。

参考文献：

［1］袁照平. 应用性本科教育培养模式探析［J］. 中国电力教育，2008（8）.

［2］陈小虎."应用性本科教育"：内涵解析及其人才培养结构体系构建［J］. 江苏高教，2008（1）.

［3］张永文. 谈高职院校中外合作办学模式［J］. 重庆电子工程职业学院学报，2009（1）.

［4］朱秋丽，张凤武. 对中外合作办学有关问题及对策的思考［J］. 边疆经济与文化，2010（2）.

［5］付宁花，梁秀文. 开展中外办学的实践与思考［J］. 北京农业职业学院学报，2010（5）.

［6］步光华. 高职院校中外合作办学教学管理存在的问题及对策［J］. 黑龙江教育：高教研究与评估，2011（7）.

［7］徐萍. 中韩院校深度合作培养国际人才——常州信息职业技术学院的实践与思考［J］. 科技信息，2011（27）.

［8］吕益萍. 中外高职工学结合教学模式比较之浅见［J］. 教育与职业，2012（14）.

应用性本科高校实践教学问题剖析与对策研究

许媛芳

实践教学是巩固理论知识和加深对理论知识理解的有效途径，是培养具有创新意识的高素质工程技术人员的重要环节，是理论联系实际、培养学生掌握科学方法和提高动手能力的重要平台。随着社会经济的快速发展，企业对人才培养的质量要求也越来越高。具体体现在：企业希望以最低的成本吸引最优秀的技能型人才。"校企合作"、"订单式培养"、"前厂后校"等正是基于这种需求而产生的。这种人才培养模式使学生在毕业时就能基本掌握企业所需要的技能，了解岗位知识，从而能够快速融入企业并为企业创造价值，为社会做出贡献。然而，目前我国应用性本科高校在学生扩招数量大规模增加的同时，其人才培养的侧重面却仍停留在理论知识的传授，对实践教学的建设远远落后，使得人才培养的质量与企业要求相去甚远。因此，加强实践教学建设迫在眉睫。

一、应用性本科高校实践教学的现状

(一)实践教学的重要性没有得到应有的重视

受传统思想影响，我国高等教育仍被奉为"精英型"、"管理层"人才的培养摇篮，理论教学占绝对统治地位。具体表现为：课程教学以理论教学为主、学习成绩优秀的同学动手能力往往并不突出。二十几年来，虽然实践教学建设取得一些成绩，但实践教学在教学工作中的地位远远没有得到应有的重视，甚至在一些高校，实践教学只是理论教学的辅助教学方式。其结果也就造成学生缺乏对理论知识的应用，或动手能力弱等，人才培养质量远不能达到企业的要求。

(二)实践教学建设严重滞后

相对于理论教学，实践教学要求学校要投入更多的人力、物力及财力进行建设，包括校内外实践场所建设、校企合作单位联络、实践教学教师队伍培训建设、实践教学组织与管理等，是一项系统而复杂的工程。而由于种种条件的局限，一些高校往往无法有效地开展实践教学，甚至有些高校的实践教学只是流于形式，设备老化、陈旧、设施不齐、实训场地容量小等一些问题严重制约实践教学发展。一些高职院校仅仅把实践教学视为培养学生技能的手段，而忽略了实践教学在学生的知识、能力、素质培养方面的综合作用，从而影响实践教学功能和作用的发挥。

(三)实践教学质量监控存在漏洞

实践教学按教学场所不同；可以分为校内和校外；按集散程度，可以分为集中和分散。校外实践教学往往在学校教学视野以外，管理人员对实践教学过程难以进行管理或有效监控，因此无法对其实践教学质量做出评价，而且校外实践教学的内容和时间随意性大，其质量就很难保证。同时，由于我国实践教学起步晚，国家对企业必须参与职业技术人才的培养和如何参与在法律法规上没有硬性规定。大多校外实践教学基地是靠关系建立和维持，难以稳定。这就造成大部分学生要自力更生寻找实习单位，而这种分散实践受学生主观意识与能力、实践单位类型、岗位等因素影响，往往造成学生在实践时间段内不能掌握到专业技能，更谈不上通过实践对专业知识加深理解与应用。③由于分散实践学生分散程度高、流动性大，学校亦无法对这一过程的实践教学质量进行有效管理与监控。

（四）实践教学评估体系有待改进

我国现有对实践教学的评估是包含在对应用性本科人才培养工作水平评估中的，这有助于在学校的总体教学工作中对实践教学进行整体把握和评价，但现存的问题是实践教学在评估中占的权重较轻。在《高职高专院校人才培养工作水平评估指标体系》15 项二级指标中，与实践教学直接相关的只有"教学条件与利用"一级指标下的"实践教学条件"和"教学建设与改革"一级指标下的"职业能力训练"两项，权重系数只占总额的 13%，与实践教学在应用性本科教育中的地位不太相称。

二、对我国应用性本科高校实践教学建设的建议

（一）改变传统观念，深入开展实践教学课程建设

高速发展的市场经济对技能型人才的需求与高校毕业生就业困难之间的供求矛盾要求我们要尽快改变传统观念，加快实践教学改革的步伐，深入开展实践教学课程建设。①教育主管部门应对高校的实践教学课程建设划拨专项经费，以支持各应用性本科高校改善实践教学软硬件设施条件；②大力培养"双师型"教师，放宽实践教学教师评职称条件，为其提供进修、学习、培训等机会，只有稳定好"双师型"教师队伍，提高其地位和技能，才有可能培养出知识与能力具备的优秀人才；③聘请企业优秀人才作为实践教学兼职教师。近年来，为促进高校与经济界、产业界的紧密联系和保持教师队伍的弹性，也为增加办学效益，发达国家的高校都聘请了相当比例的兼职教

师，而且这一比例呈上升趋势。以美国为例，20世纪90年代以来，兼职教师的比例基本上稳定在40%左右，在职业类学校这一比例更高。而我国高等学校兼职教师占学校专任教师的比例仅为10.3%。聘请大量兼职教师是高等学校与社会其他机构共享人力资源的一种趋势，可以节省大量费用。此外，要保持与生产第一线的技术发展同步，最好的办法就是从生产第一线的现职技术人员中聘请师资。他们带来的信息和方法以及他们对职业的体验往往是应用性本科高等学校现任教师所难以掌握的。

（二）应用性本科高校的《人才培养方案》中应将实践教学作为独立的部分制定标准

《人才培养方案》是高校人才培养的方向与标准，在学生整个四年的大学学习生涯中起着重要的导向作用。《人才培养方案》不应仅仅包含理论教学的内容，各应用性本科高校应全面重视实践教学在培养学生的职业能力、激发学生创新意识、培养学生创新能力和提高学生综合素质等方面的重要作用。在《人才培养方案》中，应将理论教学与实践教学作为人才培养的两大标准，通过理论教学使学生掌握基本知识，通过实践教学提高对知识的理解和运用。实践教学部分应包括专业核心课程的实践课时、实践方式、考核标准及评价方式等方面内容，通过标准的制定对具体的实践教学进行指导。

（三）加强过程管理，对实践教学进行评估与考核

教学的主体应是教师和学生。目前各学校大多未将实践教学作为独立的部分进行评估与考核，造成实践教学水平良莠不齐，走过场现象时有发生。因此，有必要将实践教学作为独立部分进行评估与考核，加大实践教学在评估中占的权重，提高实践教学在整个教学体系中的地位。这样可以进一步提升实践教学的质量，丰富实践教学的内容。另外，对教师实践教学的

评估与考核除了学校相应机构参与外，学生亦应参与实践教学的评估与考核，对教师的实践教学做出客观的评价。管理部门应对学生的评价进行分析，将学生评价意见反馈给实践教学教师，对连续几年学生评价教学效果差的教师取消其实践教学资格，待其完成实践培训通过考核小组考核后再重新上岗。

(四) 拓展实践教学的深度与广度

目前，学徒制和工学交替是国外职业教育实践教学的主要方式。比如英国就是典型的"工学交替"制，也就是人们常说的"三明治"教学计划。这种教学制度分为三个阶段：学生中学毕业后，先在企业工作实践一年；接着在学校学习完两年或三年的课程；最后再到企业工作实践一年。即所谓的"1 + 2 + 1"或"1 + 3 + 1"教育计划。此外，英国还实行第一、二、四年在学校学习三年理论，第三年到企业进行为期一年的实践培养模式。德国则采用典型的学徒制。实践教学任务由企业和学校共同承担，但主要实践教学活动在企业进行（每周 3 ~ 4 天在企业学习技能，1 ~ 2 天在学校学习理论），学生与企业签订学徒合同，并享受学徒工资，企业指派师傅指导和监督学生在企业接受生产技能的培训。学徒制和工学交替的优势在于：突出了企业在学生实践能力培养方面的比重，增加了学生在企业实习实训的时间和机会，有助于提高学生的直接顶岗能力。但这两种方式的开展需要配套的法律法规作为保障。我们可以借鉴国外职业教育的实践教学方法，与企业紧密联系，共同开拓人才创新培养的思路。同时，政府部门应大力支持高校与企业间人才培养的新方向，给予一定的政策优惠或财力支持。这样就使得人才培养有的放矢，大大缩短了就业过度期，提高人才培养的质量。

三、结束语

总之，虽然目前实践教学仍存在方方面面的问题，但只要我们突破传统观念，将实践教学摆在重要的议事议程，从企业的需求出发，通过人、财、物各方面的努力，探索研究并建立适合自己院校的实践教学体系，创新人才培养模式，紧跟经济社会以及行业发展形势，就一定能为社会培养出更多高技能应用性人才。

参考文献：

[1] 徐鹏，王丽娟，文星跃. 高校实践教学质量监控的探索与实践 [J]. 绵阳师范学院学报，2007，26（10）.

[2] 郑威强. 浅谈实践教学在高职教育中的作用 [J]. 科技信息，2009，（17）.

德国职业教育"双元制"教学体系解析

杨 雁

一、双元培训——技能培养的二极

双元职业培训体制，从一个较小的范围来讲，在德国和一些邻近的国家，都是培训年轻人的传统方式。这是一项可以追溯至中世纪的传统。尽管这已经有了很长的历史，但是双元培训体制是不会过时的，在今天这样一个全球化的时代甚至是非常有用的。在非洲、北美洲、南美洲及亚洲，德国企业培训新员工都是依照双元体制的准则来进行。

同时，这种形式的职业培训很难被移植到其他国家。因为这是一整套的系统，也因为国家之间经济结构与经济体系的数据都大不相同。

然而这种基础结构在国际中的利益正在与日俱增。表现在：工作与学习的结合，系统化的知识与实际基本操作之间的联系，鼓励自给自足的工作方式及深化学习与培训。

在德国，越来越多的"双元课程学习"被大众所知：学习与企业内培训被结合起来，知识与实际应用也被结合起来。

在以后的职业培训中要"在工作过程中学习"，以学习来支持达到工作效益，变得越来越重要了。越来越多人都把工作与学习看成是两个不可分割的单元。

（一）双元制的理论

进入"双元制"体系在法律上没有一个正式的先决条件。所有的毕业生，不管他们拿到了什么样的毕业证书，他们都可以接受任何职业所需要的正式培训。实际上，进入某些职业的资格和实际人数是通过资格预审来决定的。

在双元体制中，一个学习和工作相结合的教学模式为职业技能教学提供了基础。这种体制致力于将理论教学和实践相结合，并传授结构化的知识和活跃的思考能力。企业与职业学校保持他们教学中各自不同的侧重点，但他们的任务并不是硬性划分的：学校不会保留纯粹的理论教学，而企业内部的培训又不仅仅局限于实践。

在双元体制中，职业学校和企业承担着共同的教育责任。学员在职业学校学习一两天，在企业内学习三四天。职业学校还面向各相关行业建立专业化的班级，其中包括一些不太流行的职业区域等。针对此情况，国家专门协调了企业培训和职业学校培训的法规框架。在培训的最后测试中，学员必须证明他们已经获得了"必要的技能，必要的理论知识和实践"。

（二）双元制的基石

在双元体制中的职业培训是基于职业化的观念：职业所需的正式培训应该面向相关工作过程。专长作为各项职业所需基本资格的补充是允许的，但它存在于一定的职业背景下。职业培训应该针对具体的职业，而且能够使人们在培训结束后就追求进一步的学习。

为了在知识社会中工作，人们必须能够独立计划、执行和监督，而双元体制中的职业培训应该是朝着这个目标前进的。除了日常培训，其他的附加条件也可以支持这个目标并带领进一步的培训。

基于上述原因，国家认可的职业才需要正式的培训，并且关于进一步培训考试的联邦规章是在与社会伙伴（雇主和雇员的代表）合作的基础上制定的。这适用于总体结构以及个别法律条款，并且这种方法充分反映了就业市场的要求以及培养学习和个人发展的需求。

二、企业培训——双元制关键一极

企业愿意提供培训有很多很好的原因。一项由联邦职业培训学会和德国工业研究所及就业研究协会在 2000 年出版的名为《为什么要提供培训》的研究数据中显示，对于企业来说，提供培训能够给企业带来各种各样的重要性，这也是经常被人们提到的企业愿意提供培训的原因。

（1）最常被提到的企业愿意提供培训的原因是通过培训可以使员工与企业的要求保持一致。94% 的企业都提到了这点。他们一致认为，只有经过企业真实工作情景的特别训练才能得到直接试用资格。特别是，在企业内部的培训可以帮助一个人掌握较好的社会技能，形成个人特质，而这两点对于在企业内妥善处理工作是非常有必要的。

（2）90% 的企业愿意提供培训的主要原因是，他们宣称在就业市场上不能找到所需技能和工作习惯与企业保持一致的员工。这些企业的报告说，他们通过一般劳动力资源市场所招聘的员工很难达到企业所需的人员要求。

（3）80% 的企业认为通过培训可以阻止人员波动。因为员工在培训期间的发展与企业的发展是紧密联系的。

（4）有 3/4 的企业认为，通过培训，企业可以重新仔细地审视员工并从中挑选出最优秀的，为其提供固定的职位。

（5）通过提供培训，可提高企业的声望，这对于营业收入有直接的影响。

（一）企业内部职业培训的成本与效益

因为预计费用与由培训本身直接产生的费用（如培训工资，雇主要支付的社会保险及其他一些外部培训的花费）都要计算在内，确定企业内部职业培训的成本就是一个相对较为复杂的过程。只有全职培训人员才能明确被归类为成本。那些兼职培训员工及许多大概成本只能被大约估计。

（二）企业视培训如同投资

职业培训同样是一种投资。投资必须建立在长期利益而不是短期回报上。

此外，受培训的员工们能够对他们企业的操作、产品及服务有一个更好的理解。那些不对培训进行投资的企业必须要承担一些额外的成本费用，这些费用用于招募外部的专家，他们需要时间来了解与解决企业内的各种问题，而培训内部员工就企业而言，明显更为值得。

三、职业学校——双元制中另一极

在双元体制中，职业学校和企业同时履行联合培训的责任。

职业学校使用职业课程教材和一般课程教材进行教学，对职业培训的要求特别重视。职业学校还担负着提供拓宽职业培训教育面和支持学生就业的任务。根据各州相关法律的规定，这类学校可能还提供更深层次的职业培训。

（一）职业教育的法律保障与要求

根据职业学校的框架协议（1991年3月15日联邦德国教育文化事务常务委员会会议的决议），职业教育的2/3应该面向职业化，1/3提供一般教育或者能够应用于广泛职业的教育。每周至少应该提供12个小时的教育。

教育的常规部分应该和各州的课程与日程安排保持一致。职业部分应该以职业培训的框架协议为基础，因为职业培训的框架协议是经"联邦政府与各州"同意并且与相关培训法规协调一致的。

(二)职业学校课程设置

近年来，更多的课程框架是根据"学习领域"来划分的。学习领域来自于相关职业中的主要任务，即指导单元。常规课程包括社会学、经济学、德语、外语、宗教与运动这些科目。

从职业学校课程设置的法律保障和要求来看，在对学生的教育和培训上，职业学校和企业是在一个有共同目标的大框架内履行各自的职责，互相协调，彼此弥补对方在整个教育培训过程中的缺陷，以确保学生具有相应的理论知识和职业技能，为国家提供能够具备职业技能的工作者，同时也为学生今后的发展打下基础。

参考文献：

[1] Federal Ministry of Education and Research. Germany's Vocational Education at a glance，2003.

[2] D. 梅腾斯. 关键能力——现代社会的教育命题. http://news. chinatimes. com/mainland/50506265/112011021300185. html.

应用本科实训教学的规范问题研究

安冬平

实训教学作为提高应用技术本科人才实践技能的重要环节，因其决定着应用技术人才的培养质量，已成为各应用本科院校教学工作的第一要务。欲培养出优秀的应用性本科人才，提升实训教学质量，首当其冲，其规范状态则应是关注的热点和焦点。因此，对当前实训教学的真实情况做出相对客观的分析和评价，正视失范现象，剖析其成因，明确规范的策略，有助于真正有效地发挥实训教学的优势，确保应用技术本科院校实现高水平、高规格人才培养的目标。

一、规范缺失：实训教学失范现状扫描

实训教学在应用性本科人才的培养过程中功不可没，但在其操作和执行的过程中自然会遇到众多问题。出现问题不是关键，重点是坦然面对这些问题，设法找出解决的办法。当前，实训教学的失范现状主要体现在软硬件不到位、课时安排不合理、与理论教学不合拍、教学管理不规范、教师培训不重视、重表相轻内涵等方面。

（一）软、硬件不到位

软、硬件的具备是开展实训教学的前提。实训教学相对于

理论教学成本高。众所周知，开展实训教学不但需要具备相应的设备、仪器、场地等硬件，还应该需要配套技术、方法等软件。但在教育资源紧缺、教育投入不够的局面下，很多高校均面临着实训软、硬件的落后现象。软、硬件不到位已成为影响实训教学开展的首要问题。

（二）课时安排不合理

在实训教学软、硬件无法跟进的情况下，大多数应用本科院校的教学无法摆脱重理论轻实训的怪圈。实训课时安排处于被动状态，多以该校所具备的实训教学资源即软、硬件现状来决定实训课程课时的多少。这势必导致实训课时安排与实现实训教学目标相违背的失范现象。

（三）与理论教学不合拍

从逻辑上讲，理论教学与实训教学关系应是"肝胆相照"的无缝衔接的状态。但是介于实训课时安排不合理、实训教材的紧缺、"双师型"教师的匮乏等诸多因素的影响，导致实训教学与理论教学"各自为营，各取所需"，互不关心，互不对照，互不干涉的无衔接状态。

（四）教学管理不规范

实训教学因其贴近生产和管理的一线，使学生在相对真实的职业环境中了解岗位要求、得到实际操作的训练及综合素质的培养，从而实现与企业、工厂的无缝对接，因此整个教学过程的管理规范尤其重要。

（五）教师培训不重视

从理论上讲，实训教学的引导者应是具备扎实的理论基础知识和熟练的操作技能的"能教能做"的"双师型"教师。但由于我国职业教师培养机制的欠缺，导致我国真正意义上的"双师型"教师相当紧缺，解决此瓶颈问题的最直接的途径是教师培训。因为经费不足、教师激励机制不够等原因直接导致目前无论从校方对在职教师实践能力的培训投入还是从教师本人参加培训的积极性而言都处于"冷冻状态"，教师培训重视程度极为不够。

（六）重表相轻内涵

我国各大职业院校的发展经费大多来自政府财政拨款，而且受"功利主义"价值取向的影响，对各院校而言"示范性即意味着高收入"。在各种考核指标的推动下，各院校为达到上级的"实训效果"、"示范基地"的建设条件和要求，应用本科实训教学更多地是迎合"上级指示"、狠抓"形式"、规范"表相"，使本该注重提升教学质量内涵的实训教学走上了"形式主义"的道路。

二、难言之隐：实训教学失范原因透视

任何事物的发展变化都是由环境及事物本身之间的博弈形成的。因此，实训教学失范的原因既要从学校自身去找，也要从学校所处的环境中去追索。笔者认为，导致应用技术本科实训教学失范的环境因素主要有："官本位"传统思想的影响、"功利主义"价值取向的误导、制度体制机制层面的缺陷；学校自身的因素主要是校园文化的欠缺、领导层面的无奈、教师群体素质止步不前。

（一）环境因素

1. "官本位"传统思想的影响

从社会层面来看，"官本位"的传统思想根深蒂固，导致了教育管理中的民主、平等思想的欠缺，使各校校长努力听命、

服从上级主管部门。为了应付上级领导或上级教育行政部门组织的各种检查、督察、参观、访问，为了"争先创优"，为了赢取"示范性"荣誉，争创业绩，学校所做的工作更多是为了如何迎合上级领导的意图，分散了大量的精力，干扰了学校正常的教育教学秩序。

2. "功利主义"价值取向的误导

"功利主义"的本意是人有趋利避害的本性，个人的利益主要指个人的幸福和快乐，而幸福和快乐的基础是利益获得的多少。在"功利主义"价值取向的引导下，学校的一切行为都成了获取自身利益的工具。很多学校和领导在实训教学的开展和建设过程中更趋向于做那些看得见、摸得着、投入少、见效快的事情，以便为学校和个人赚取即来的利益。

3. 制度机制层面的缺陷

教育制度和教育机制构成了制度机制的概念。这里的教育制度主要指职业教育制度，包括与职业教育有关的各项法律、法规、规范。我国职业教育发展较晚，各项制度和规范均不健全，职业教育各项工作的开展处于"摸着石头过河"状态，缺乏有力的制度和法律保障。这里的教育机制主要指职业教育"内在工作方式"，属于职业教育制度的下位概念。职业教育的机制问题主要在于用人机制和经费保障机制上的不足。分管职业教育的领导、职业院校的领导及职业院校的教师都不是"职业教育"出身，大多数是从其他领域或部门"迁移"过来的。用人机制的"嫁接"和"迁移"现象，严重地阻碍了职业教育的内涵式发展。另外，在国家对经费投入总数较低的形势下，加上职业教育经费筹措渠道保障不力，经费短缺直接成为阻碍职业教育发展的桎梏和顽疾。职业教育投入低，是实训教学软硬件无法落实到位、教师待遇不高进而积极性低下的重要原因。

（二）学校自身因素

1. 校园文化的欠缺

校园文化的欠缺体现在物质文化的攀比、制度文化的迷失、精神文化的贫乏。物质文化层面：为了追求"示范中心"、"示范基地"等光环，很多学校在校园和实验室建设上盲目攀比，随波逐流，缺乏计划性和实用性，把物质文化仅仅理解为标准实训室、有几台先进的设备仪器、多媒体设施完善等。制度文化层面：缺乏合理的教师考核标准，缺乏有效的教师激励机制，缺乏公平的教师分配机制，缺乏有效的实训教学督导制度，缺乏规范的职业教师职称评审制度。精神文化层面：实训教材更换过于频繁、教师知识和技能无法跟进、学生心浮气躁、眼高手低，缺乏学习的信念和主动性，校园精神文化建设流行于形式，缺乏对学生综合能力、素质提高和整个校园文化氛围的渲染。

2. 领导层面的无奈

一些校长或校领导在其上任期间均期待自己能够做出"丰功伟绩"，以便得到上级领导部门的肯定和提拔，不得不"遵照指示，唯命是从"，无法真正按照自己的教育理念去施展才华；同时，面对职业倦怠感日益增加的教师群体，"巧妇难为无米之炊"的考验也摆在他们面前。教师收入不增加，教师待遇不提高，使他们无法从根本上提升教师的职业认同感和职业兴趣。于是不断地徘徊于"欺上瞒下"的边缘。

3. 教师群体素质止步不前

当前绝大多数的"双师型"教师的素质不高，缺乏实践操作能力。随着行业企业新技术、新发明、新机器、新方法的不断涌现，"闭关锁国"的教师们专业知识储备越发不足，实在难以驾驭不断更新的实训教学要求。学校提供的培训机会本来就少，加上教师"无为无求"的茫然消极状态，教师的知识和技能结构愈发不完善，很多应用本科院校教师群体素质基本上止步不前。

三、真正规范：实训教学规范发展对策

优质的实训教学是应用本科院校能够培养出的合格人才的突破口。任何事物的发展并非一帆风顺，实训教学自开展之日，就伴随着各种困难，因此我们必须以发展的眼光正确对待所有的问题，并努力探求解决问题的方法。据前文所述，笔者分别从宏观、中观和微观层面对实训教学的规范发展提出一些对策建议。

（一）宏观层面——政府的职责应明确

基于实训教学的技能性、高投入和企业参与的特点，政府应协同职业教育各有关部门做好部署和计划。

1. 引领职业教学模式的改革

政府层面首先应意识到实训教学对于职业教育的重要地位，然后自上而下地运用有效的行政手段推进各级职业院校（包括应用本科院校）"重实训"的职业教学模式改革，改变传统普通教育模式对职业教育的影响，明确职业院校在实训教学方面的责任和义务，并制定相应的评价指标，将实训教学的"教学效果"作为衡量职业教育办学质量的一项重要标准。

2. 加大并落实实训教学的经费投入

教育经费是发展教育的重要保障。基于实训教学高成本的客观要求，政府应该合理分配经费，将对职业教育的投入重点向实训教学倾斜，加大对实训教学的投入。与此同时，还应跟踪资金的使用情况，确保有限的资金用在实训教学上，保证每位学生在技能的训练上能够得到显著的提高。

3. 搭建学校实训教学发展平台

能够培养出合乎企业、行业要求的优秀人才是衡量职业院

校办学能力的决定性指标。很多实训教学的开展得力于企业的技术指导和企业的实际场景的提供。因此，校企合作是职业教育发展的"必需品"。政府不但应从政策上鼓励校企合作，采取各种有效的措施调动企业与学校合作的积极性，还应创造各种条件，使学校加强与相关行业、企业的教育交流和合作，实现学校人才"出口"与企业人才"入口"的无缝接轨。

（二）中观层面——学校的责任要务实

无论政府层面如何引领，最终都需要各个学校去操作和执行。欲将政府的规划落实好，学校的责任必须确保"务实"。

1. 端正实训教学理念

教学理念在一定程度上决定学校的发展规划和学校定位。端正实训教学理念应关注三个方面的问题：一是实训教学价值取向，即为谁服务；二是实训教学目的，即培养出什么样的人才；三是实训教学的手段，即怎么实现实训教学目的。

实训教学价值取向不仅要指向学生，更要指向企业，实现企业和学生双主体的同步受益。实训教学目的应以企业的用人标准为导向，并结合企业的具体岗位职责要求进行界定，注重实际操作能力的获得，注重实际问题解决能力的提升。实训教学的手段应注重发挥和借鉴企业的实际场景优势，合理利用学徒训练法、任务教学法、项目教学法、过程功能教学法和问题解决教学法等多种具有鲜明职业特色的教学方法。

2. 完善实训教学管理

实训教学管理的完善涉及三个方面：一是实训教学全过程的管理；二是教师的管理；三是学生的管理。实训教学全过程的管理应始于合理的实训课程规划、实训课时安排、实训条件的提供、基于对实训过程的严格监督、基于对实训结果的有效评价、基于对实训弊端的不断改进。教师的管理主要是指为了实现实训教学目的，努力完善教师的培训机制以便提升教师的实训教学技能，不断改进教师的评价机制以便激发教师的实训教学激情，高度重视教师的科研活动，以便不断总结实训教学经验、优化实训教学。学生的管理则是指在实训教学过程中强调学生知识和技能的自我主动建构，以实践为先导、以任务为本位，不断激发学生的学习动机，鼓励学生自我调节、自我管理，实现实训教学的最佳学习效果。

3. 转方式提效能

学校领导即管理者的素质是提高管理效能的人为因素，决定着实训物质设备的配备、管理和使用的合理性和有效性，制约着教师积极性的发挥。在现有资源有限的情况下，管理方式的转变有利于提高管理的效能，有利于资源的优化利用。管理方式要体现民主化和科学化。所谓民主化这里是指为了克服校领导专制主义，学校实训室的建设、实训课程的设置、实训教学的开设、实训教学的管理等一系列的事项的规划和开展必须符合广大师生的根本利益并得到他们的认可和支持。所谓科学化这里是指为了克服部门主义，校领导要善于运用系统论的原理协调各部门、各成员的工作和关系，促进各部门、各成员之间的密切配合、彼此互补，充分发挥每个要素在实训教学中的特质和功能。

（三）微观层面——实训课程要研究和开发

有了政府层面的引领，学校责任的务实，最后需要做的最细节工作就是对实训课程进行深入的研究和开发。重视实训课程的研究，结合每个学校自身的实际资源现状，与相关企业联合起来开发出具有本校特色的实训课程体系。实训课程开发的具体操作可采用职业教育课程的"十步法"，依次做好：实训课程开发决策、实训课程目标开发、实训课程开展形式开发、课程结构开发、课程内容组织、教材开发、教学模式选择、课程实施环境的设计、评价方法的匹配以及实训过程的改进。

参考文献：

［1］石伟平，徐国庆. 职业教育课程开发技术［M］. 上海：上海出版社，2006.

［2］姜大源. 职业教育学研究新论［M］. 北京：教育科学出版社，2009.

［3］王明伦. 高等职业教育发展论［M］. 北京：教育科学出版社，2006.

［4］顾明远. 中国教育的文化基础［M］. 太原：山西教育出版社，2003.

［5］单中惠. 现代教育的探索［M］. 北京：人民教育出版社，2002.

基于"社会需求导向"的应用性本科人才培养研究

吴淑珍

　　《国家中长期教育改革和发展规划纲要（2010—2020）》明确指出，要大力提高高等教育人才培养质量，牢固确立人才培养在高校工作中的中心地位，着力培养信念执着、品德优良、知识丰富、本领过硬的高素质专门人才和拔尖创新人才。可见，如何保证人才质量是高等教育的重中之重。从以市场营销观念来讲，产品是否畅销主要取决于两个方面：一方面是产品是否符合消费者的需要；另一方面是产品的质量是否可靠。而若把大学比喻成是企业的话，其培养的学生就像是企业生产的产品。毕业生能否成为社会受欢迎的人才也主要取决于两个方面：一方面是培养的学生是否符合社会需求；另一方面是培养学生的质量是否有保证。从近几年大学毕业生的数量上看，毕业生数量呈大幅度增加，2002 年大学毕业生人数才 145 万，而 2012 年达到了 680 万，10 年时间增长了 3.7 倍，年均增长率达 16.7%。在大学毕业生数量大幅度增加的同时，大学毕业生的就业问题逐步呈现，2011 届大学生半年后的全国总体就业率为 90.6%。若按这一比例计算，仍有近 50 万大学毕业生未就业，而实际的就业率可能会更低。为什么会出现大学生就业难的问题，难道是我国的高等教育真的过剩？

　　我国的高等教育从高到低依次为：博士研究生、硕士研究生、本科、应用性本科、专科，而应用性本科是随着社会发展的需要与高等教育的扩招应运而生的，重点强调"应用"，这对于人才的培养有了更高的要求，即要培养具有较强社会适应能力和竞争能力的高素质应用性人才。

本文基于以上背景，以社会需求的角度来探讨应用性本科的人才培养。

一、应用性本科人才培养的内容

从应用性本科人才培养的定位上看，是要培养成为具有社会适应能力和竞争能力的高素质应用性人才。然而如何把这一定位转为实际的培养内容，国内外学者对此进行了较多研究。从培养的内容上看，钱存阳、刘洋（2011）认为，应用性本科人才培养应包含基本能力、专业能力、创新能力三个方面。从培养的特点上讲，应突出三个方面的特点：能力的培养、技术的掌握、素质和道德的培育（沈宏琪、麦林，2009）。具体来讲，就是培养的人才上手快，动手能力强，具有较强的服务意识，注重技术实施和技术运用（王淑慧，2007）。为使培养的人才达到这一目标，应注重与生产实践结合，重视实践环节（朱于芝，2011）。

总之，要求把理论与实践相结合，结合地方经济社会发展状况，培养既具有专业理论知识，又具有实际操作能力的应用性人才。从内容上看，它主要包含三个方面的内容：一是职业道德，即从事相应职业所要求的道德准则、道德情操与道德品质；二是专业知识，即从事相应职业所需要的知识内容；三是实践能力，即除较强的动手能力、实际操作能力外，还应有创造与创新能力。

二、应用性本科人才培养的现状分析

从能力上看，这三个方面的内容都非常重要。但若按重要程度划分，这三个方面内容中社会最为看重的是实践能力。据相关的资料显示（钱存阳、刘洋，2011），约70%的企业最看重的是学生的实践能力，其次是专业知识，最后是职业道德。但从培训的角度上讲，三方面内容的从难到易为实践能力、专业知识、职业道德。下面将尝试建立"职业道德、专业知识、实践能力三维模型"来分析应用性本科人才培养的现状（见图1）。"职业道德、专业知识、实践能力三维模型"是借助数学的XYZ轴构建三维空间模型，X轴表示实践能力，Y轴表示职业道德，Z轴表示专业知识。其中，三种能力的满分值为100%，职业道德、专业知识、实践能力的比重根据《国家职业技能鉴定标准》、《岗位职业技能标准》等给予确定。本文试着把社会需求能力和实际培养的人才能力进行对比，从中找出人才培养中的问题。但不足的是，本文没有大量的样本与问卷，难以进行实证研究，只能以访谈与调研的资料进行定性分析。

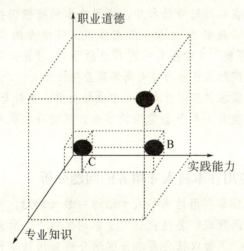

图1 职业道德、专业知识、实践能力三维模型图

从社会需求上讲，企业需要实践能力强、专业知识深厚、职业道德好的人才（如图1中的A点所示）。显然，所有企业都需求三种能力都强的人才，而事实上这种全才毕竟是少数，只能是可遇而不可求。在选择最优策略失败时，企业往往会选择次优策略，即三者之间进行平衡（如图1中的B点所示）。从调查的资料中显示，企业第一看重的是实践能力，是因为他们认为具有较强的实践能力可直接为企业所用，减少培训成本，提高企业利润；第二看重的是专业知识，是因为他们认为只要具备基本的专业知识，在工作岗位中就可以够用，当然要把研发中心与知识密集型行业除外；第三看重的是职业道德，是因为这方面的能力与前两个相比，企业可通过一些方式来提高，如用相应的管理制度来约束。

从高等教育的定位上看，研究型大学主要培养以研究理论知识为主的人才，高等职业院校主要培养以实际操作能力为主的人才，应用性本科主要培养用理论知识解决实际操作中的问题。然而，在实际培养过程中，应用性本科院校仍把专业知识放在首位，实践能力的培养仍未重视，其培养的结果往往是"低不成高不就"（如图1中的C点所示），理论知识没有研究型大学强，实际操作能力没有高等职业院校强。

从社会需求和应用性本科人才供给上看，供给与需求错位，即供给的学生并不是社会需求的学生，从而导致就业困难、人才培养失败。

三、应用性本科人才培养的问题分析

供需错位是应用性本科人才培养的最大问题，但是什么原因导致这一问题呢？显然在供大于求的情况下，我们应重点分析供给问题。下面以社会需求角度来分析应用性本科人才培养出现的问题。

（一）课程体系与社会需求脱节

从调查中发现，大多数应用性本科院校的课程体系与社会需求是脱节的。脱节主要表现在以下三个方面：①院校进行课程体系建设时并未调研与研究社会需求，更没有结合地方的经济、社会、文化等特点，只是借用或仿照其他院校的课程体系，根本不清楚所建设的课程体系是否与社会需求脱节。②院校进行课程体系建设时对地方的人才需求特点进行了调研与研究，也制定了适合当时的社会需求，但未随社会需求的变化进行及时调整，仍按照最初的课程体系进行教学，导致培养的学生跟不上时代的步伐。③院校进行课程体系建设时调研和研究了社会需求状况，也根据社会需求的变化及时进行调整，但仍按传统普通本科的人才培养模式设置，把课程体系的重点仍放在追求学科理论的系统性和完整性上，而真正重要的实践动手能力培养涉及较少，甚至根本就没有，导致培养的学生"低不成高不就"，没有竞争力。

（二）实践能力的培养不到位

多数应用性本科院校在课程体系建设中，结合了社会需求因素，也专门安排了实践能力的教学，但培养的学生仍会出现实践能力缺乏，其中最主要的原因是实践能力的培养不到位。实践能力的培养不到位主要表现在以下三个方面：①教师按自己的理解而未按实践能力教学方案进行教学，导致实践能力的培养成为"空头支票"。②教师已按实践能力教学方案进行教学，但抱着"得过且过"的心态，并未考虑学生学习的实际效果，更不会根据学生的实际接收能力去完善教学方案，导致实践能力的培养成为"有名无实"。③学生抱着消极的心态到课堂中，在课堂上不认真听课，不用心理解教师的讲解，时常是"身在曹营心在汉"，导致学习的效果大打折扣，实践能力的培养成为"浪得虚名"。

(三)"双师型"教师较为缺乏

教师对学生能力培养的作用是功不可没，这使得院校越来越重视师资的建设。应用性本科院校人才培养中重点强调"应用"二字。这就给教师提出了更高的要求，除了具有丰富的理论知识外，还应具有丰富的社会实践经验，也就是"双师型"教师。目前大多数应用性本科院校的"双师型"教师较为缺乏。其原因是：①绝大多数教师是毕业以后就直接到高等院校工作，其理论知识比较丰富，但企业实践经验较少，甚至没有，这使得实践教学难以完成。②若把企业人才引进为兼职教师，他们通常会因为没有足够的时间而难以完成教学；若把企业人才引进为专业教师，大多数企业人才因收入、环境等因素而不愿意。③即使具有企业实践经验的人才愿意被引进，但可能因不具备丰富的理论知识而难以完成教学任务。

(四)校内外实训基地缺乏

实践教学能否顺利实施，还有一个前提，即院校是否拥有较为完善的校内外实训基地。然而，绝大多数应用性本科院校没有完善的实训基地，导致实践教学往往成为"空中楼阁"。通常情况下，实训基地缺乏主要有三个方面的原因：①由于院校缺乏发展眼光，并不重视实训基地的建设，从而导致实训基地缺乏；②由于确实有存在资金短缺、设备不足等问题，从而导致院校的校内实训基地建设的步伐放缓，甚至根本无法建设；③由于院校未积极、主动地与当地企事业单位进行合作，未建立长期的战略合作伙伴关系，从而导致缺乏校外实训基地。

四、应用性本科人才培养的对策与建议

从以上分析可知，应用性本科人才培养存在一系列问题，

这要求高等教育工作者应积极探索与实践，寻求突破。笔者结合自身的工作经验及调查访问，针对当前应用性本科人才培养出现的问题，提出以下对策与建议。

（一）以社会需求为标准保证课程体系的完善

课程体系与社会需求脱节是应用性本科人才培养的大问题，课程体系建设直接影响培养结果，所以必须以社会需求为标准保证课程体系的完善。在课程体系完善上可以从以下两个方面入手：一方面，以《岗位职业技能标准》、《国家职业技能鉴定标准》为依据，结合当地的实际情况，制定课程体系。课程体系中必须包含职业道德、专业知识与实践能力三方面的能力训练，且三方面能力的培养要有层次性、阶段性和延续性。另一方面，课程体系的时间分配上应与学生的实际接收状况相结合，大一、大二两年重点培养职业道德与专业知识能力，但不能走传统本科培养的路线，即不能全是理论课，要有行动导向课。大三、大四两年重点培养实践能力，经过大一、大二两年的职业道德与专业知识培训后，大三、大四就可以以行动导向课为主、理论课为辅。从课程体系上看，经过四年的培养，就具备了职业道德、职业知识、实践能力三方面的能力，就能适应社会需求。

（二）以强化管理为准则保证实践能力的培养

在应用性本科人才培养中，要以强化管理为准则保证实践能力的培养。强化管理主要从两方面来说：一方面是加强师资队伍的管理。在师资队伍的管理上，要严格要求教师按照课程体系的标准进行教学，不能完全由教师自主发挥，要让实践能力的培养落到实处，甚至可以通过一些激励措施来提高教师的积极性，使在实践能力教学上能有更多创新。另一方面是加强学生的管理。在学生的管理上，避免出现个别学生影响整体学生，对个别学生进行针对性、专门化的管理，充分调动学生的积极性，培养学生的兴趣，让学生很乐意接受实践能力的培训，从而使实践能力的培养效果更加突出。

(三) 以打造"双师型"教师为目标保证师资队伍建设

"双师型"教师队伍的缺乏是应用性本科院校发展的难题，是能否培养应用性人才的关键，所以必须以打造"双师型"教师为目标保证师资队伍建设。"双师型"教师队伍的建设可以从以下三个方面入手：①利用假期时间派遣现有的教师到企事业单位进行挂职锻炼，通过挂职锻炼提高实践能力，从而有利于开展实践教学。②不断加强与企事业单位合作，把部分课程以"系列讲座"的方式请企事业单位员工进行轮流授课，避免出现企事业单位中的人员因缺乏时间而不能授课。③不断从社会引进具有实践经验的人才，引进后通过鼓励其参加培训、学习、继续深造等方式，丰富其理论知识，从而成为"双师型"教师。

(四) 以建设实训基地为基准保证实践教学实施

当拥有"双师型"教师后，还必须拥有实训基地，所以以建设实训基地为基准保证实践教学实施。在实训基地的建设上，把握以下三个方面的内容：①院校领导要有战略眼光，重视实训基地的建设；②从政府、银行、企业等多方面筹集资金，弥补因资金缺乏而未建设实训基地；③加强与企事业单位的交流，开展深层次的合作，鼓励企事业单位参与建设实训基地，尽可能吸收更多社会资源加入其中。

参考文献：

[1] 钱存阳，刘洋. 应用性本科市场营销专业实践教学体系构建 [J]. 继续教育研究，2011 (2).

[2] 沈宏琪，麦林. 应用性本科实践教学探讨 [J]. 中国

成人教育，2009（19）.

　　［3］王淑慧.应用性本科院校专业英语教学实践探索［J］.辽宁教育研究，2007（5）

　　［4］周德俭，李创第，刘昭明.地方院校面向应用本科人才培养的实践教学体系构建于实践［J］.黑龙江高教研究，2011（3）.

　　［5］朱于芝.民办应用性本科院校实践教学体系构建探索［J］.成人教育，2011（8）.

优化旅游管理实践教学体系，培养旅游应用性人才^①

孙　峰

应用性本科教育重视的是应用能力的培养，而实践教学则为培养具有创新能力和技术开发的应用人才提供了平台。实践教学对提高学生的学习兴趣、技能技巧、知识的综合运用、创新能力、就业等起着不可替代的作用。几年来一直重视旅游实践教学，不断加强旅游实践教学的改革，优化旅游实践教学体系，校企联合培养工商管理专业旅游应用性人才。

一、旅游实践教学体系的优化设计

人才培养方案是高等学校人才培养的总体设计蓝图，是实现人才培养目标和培养规格的指导性文件。自 2006 年以来我们对本科人才培养方案进行了多次的全面修订。其主要目的是加强实践教学，突出创新精神和实践能力的培养。

人才培养方案借鉴澳大利亚技术（Technical & Further Education，TAFE）培养模式，采用"课群（基础课群，专业基础课

①　基金项目：重庆市教委重大教学改革研究项目"政府主导机制下的工学结合高等职业教育模式的探索与实践"（编号：101206）；2011 重庆市教委人文社科委托项目"重庆工商大学融智学院常晓薇《马克思主义基本原理概论》精彩教案，高校思政专项"（编号：20125001）；重庆工商大学应用技术学院教改课题《创业导向的旅游管理专业人才培养模式的研究与实践》阶段性成果。

群和专业主干课群）＋模块（初级技能和高级能）"的课程体系。初级技能主要指一般性操作能力和业务实践能力，高级能力主要指管理能力。在技能训练确定之后，根据岗位实际把技能分别编成若干模块，每个模块是一个独立的教学单元，总体上构成一个比较完整的模块教学体系。

在人才培养过程中牢固树立旅游实践教学在人才培养中的重要地位，根据人才培养目标构建旅游实践教学体系，调整旅游实践教学比例，更新实践教学内容，突出实训演练，改进教学方法，加强实习基地建设。确定了既有基础实践又有专业实践，既有基本技能训练又有职业技能训练，分层次、多模块相互衔接的旅游实践教学体系，以达到培养和提高学生理论知识、实践能力、综合素质协调发展的教学目的。

加强旅游实践教学改革，把实验内容、方法和手段的改革建立在现代教育技术平台之上。努力将现代教育技术、仿真技术运用于旅游实践教学全过程，建立校企合作的旅游实践教学模式。从实训、实习教学环节入手，进行旅游实践教学体系的整体优化，达到旅游实践教学与理论教学相融合，培养目标与教学内容、教学手段与教学方法相统一。积极联合企业参与共建应用技术专业能力与应用能力，根据企业的特点和学生就业方向，合理构筑专业技能培养方案，强化学生综合岗位能力培养，全面提高学生就业的适应性。

应用性本科教育是培养具有相关知识、能力、综合素质即德智体全面发展，面向生产、建设、管理、服务第一线的高级应用性专门人才。应用性本科既不同于普通本科，不达本科的"压缩饼干"，也不是三年制高职高专的增容，与本科层次相比，强调应用性和技能性；与专科层次相比，强调一定的基础教育和后续发展。国际上常采用"职业带"理论来解释教育层次与人才层次的对应性。

把旅游实践教学体系划分为基本技能、专业能力和职业综合能力训练三大模块。在实习、实训、社会实践、劳动训练等环节，给学生创造各种独立的实践机会，使系统化教育与个性培养相结合，使知识能力、素质融为一体。同时，将旅游实践教学活动的各环节贯穿在学生学习的全过程中，每个实践环节都有明确的旅游实践教学要求和考核办法，形成循序渐进、层次分明的旅游实践教学体系。

培养学生理论联系实际和分析问题、综合解决本专业程序和方法、设计的基本技能；巩固、加深所学的课程，培养科学研究工作的初步能力，达到具备新产品研究开发的能力。

由各个模块的要求确定实训课程，制定实训课程的教学大纲。在旅游实践教学内容和教学方法上，一定要在接近职业活动的环境氛围中进行，体现高标准、严要求、强训练的特点，把对学生的职业能力的训练和职业素质的训导结合起来，提高学生的综合素质。在旅游实践教学的考核上，要严格按照实训课程的教学大纲规定的考核标准进行，注重过程考核和综合能力测评，确保旅游实践教学的质量。

二、旅游实践教学工作的具体措施和发展建议

(一)旅游实践教学工作的具体措施

1. 完善旅游实践教学管理体系

科学的管理是提高旅游实践教学质量的有力保证。加强旅游实践教学管理，使旅游实践教学体系能够顺利实施：①建立健全旅游实践教学的组织机构。完善岗位责任制，明确担任旅游实践教学工作的各部门、各类人员的职责和管理规定。充分发挥专业指导委员会的作用，加强对整个教学工作的宏观指导和监控。建立实践教学评价体系，引导和促进旅游实践教学改革，加强旅游实践教学的宏观调控。②建立旅游实践教学的档案制度，建立健全教师和学生方面的有关旅游实践教学的相关

资料。

2. 加强旅游实践教学师资队伍建设

培养和建设一支素质高、技艺精、能力强的旅游实践教学指导教师队伍，是关系到本专业能否把学生培养成旅游应用性人才的关键。我们采取以下措施来加强旅游实践教学教师队伍的建设：①加强专职实践教师队伍建设。选派青年教师到相关企业进行培训学习，有目的、有计划地组织他们深入一线，参加企业生产实践，使教师在实践中不断完善自我，提高专业技能，尽快转变成既具有较高理论水平，又有较强动手能力的"双师型"实践教师；有计划地选派教师到全国知名的职业院校参观、学习，向旅游实践教学水平较高兄弟院校学习，不断提高教师教学能力，选派教师到国内工商管理院校进修学习，开展教学经验交流，学习兄弟院校成功的职教经验，尤其是旅游实践教学经验，以提高旅游实践教学教师的整体素质。②加强兼职旅游实践教学教师队伍的建设，选聘一定数量的有丰富实践经验的兼职教师承担教学任务，使两种师资类型优势互补，落实教育资源的优化配置，同时为教师队伍注入新的生机和活力。

3. 加强校内外旅游实践教学基地的建设

旅游实践教学基地是开展旅游实践教学的场所，旅游实践教学基地建设的好坏，直接影响到旅游实践教学的质量。建设旅游实践教学基地，一是要建立校内旅游实践教学基地；二是要根据本专业特点和社会服务网络建立校旅游实践教学基地。目前校企联合共建实习基地有30多个（如重庆万豪酒店、重庆希尔顿酒店、重庆万友大酒店、重庆金源大酒店等）。考虑专业的今后发展，应该向经济较发达的福州等南方地区开拓实习基地和就业市场。

(二)旅游实践教学工作的发展建议

(1) 通过实训、实习教学环节的改革,建立一套优化的旅游实践教学体系。

(2) 校企合作,资源共享,联合办学培养旅游应用性人才,实现产、学、研相结合,达到既出人才又出成果的目标。

(3) 实施"走出去,请进来"战略,强化旅游实践教学师资队伍建设。加强教学人员业务培训,提高旅游实践教学水平。

(4) 编制《专业技能训练教程》,做到与职业资格鉴定标准一致,与实训模块配套。聘请专业技术人员为兼职教师,共同创建仿真系统,构建理论与实践一体化的模块化的开放性的实习系统,构建规章制度、安全操作规程、质量控制体系。

(5) 建立专业综合实训室,旨在打造通用技能培训的公共平台(主要包括:前厅实训室、客房实训室、导游实训室和综合实训室)。努力创设与职业活动接轨的实训环境,让学生在实训中有一种直接进入职业场景和职业角色之中的感觉和体验,使学生在提高专业技能水平的同时,接受职业道德、职业规范、质量意识、安全意识、团队协作精神等素养的熏陶。

参考文献:

[1] 刘耘. 务实致用:对地方大学旅游应用性人才培养模式的探索 [J]. 中国高教研究,2006 (5).

[2] 吕鑫祥. 高等职业技术教育研究 [M]. 上海:上海教育出版社,1998.

刘耘. 务实致用:对地方大学应用性人才培养模式的探索 [J]. 中国高教研究,2006 (5).

[3] 张勇传,齐铁峰. 中国大陆高校独立学院的类型结构分析 [J]. 黄河科技大学学报,2005 (4).

[4] 潘懋元. 对接资本市场——在民办高等教育与资本市

场高级论坛上的发言 [R]. 教育发展研究, 2004 (3).

[5] 常晓薇. 试析"一般职业经理人"经管类应用性人才培养目标的创新 [J]. 黑龙江高教研究, 2011 (8).

[6] 孙峰. 论地方普通本科院校的定位 [J]. 黑龙江高教研究, 2009 (16).

[9] 汤利华, 赵鹏. 构建旅游院校"产学研一体化"办学模式的几个问题探析——以北京联合大学旅游学院为例 [J]. 旅游学刊, 2006 (S1).

[7] 曾国军. 重点大学如何培养旅游管理专业的本科生 [J]. 旅游学刊. 2008, 23 (2).

[8] 何建民. 基于战略管理理论与国际经验的我国旅游高等教育发展定位与创新 [J]. 旅游学刊, 2008, 23 (2).

[9] 戴斌, 摆志靖. 中国饭店管理本科教育的未来: 产业导向、国际化、应用性 [J]. 旅游学刊. 2008, 23 (1).

[10] 李萌. 本科层次旅游人才培养模式的创新 [J]. 旅游学刊, 2008, 23 (2).

[11] 赵鹏. 关于我国旅游高等教育的感言 [J]. 旅游学刊, 2008, 23 (2).

[12] 袁书琪, 孟铁鑫, 缪芳, 等. 高校旅游教育发展研究 [J]. 旅游科学. 2005, 19 (6).

[13] 谢朝武. 旅游院校培养研究生定位的现状与改革 [J]. 旅游学刊, 2008, 23 (3).

[14] 第六届中国旅游论坛. "中国旅游高等教育的现状、问题与前景展望专题讨论"概要 [J]. 旅游学刊, 2009, 24 (7).

[15] 申葆嘉. 论旅游学科建设与高等旅游教育 [J]. 旅游学刊, 1997, (S1).

[16] 宋海岩, 王敏. 饭店业人才需求与旅游院校教育 [J]. 旅游论坛, 2008, 1 (1).

[17] 江泽民. 江泽民文选: 第2卷 [M]. 北京: 人民出

版社，2006.

　　[18] 孙峰. 论地方普通本科院校的定位 [J]. 黑龙江高教研究，2009 (6).

　　[19] 吴必虎，蔡利平. 美国大学中的旅游研究——旅游研究向名牌大学的渗透 [J]. 旅游学刊，2001，16 (4).

　　[20] 吴必虎，唐子颖，蔡利平. 美国大学中的旅游研究（二）——旅游及相关专业的教学体系 [J]. 旅游学刊，2002，17 (5).

基于 CDIO 的应用性卓越软件工程师培养实践教学体系的探索与实践

郭永明

  随着国家对软件和信息服务业的不断重视和大力发展，高校计算机科学与技术等相关软件专业人才的培养规模也不断扩张。但是，软件和信息服务业的人才需求却进入了一个"怪圈"：一方面是企业招不到合适的人才；另一方面为数众多的学生找不到对口的工作。究其原因，主要有以下几方面的因素：①目前软件产业已经从手工式的作坊作业转变成一种工业化、流水线的生产模式，所以软件专业人才培养也必须遵照工程教育的规律。但是，高校计算机科学与技术等相关软件专业人才的培养普遍缺乏工程性训练。②占软件人才需求绝大多数的应用性软件人才（相对于系统软件而言，是指应用于各行各业的行业应用软件），不仅需要具备软件专业知识和技能，还需要具有较强的行业背景知识。而高等学校的计算机科学与技术等相关软件专业人才培养模式却千篇一律，不能充挥发挥各自学校自身的办学优势和特色。

  针对软件人才培养存在的问题，在教育部"卓越工程师教育培养计划"指导下，结合软件和信息服务业行业需求以及学校的办学优势与特色，重庆工商大学应用技术学院进行了基于CDIO工程教育理念的应用性"卓越软件工程师"人才培养模式的研究与探索。本文主要介绍了该院应用性卓越软件工程师培养实践教学体系的构建与实施。

一、CDIO 工程教育理念对于应用性卓越软件工程师培养的借鉴意义

为了解决工程教育普遍缺乏创新性和实践性的问题，教育部于 2010 年 6 月启动了"卓越工程师教育培养计划"，主要目标是面向工业界、面向世界、面向未来，培养造就一大批创新能力强、适应经济社会发展需要的高质量各类型工程技术人才，遵循"行业指导、校企合作、分类实施、形式多样"的原则，以实施卓越计划为突破口，促进工程教育改革和创新，全面提高我国工程教育人才培养质量。

"卓越工程师培养计划"的本质是通过校企合作，按照工程教育规律改革和创新学校工程教育人才培养模式，以强化工程实践能力、工程设计能力与工程创新能力为核心，重构课程体系和教学内容。加强跨专业、跨学科的复合型人才培养。

依据教育部"卓越工程师教育培养计划"实施的若干意见，"卓越软件工程师"人才培养也必须按照工程教育的规律，以社会需求为导向，以实际工程为背景，以工程技术为主线，着力提高学生的工程意识、工程素质和工程实践能力的软件工程专业人才培养模式的改革和创新。

CDIO 工程教育理念是近年来国际工程教育改革的最新成果，在人才培养过程中遵循"构思（Conceive）、设计（Design）、实现（Implement）、运作（Operate）"四个环节开展工程化教育。它以产品研发到产品运行的生命周期为载体，让学生以主动的、实践的、课程之间有机联系的方式学习工程。其目的是着重培养学生工程基础知识、个人能力、团队合作能力和工程系统能力。CDIO 工程教育理念得到了国际上广泛的认可。国内有部分高校将 CDIO 模式引入了各自学校的电气、机械、化工、土木类等专业的工程教育人才培养，但是大多还处

于引进、应用探索阶段，没有形成可统一遵从的模式。

　　CDIO工程教育理念作为国际工程教育改革的最新成果，对于"卓越软件工程师"人才培养具有重要的借鉴意义。通过引入软件产品和系统生命周期的开发、使用及维护全过程教育，将CDIO工程教育理念渗透到"卓越软件工程师"人才培养中，创新软件工程专业人才培养模式，得到了国内一些高校的重视，但大多还处于探索阶段。相关的一些学术论文和研究报告，在发挥学校办学优势和特色方面还做得很不够。

　　重庆工商大学校作为一所财经类特色鲜明的综合性大学，在财经类等经济管理专业具有较强的办学优势和特色。根据教育部"卓越工程师教育培养计划"实施的若干意见，"卓越计划高校结合本校的办学定位、人才培养目标、服务面向和办学优势与特色等，选择本校参加卓越计划的专业领域和人才培养层次，并按照通用标准和行业专业标准，建立本校的培养标准体系"。依据这一指导意见，对于重庆工商大学应用技术学院软件工程专业（应用本科）来说，卓越软件工程师的人才培养主要结合学院定位和学校的办学优势与特色，加强行业应用背景等管理理论和技术的培养，着重培养从事财经等管理类软件的设计、开发和维护以及营销等复合型人才，形成突出财经特色的应用性卓越软件工程师的人才培养模式，培养出真正满足社会需求具有竞争力的卓越软件工程师人才。

二、构建应用性卓越软件工程师培养实践教学体系的指导原则

　　根据重庆工商大学应用技术学院应用性"卓越软件工程师"人才培养模式，构建应用性卓越软件工程师培养实践教学体系的指导原则主要体现在以下几个方面：

　　（1）针对重庆市将软件和信息服务业作为"十二五"期间五大战略性支柱产业之一，软件工程专业人才需求缺口巨大的

现状，确定该院软件工程专业人才培养面向地方及区域的经济建设和社会发展的需求，培养适应地方软件和信息服务业发展需要的优秀的应用性软件工程师人才。

（2）贯彻国际先进的 CDIO 工程教育理念，通过工程项目实践的"构思、设计、实现、运作"全生命周期，实现知识、能力、素质三位一体的培养，着力提高学生的工程意识、工程素质和工程实践能力，加强学生工程创新能力的培养和训练。

（3）充分发挥学校在财经等经济管理类学科专业方面的办学优势和特色，加强行业应用背景等管理理论和知识的培养，着重培养从事财经等管理类应用软件的设计、开发和维护以及营销等复合型人才，形成突出财经特色的卓越软件工程师的人才培养机制。

（4）深化学校和中软国际的校企合作人才联合培养机制，实现软件工程专业"工学结合，校企互动"的校企一体化联合人才培养模式，保证学生在企业学习、实习和实践的时间累积不少于一年。"工学结合，校企互动"的校企一体化合作人才联合培养模式不同于简单的"3＋1"模式，而是一种校企紧密合作的一体化人才联合培养模式，企业全程参加卓越软件工程师的人才培养机制。

（5）进一步强化学院在"职业资格认证"、"一赛两坛"、"专业经典著作阅读"等第二课堂方面的办学优势和特色，依托学院"职业能力导向的高素质应用技术本科人才培养模式创新实验区"市级人才培养模式创新实验区和学院应用技术实训与创业中心市级高校实验教学示范中心，加强学生创新创业能力的培养与训练。

三、基于 CDIO 的应用性卓越软件工程师培养实践教学体系的构建

根据上述指导原则，重庆工商大学应用技术学院软件工程

专业制定了"以 CDIO 工程教育理念为中心、以突出财经特色为优势、强化创业创新能力为重点的校企一体化合作实施"的应用性卓越软件工程师培养实践教学体系。

（一）基于 CDIO 的三阶段实践教学体系

CDIO 工程教育理念是"做中学"和"基于项目教育和学习"的集中概括和抽象表达。CDIO 工程教育理念应用于软件工程专业的人才培养，就是要以软件产品的需求分析、设计、实现与运行维护的生命周期的全过程为载体，使学生通过主动的、实践的、课程之间有机联系的方式学习软件工程开发，以培养学生的软件工程实践与创新能力。

重庆工商大学应用技术学院在课程实训和综合实训中，全面贯彻 CDIO 工程教育理念，形成了基于 CDIO 工程教育理念的三阶段实践教学体系：①基础编程技能实训、专业核心编程能力实训和应用信息系统综合实训的实践课程体系。基础编程技能实训主要是培养学生的基本编程能力。②专业核心编程能力实训主要通过面向对象程序课程设计、算法与数据结构课程设计、数据库系统开发课程设计三个模块培养学生的核心编程能力。③应用信息系统综合实训选取企业真实的应用信息系统开发案例，从需求分析、设计、实现到运行维护的软件生命周期的全过程进行仿真实践训练，培养学生大型信息系统的开发能力。

（二）突出财经特色的软件工程项目综合训练

突出重庆工商大学应用技术学院软件工程人才培养方面的财经特色优势，加强行业应用背景等管理理论和技术的教育培养。在应用信息系统综合实训中，选取电子商务系统和 ERP 系统两个项目作为大型信息系统的开发实训案例进行仿真实训，着重培养学生从事财经等管理类软件的设计、开发和维护的工程实践与创新能力，以及沟通交流等软件工程从业人员必备的团队合作能力。

（三）强化创业创新能力的第二课堂实践教学

依托学院"职业能力导向的高素质应用技术本科人才培养模式创新实验区"（市级人才培养模式创新实验区）和学院"应用技术实训与创业中心"（市级高校实验教学示范中心），实行软件专业从业职业资格认证，举办软件专业校内程序设计与软件开发大赛，开办学生软件开发公司与创业大赛等第二课堂方面的实践教学，强化学生创业创新意识和能力的培养与训练。规定学生必须完成的第二课程实践教学学分；对于学生参加省级以上的程序设计、软件设计大赛并取得名次的，给予学分奖励；积极引导和培训学生参加全国性质的软件设计大赛以及 ACM 等国际程序设计大赛，开阔视野，增强学生创业创新的意识和能力。

四、基于 CDIO 的应用性卓越软件工程师培养实践教学体系的实施

采用"工学结合，校企互动"的校企一体化合作人才联合培养模式，企业全程参加卓越软件工程师的人才培养实践教学体系的实施。重庆工商大学应用技术学院于 2011 年 9 月与中软国际正式签订计算机科学与技术专业人才校企联合培养协议，双方共同进行应用性卓越软件工程师的联合培养工作。校企双方共同制定培养目标、共同制定培养方案、共同实施培养过程、共同评价培养质量，通过学校和企业的双向互动和长期合作，实现应用性卓越软件工程师人才培养实践教学体系的动态调整和优化。

中软国际作为重庆工商大学应用技术学院正式签约的卓越软件工程师联合培养单位，通过提供参观实习（1 次）、企业讲

座（8次）、综合项目实训（8周）、课程设计（6周）、企业工程师授课（8门）教材编制、互建基地、订单培养、顶岗实习、毕业设计、就业推荐（3次）以及教师培训（2次/年，2周/次）等各种方式，从职业认知、职业规范、职业规划到职业技能全方位深入进行卓越软件工程师大学4年的全程合作培养。

此外，重庆工商大学应用技术学院与上海华腾软件系统有限公司等多家软件公司建立了合作关系。这些软件公司作为该院校外实习基地，学生到企业进行顶岗实习，实现"工学结合，校企互动"的校企一体化合作卓越软件工程师的人才培养机制。

通过基于CDIO的应用性实践教学的改革与实践，重庆工商大学应用技术学院软件工程专业学生的工程创新与实践能力有了很大的提高，取得了不少成效。近年毕业的多名学生先后被中软国际、迅雷科技、京东商城、华为科技等知名IT企业录用，呈现出毕业生专业对口就业率高、就业工资起薪高的良好就业趋势。

参考文献：

[1] 查建中. 工程教育改革战略"CDIO"与产学合作和国际化 [J]. 中国大学教学，2010（12）.

[2] 苏日娜，等. "卓越软件软件工程师"人才培养模式探讨 [J]. 中国国情国力，2010（12）.

[3] 唐振明，等. CDIO教育模式在校企合作中的实践 [J]. 计算机教育，2010（6）.

基于课程特征分析的审计学实验教学体系构建

罗　彬

目前，国内应用性本科会计类专业开展审计学实验教学的状况很不理想。有的学校根本没有开设审计实验课程，有的学校虽然开设了审计实验课程，但仅局限于引入案例教学，学生从案例中了解到的知识点非常分散，很难从总体上系统地领会审计工作的精髓。也有部分学校引进了审计模拟教学软件，但由于现有审计软件所提供的实验背景材料非常有限，与实际审计工作中面临的复杂环境和需要运用职业判断处理大量问题的现实状态相去甚远，因此往往使学生的实验操作停留在表面形式上，很难获得实际工作的感性认识。这种状况大大影响了审计学课程的教学效果，使审计学长期以来在师生心目中一直是一门"难教、难懂、难学"的课程，也使得应用本科会计类毕业生从事审计实践工作的能力远远不能满足现实经济环境的需求。因此，在基于审计学课程特征分析的基础上构建与审计学理论教学相配套的审计实验教学体系，是对当前审计学实验教学改进的重要课题。

一、审计学课程及其实验教学的重要性

从审计学的内容及其特征来看，实验教学在其教学体系中具有不可替代的地位。

（一）从审计学课程的内容来看

审计学课程大致可以分为审计学原理与注册会计师审计实务两大部分。

审计学原理部分主要介绍审计学的基本理论和方法，包括审计的外部环境、审计目标、审计计划、重要性与审计风险、审计证据、审计工作底稿、审计抽样等基础知识。这些理论知识涉及的概念比较多，各个概念之间又相互渗透，而各部分知识之间的联系性和逻辑性却并不容易理解。这一方面导致学生在学习时往往感到相关概念过于琐碎，难以从整体上掌握审计学；另一方面又经常感觉审计的程序和方法过于抽象，即使能够理解相关原理，也很难将它们与日常经济活动联系起来，找不到审计的"感觉"。在这种情况下，适当地运用实验教学形式，既可以使学生在应用相关知识的过程中体会审计学的逻辑和精髓，又可以使学生对相关概念、原理形成感性认识，从而提高学生理论联系实际的能力。

注册会计师审计实务部分主要包括各类交易和账户余额的审计程序、特殊项目的考虑、审计报告的编制等内容。对于这部分内容，学生们经常面对的困惑是：虽然他们能够理解针对各类交易和余额所设计的控制测试和实质性程序如何为实现审计目标服务，在运用单项审计程序进行作业演练时也能够提出解决问题的方案，但一旦面对综合的案例分析就不知如何下手。这一方面是由于学生在理论教学中没有真正将相关的审计学原理与方法融会贯通，需要运用各种原理、方法提供全面审计方案时就不知该怎样应对；另一方面也是因为审计工作要运用大量的职业判断，而职业判断的环境依赖性很强，理论教学难以给出明确、可操作的指导，使得学生单凭课堂学习很难培养其职业判断能力，纵使心里熟知相关审计程序问题，在遇到具体问题时也不知该如何运用职业判断进行分析、解决问题。在这种情况下，实验教学就可以起到穿针引线的作用，将审计学的各项原理方法串联在一起，融合成一个整体，引导学生在实践过程中正确应用相关原理与方法，培养他们分析问题与解决问题的能力。

（二）从审计学课程的特征来看

审计学课程的特点突出地表现为综合性与实践性。

1. 综合性

综合性体现为审计学课程中融会贯通了其他多门课程的内容，包括会计学、管理学、统计学、信息技术等。

（1）会计学。掌握必要的会计学知识是审计人员开展审计活动的前提和基础，因为只有理解会计信息的收集、分类、汇总和表达，熟悉财务报表的编制过程，审计人员才有能力去审查、验证会计信息的可靠性。

（2）管理学。审计人员在进行审计活动时，需要了解被审计单位情况，与管理层进行有效沟通，为审计工作的顺利进行创造良好的环境；需要分析评价内部控制制度的设计、运行及其有效性；项目负责人还要依据各项目组成员的能力、特长，合理分配审计工作并对其工作进行指导、监督与复核，这些都与管理学方面的知识息息相关。

（3）统计学。为了既能获得对审计对象的全面系统认识，又使审计程序的实施符合成本效益原则，运用统计学知识选取测试样本已成为审计人员的必然选择。审计人员必须掌握必要的统计学原理，在审计过程中灵活运用各种统计方法和手段。

（4）信息技术。信息技术环境下的会计信息流程与传统模式相比已经发生了很大的改变。在这种情况下，审计手段也必须随之改变，计算机辅助审计的运用日益普及，审计人员在评价被审计单位内部控制有效性、获取审计证据等过程中都离不开信息技术的支持。此外，审计人员在审计过程中还要综合运用经济法、税法等相关知识，这些都大大丰富了审计学课程的教学内容，也使审计学课程体现出明显的综合性特征。

2. 实践性

实践性缘于审计学课程的应用性特点，它要求老师在审计学课程中不仅要教给学生理论上应该做什么、怎么做，而且应当注重引导学生在学习中进行仿真练习和模拟操作，培养学生的实际操作技能，从而提高学生对于审计流程和方法的感性认识，缩短理论与实践的距离。

鉴于审计学课程的综合性与实践性特点，单纯的理论教学很难使学生理解审计学的逻辑和精髓。一方面，审计工作的综合性决定了审计学课程的内容涉及面广，层次复杂，不容易把握。虽然学生在学习审计学课程之前可能已经学过会计学、管理学、统计学等相关学科的知识，然而学生掌握的这些知识往往都是零散的、不系统的，单独学习这些知识时可能没有问题，但融会贯通则很难，不能将相关原理应用到具体审计程序中去，这就需要通过实验教学来帮助学生进一步整合这些知识。另一方面，实践性意味着审计学理论知识如果不与实务操作结合起来就会陷入抽象的漩涡，导致学生对审计学产生距离感和畏难情绪，失去学习兴趣。而只有恰当地运用实验教学形式才是促使学生焕发学习热情、迸发创造性思维的最佳途径。

二、审计实验教学层次体系构建

要构建科学的审计学实验教学体系，首先应合理构建审计学实验教学的层次。

根据实验教学服务于不同层次教学目标和人才培养目标的需要，笔者认为可以将审计学实验教学体系分为基础层次、综合层次和提升层次三个层次。这三个层次在实现课程教学目标及人才培养目标上具有不同的功能：①基础层次以培养学生发现、分析、解决问题的能力及严谨的科学态度和基本操作技能为主；②综合层次以吸引、激发学生的求知欲，培养学生综合把握和运用学科知识的能力为主；③提升层次以探索性、设计性试验及科研训练、社会实践、毕业设计为主，突出学生创造性、探索性能力的培养。

（一）基础层次

"基础层次"属于验证性实验教学，侧重引导学生将在课堂上所学的知识通过实验的方式加以验证，从而进一步巩固课堂知识。具体包括：①课程单项型实验。例如，在课堂讲授审计工作底稿部分的内容以后，让学生通过亲自填写审计工作底稿来进一步理解审计工作底稿的各个要素，并熟悉编制技巧。②课程综合型实验。例如，在讲授"注册会计师审计实务"部分的课堂内容以后，让学生通过操作审计实验软件，对课堂知识进行全面的回顾和总结等。

（二）综合层次

"综合层次"通常采取一些综合训练型实验形式，侧重引导学生将在课堂上所学的各类知识（包括会计、审计、税法、经济法等各方面的知识）进行全面综合、融会贯通，从而进一步深化对课堂知识精髓的理解，锻炼学生熟练运用所学知识的能力。具体包括：①专业综合型实验。例如，在学习了本专业大部分主干专业课以后，给学生提供特定企业的情景资料和相关文件，让学生先为该企业做一套账表，再安排学生对做好的账表资料进行交叉审计。②校内模拟仿真实习。例如，组织学生进行模拟对抗实习，使学生通过扮演不同的角色，深刻体会不同岗位的职责要求等。

（三）提升层次

"提升层次"属于设计性和创新性实验教学，侧重引导学生将专业知识运用到实践活动中，并激发学生的创新意识和探索能力。具体包括：①毕业设计。例如，在毕业设计和学位论文写作过程中，要求学生结合所学专业知识，提出一些创新性的观点和方案。②会计师事务所实地实习。例如，安排学生到会计师事务所参加审计实践活动等。基于上述基础层次、综合层次和提升层次三个实验教学层次及其所对应的验证性实验教学、综合性实验教学和设计性实验教学三种实验教学途径，结合课程单项型实验、课程综合型实验、专业综合型实验、校内模拟仿真实习、会计师事务所实地实习等多段实验内容设计，我们可以考虑对实验教学效果进行多维评价，具体的方式可以多种多样。例如，向参与实验教学过程的学生发放调查问卷，针对实验教学对学生后续学习和工作情况的影响进行跟踪调查，通过网络收集学生的意见和建议，采取师生座谈的方式近距离了解老师、学生们的体会和感受等。

三、审计学实验教学方式体系构建

审计学实验教学方式是实现教学目的的重要手段，主要可以采取以下方式：

（一）案例教学

这是一种在教学过程中由学生围绕某案例，综合运用所学知识与方法对案例材料进行分析、推理，提出解决方案，并在师生、同学之间进行探讨、交流的实验教学形式。它既可以只涉及运用某种审计程序、方法的小型简单案例，也可以涉及综合运用多方面知识、方法的大型复杂案例。合理地运用难度、复杂程度不同的案例，不仅有利于学生及时温习课堂上学到的分散的知识点，而且有利于学生综合理解、把握整个审计活动的流程与逻辑。

(二)校内模拟仿真实习

这是一种在校内实验室进行的以被审计单位的基本财务活动和背景资料为基础,模拟审计人员进行相关审计工作的实验教学形式。在实地实习条件受到客观限制的情况下,校内仿真模拟实习能够最大限度地引导学生置身于审计情境,体验现场审计的氛围,从而培养学生根据审计学的基本原理与方法进行实务操作、解决实际问题的能力。

(三)毕业设计

这是一种在老师的指导下学生独立开展创新性研究的实验教学形式。它能够引导学生在深入把握所学专业知识的基础上,通过获取、筛选相关知识和信息,发挥创新性思维,提出新观点、新方案。

(四)会计师事务所实习

这是一种在某一阶段时间内(如寒暑假期间)直接安排学生到当地会计师事务所参加实际审计工作的实验教学形式。学生在实际工作中可以接触到真实的审计资料,参与审计过程,锻炼沟通与社交能力,体会审计师在各种具体环境下如何运用职业判断来发现、分析、解决问题,有利于学生综合能力的培养。

审计学实验教学是顺应经济环境的发展而产生的。经济越发展,审计越重要,培养具有综合素质的审计人才也就越来越重要。通过审计学实验教学,一方面希望使学生对审计学知识获得直观的感性认识,理论联系实际地理解、掌握审计学的基本理论和方法;另一方面希望通过实验教学培养学生独立运用审计理论与方法的能力,逐步提高学生的创新性思维能力,最终提高他们的综合素质,使之发展成为合格的审计人才。

随着审计环境的复杂化，经济生活对高素质综合型审计人才的需求日益增加，实验教学在审计教学中的地位和作用愈加凸显，这也对审计学实验教学体系的科学化和适用性提出了更高的要求。在系统地分析审计学课程特征的基础上构建审计学实验教学的层次及方法体系，以期能对我国应用性本科会计类专业审计学课程实验教学改革提供借鉴和参考。

参考文献：

[1] 阿巴嘎旗审计局. 在实践中探索在前进中壮大 [N]. 锡林郭勒日报，2009 - 12 - 29.

[2] 张百厚. 努力成为复合型审计人才 [N]. 东方烟草报，2010 - 04 - 05.

[3] 杨永华，王平，王成双. 建立高素质审计人才培养机制 [N]. 中国审计报，2000 - 12 - 22.

[4] 胡建春. 立足实践培养高素质审计人才 [N]. 中国审计报，2005 - 09 - 19.

[5] 董洪亮. 培养国际型会计审计人才 [N]. 人民日报，2000 - 05 - 10.

[6] 于英杰，阮星光. "审计风暴"刮火审计复合型人才培养 [N]. 中华建筑报，2005 - 08 - 04.

应用本科院校质量监控问题及策略

张梁平　唐　亮

2001 年、2005 年和 2007 年，教育部先后发文，提出要提高高等教育质量，作为近年来突飞猛进发展的应用性本科院校，由于其大都是由专科层次的院校升格或合并而来，建校时间短、经费不足、特色不明显、社会声誉比较低，因此加强应用性本科院校质量建设应该是当前高等教育质量工程中的重点工作。但由于管理水平、办学经验等方面的原因，他们在教学质量监控方面还存在着诸多问题。教学质量的保障主要包含理论教学与实践教学两个方面。应用本科的理论教学往往借鉴普通本科教学的成功经验，在过程的监控方面普遍做得不错，但是实践教学作为应用本科区别于普通本科的特色，其问题还很多，监控体系也很不完善。随着高等学校教学水平评估的深入开展和各高校对教学质量的进一步关注，实践教学对人才培养的重要作用也越来越受到重视。

一、应用本科质量监控问题分析

（一）评价体系一味模仿沿袭，不符合应用性办学定位

探求高等教育类型的多样化、合理化是世界高等教育改革和发展的共同趋势。发达国家高等学校设置和分布呈金字塔式

的分类发展体系：研究型高校和研究教学型高校属于少数部分，它们处于高等学校结构的最上层，承担着社会所需要的创新型、理论性人才的培养和基础性、原创性科学研究任务；而处于整个高等教育体系基座的则是为数众多的教学型、应用性普通高等学校，他们承担社会需求的各种各样人才，尤其是适应经济发展需要的应用性人才培养任务。随着高等教育从精英教育步入大众教育，以及高等教育体制改革的不断深入，多样化、多规格、多层次的发展格局是我国高等教育发展的必然选择。

教学质量标准是与办学定位密切相关的，有什么样的人才培养目标就应该有什么样的质量标准。定位不同，培养目标不同，学生的知识、能力、素质要求也就不同。应用性本科院校的培养目标是，面对现代社会的高新技术，在生产、建设、管理、服务等一线岗位，直接从事解决实际问题、维持工作正常运行的人才。它强调学用结合、学做结合，学创结合，重视学生的动手能力、应用知识解决实际问题的能力，不过分追求知识的深、难以及知识体系的完整，培养的人才和生产实际紧密相连。

目前，我国新建应用性本院校质量监控却不符合自身的办学定位，各校采用的评价标准基本上是模仿或沿袭研究型院校的内涵，将研究型大学的指标体系移植过来，"过分注重"内容的深度、难度；"过分注重"知识的系统性、完整性；"过分注重"教师上课的信息量，知识传授的技巧。从知识传授的角度来看，这些指标对于应用本科院校不是说不重要，但"如果过分"强调就会偏离应用性办学目标，混淆了研究型高校和应用性院校的本质差别，教学质量监控就不会达到预期的效果。

（二）理论教学质量监控相对完整，实践教学监控环节广泛缺失

实践教学是与理论教学紧密联系又相对独立的一个教学环节，它强调学生亲身参与、经历和实践操作，旨在培养学生理论联系

实际的专业实践能力、创新能力、动手能力、独立分析问题和解决问题的能力。对于应用性人才来说实践教学尤为重要。因为他们是现代技术的应用者、实施者和实现者。他们最大的特点是具有较强的技术思维能力，擅长技术的应用，能够解决生产实际中的具体技术问题。应用性本科院校要提高实践教学环节，首先就要做好实践教学环节质量的保障监控工作。但从新建本科院校运行的实际来看，各高校都十分重视理论课的监控，忽视和缺少实践教学监控环节，从而使培养出来的人才不符合社会需求，也使整个质量监控体系显得不完整。造成此原因是多方面的。首先是受重理论轻实践的传统教育观念的影响。在传统教学中，实践教学大都是验证理论教学，成为理论课的"附属品"，实践教学得不到应有的重视，实践教学的质量监控缺乏管理，因而也就会出现实践教学质量监控与评价不到位的情况。其次，实践教学环节的多样性及其内容的复杂性，实践教学在时间、场地和内容等方面的特殊性，以及实践教学在信息收集、管理和反馈等方面的困难，也决定了对其进行质量监控的难度，这也是教学质量监控体系不能很好建立的一个重要因素。

（三）评教组织职责不明，监控效力有待加强

成立三级评教组织即校级督导以及行政领导、系级督导以及同行专家、学生评教，是各校在教学质量监控方面的普遍做法，但目前三级评教组织存在着职责不清、任务不明，影响着评教工作的正常开展。

校级督导处于全校教学质量监控的最高层次，理应是教学质量监控体系中的决策层、指挥层。其主要职责应该是对学校办学指导思想、办学定位、人才培养方案的制定以及学院（系）的督导工作给予宏观指导，并根据学校的各项管理制度，对学校的教学常规和教学管理工作进行总体督促检查，同时进行专题调查研究，及时、如实地反映重要情况、突出问题和咨询建

议，为学院的教学改革和重大决策提供咨询建议。但从目前实际情况来看，学校层面的督导主要工作却是深入课堂听课。由于全校教师人数众多，督导人数又有限，再加上受专业、听课时间等的限制，这样就很难对被听课者有个公正、客观的评价。

系级督导大都是由相同或相近专业的专家组成，他们是教学质量监控的主体和主要组织实施者。其职责是：加强专业研究，参与人才方案制定，深入课堂听课，从专业层面给被听者以指导。这些工作都是以教研室为单位进行组织实施的。由于应用性本科院校教研室活动开展不充分，所以学院（系）层面的督导没有发挥出其应有的作用。

学生评价指标也存在着不合理的现象。学生评教的内容一般从仪表庄重，认真备课，内容充实，采用启发式教学，课堂组织，对学生思维方法、创新精神和创新能力的培养训练，前沿学科介绍，语言表达，普通话，板书等方面对教师进行评价。这些内容有的是学生容易评价的（如语言表达、普通话教学、板书等），有的是学生难以做出判断的（如内容充实，采用启发式教学，课堂组织，对学生思维方法、创新精神和创新能力的培养，对学科前沿介绍等）。这样的评价难以概括教学活动的全过程，使评价的结果容易出现偏差。

二、应用本科质量监控体系的构建

加强应用性人才特点研究，构建和完善应用性本科院校教学质量监控体系，不断优化和提高教学效果，已成为新建应用性本科院校教学管理面临的新课题。因此，我们必须从以下几个方面开展工作。

（一）优化人才培养模式，完善实践教学质量的标准文件

人才培养方案是整个教学活动的龙头，是教学质量的基石。

应用性人才培养方案的培养目标是培养拥护党的基本路线，适应地方经济发展需要的，具有良好的职业道德和素养的德、智、体、美等方面全面发展的高素质应用性人才。要实现这一目标，就要对过去的人才培养方案进行改革。夯实实践教学环节，同时压缩理论授课学时，要以课程基本要求为依据，在保证课程体系优化的前提下，具体规定学生必须掌握的知识和技能等实质性内容，把学生的能力培养和素质提高作为重点。

同时，根据人才培养方案，进一步制定教学质量的标准文件。实践教学强调的是行动的检测，是对教师教学的个人业务能力和指导实践教学能力的监控，以及学生知识掌握和动手能力检测的综合考核。其质量监控体系以质量标准文件为基础，对师生教学过程和教学环境设置主要监控点，按一定组织规范化运作管理。借鉴ISO9000质量管理理念和质量管理标准体系，按照应用性本科培养基层管理人员的目标，结合社会市场与用人单位，将职业化岗位的从业人员技能和素质要求融合在实践教学的质量标准文件中，构建完善的实践教学管理职责、实验设备管理、实践教学过程管理、实践教学效果实现、实践教学效果评价和改进等文件化的实践教学质量监控体系。进一步完善实验质量标准，综合性、设计性实验标准，实习实训标准以及毕业设计标准等，编制教学管理程序、操作性文件以及记录性文件，强调教学文件制定、审批及执行过程中程序的规范性，以程序性文件为主导，对实践教学大纲、实践教学的教材编制、实践教学进度安排、实验设备和环境管理、实验实习报告、论文评价等，按职业化要求建立对应的操作性和记录性质量标准文件，在实施实践教学过程中识别影响质量的关键点，按照程序性文件、操作性文件和记录性文件进行过程监控。

（二）提高指导教师的工程实践能力

实践教学监控必须注重过程监控，而过程监控必须实施全员参与。在这个过程中，管理职责延伸至实践教学的指导教师。只有提高实践教学指导的认识和主动参与的积极性，才能全身心投入从而带动学生更加重视实践的各个环节，切实理解实践教学的重要性，促进实践教学的质量稳定提高，这是对实践教学质量起关键作用的主要因素。因此，提高指导教师的工程实践能力是关键。现有大多数青年教师拥有高学历、高学位，应从制度上鼓励他们参与各类从业资格证书的考试，积极开展与企业的合作，组织教师深入企业开展专业调研，积极推进与企业的技术合作，鼓励教师积极参与企业经营管理、研发工作。利用寒假和暑假到企事业单位顶岗实习，引进行业内专业人士作为实践教学的聘用教师，安排年轻教师随同学生参与实践实验过程，在实践中模仿和学习专业的经验而初步获得经验性实践，提高工程实践能力，再进一步脱岗到相关院校学习专业实践教学的学科理论和教学方法，使教师的实践能力从经验性实践过渡到专业性实践，逐步改善现有教师的知识结构，调动实践指导教师的积极性、主动性，自觉对实践教学过程加强质量监控，使实践教学的质量监控工作落在实处。

（三）推行质量监控的信息跟踪机制

信息是质量监控工作的基本要素，实践教学信息包括教学中检查评价的各种数据、演示资料和文档以及实践活动内容的各类消息。没有准确的信息来源，对整个实践教学过程的质量监控、质量分析、质量检验就难以科学地实施。因此，要做到实践教学信息反馈多层面、全方位、全过程，一是建立专家督导督学的信息反馈体系，发挥督导信息及时、准确的优势，借助这支教学经验丰富、高度认真负责的督导队伍，对实践教学过程的关键点跟踪监控，通过听课、观摩实践教学过程、与师生交谈等形式，做好各种实践教学信息的收集与反馈工作，定时定点地和教学管理部门以及实践教学指导教师进行交流、沟通、及时改善实践教学质量。二是通过常规检查程序对实践教学的教学大纲、教学进度内容、学生实践作业、实习报告和毕业论文进行抽查，结合学生问卷调查，发现问题，挖掘教学效果较好的实践指导教师，总结、推广有效的教学经验和成果，帮助纠正不恰当的指导教学方法，促进实践指导教师水平的提高。三是从制度上明确指导教师对实践教学过程的教学信息进行及时收集、分析反馈，发挥质量监控的导向作用，开展公开的交流与探讨，依据实践环节的质量标准互评互测，促进质量管理决策的完善。

（四）改革考核方式，注重学生学习过程监控

构建实践性教学考核体系，改革原有的以分数为评价标准的考核方式。实践性教学考核应该能够比较全面地反映学生各方面的综合能力，如专业知识掌握情况、操作技能、设计能力以及协作能力等。因此，开放实践性教学成绩考核应该包括平时成绩、综合成绩、理论知识成绩以及期末考试成绩等部分，尤其要注重平时实践成绩的考核。同时在考核评价中，应该注重将实践过程评价与结果评价相结合。过程评价可以由教师代表和学生代表组成的实践质量评价小组负责，评价内容包括实践内容、实践能力和实践成果等方面，并将评价结果反馈到信息化管理平台，从而能够及时对相关内容或过程做出合理的调整，实现实践性教学的科学化和规范化。

高等学校实施教学质量监控，其终极目的是不断提高教学质量并最终实现高等教育的可持续发展。要实现高等教育的可持续发展，必须注重规模、质量的协调发展，树立发展的、多样化的、适宜性的高等教育质量观，促进学生身心全面、和谐的发展，塑造出符合社会需要的可持续发展的人才，这在高等教育超常规发展的今天尤其重要。

随着社会对人才需求的市场化程度日益加剧，实践教学对

于培养学生的创新精神和实践能力的作用日益明显。对于综合性大学的实践教学而言，如何恰当地处理多学科交叉背景下的宽口径人才培养的质量监控与多层次实践教学模式之间的关系，通过不断加强实践教学质量的过程与结果管理，探索切实可行的实践教学质量监控模式，是当前高等教育人才培养质量不断提高的关键之一。

参考文献：

［1］党传升，刘春惠，吕廷杰. 构建本科教学质量保障体系的理念与实践［J］. 中国大学教学，2010（3）.

［2］苗戎，崔广智，郝存江，等. 构建实验教学质量评价与监控体系的研究［J］. 中国高等医学教育，2011（2）.

［3］张靖方，任东涌. 构建实验教学质量监控体系的研究与实践［J］. 白城师范学院学报，2009（6）.

［4］秦昌明，时祖光. 高校实验教学质量评价体系的构建与实践［J］. 黑龙江教育：高教研究与评估，2010（5）.

［5］黄菊文，乔俊莲，贺文智，等. 改革认识实习教学模式加强学生实践能力和创新能力培养［J］. 实验室科学，2010（5）.

［6］黄晓媚，邹晓宏. 高校内部教学质量保障体系探究［J］. 黑龙江教育：高教研究与评估，2010（11）.

［7］张伟，巫家敏. 应用性大学内部教学质量保障之组织体系的探索与实践［J］. 辽宁大学学报：自然科学版，2009（1）.

教学模式

基于 PBL 模式的应用性人才知识、技能、素质三位一体的教学模式构建

黄钟仪

一、基于问题的学习模式有助于学生知识、技能、素质的综合和发展

中国传统的教学方法是以个人为中心的、相互独立和相互竞争的，学习活动主要是记忆并重复以前人经验知识为主的信息，学生被看成是装载知识的"容器"，是信息的被动接收者，终身学习的四大支柱能力没有得到有效的训练。近年来，大手笔高投入的多媒体辅助教学的新时代，也并未显著提高高等教育的质量。学生们仍然大多是上课记笔记、考前背笔记、考试回忆笔记的学习方式。

基于问题的学习（Problem – Based Learning，PBL）又译为"问题式学习"、"问题本位的学习"、"以问题为基础的学习"等，作为一种特指的概念和方法，它是由美国神经病理学教授巴罗斯（Howard Barrows）于 1969 年在加拿大麦柯玛斯特大学医学院开始试行的一种新的教学模式。20 世纪 80 年代，美国研究型大学本科生教育人才培养目标出现了历史性的转型，由原来的培养全面发展的人转向培养创新型人才，探究性学习受到重视。1984 年 10 月美国高质量高等教育研究小组提出了《投身学习：发挥美国高等教育的潜力》的报告，认为本科生教学不

仅要直接着眼于学科知识，而且要着眼于学生的分析问题能力、解决问题能力、交流能力和综合能力，建议教师采用积极的教学方法，要求学生不但要成为知识的接受者，还要成为知识的探索者、创造者。在20世纪80年代兴起的这轮高等教育改革运动中，为了培养创新型人才，各式各样的探究性学习模式在研究型大学蓬勃兴起，基于问题的学习模式就是其中一项重要的措施。现在，美国几乎所有的研究型大学都在实施基于问题的学习模式；不但运用在大学的医学学科，而且运用于教育学、工程学、建筑学、工商、法学、经济学、管理学、数学、自然科学、农学、社会学等学科领域。90年代中期以后，它被移植到美国幼儿园、小学和中学的各个年级，并取得了成功。我国从90年代中期开始，医学领域广泛开展PBL模式实践，其他课程也有人积极实践。后来，基于其在应用性人才培养中也具有引导学生探讨实践性问题的作用，PBL教学法被引入应用性本科人才培养中。

PBL模式是将学习"抛锚"于具体问题之中的一种情境化了的、以学生为中心、以任务和项目为引导的教学方法。它主张问题是学习的起点，任务和项目是学习的载体，注重学生的已有知识、小组合作和教师的指导或促进在学习活动中的作用，强调学生问题解决、有效合作、自主学习和终生学习能力的发展。它主要蕴涵创新教育、活动教学、主体性教育、建构主义理论等几种教学理念，有着独一无二的特性。①它是一种以学生为中心的教学方法；②以学生小组为单位进行学习；③教师是辅助者、引导者；④以问题为中心组织教学并作为学习的驱动力；⑤问题是真实的；⑥问题是发展学生实际解决问题能力的手段；⑦在问题解决的过程中获得新的知识、发展能力；⑧真实的、基于绩效的评价。

PBL模式的以上特征，既能深入推动学生学习、探究知识，又能培养多种技能，还能促进学生综合素质的全面发展。为实现"应用性人才"的"应用性"能力培养提供了载体和平台。

二、八个教学环节的实施策略模型——基于 PBL 模式的应用性人才知识、技能、素质三位一体的实践教学模式构建

在具体实施 PBL 的过程中，不同的研究者和实践者对 PBL 的实施策略有着不同的看法。其中有着广泛影响的主要有 PBL 的主要倡导者巴罗斯提出的 5 环节实施策略模型、彼得·施瓦兹（Peter Schwartz）等人提出的 8 环节实施策略模型以及布迪（DavidBaud）和弗来悌（Grahamel Feletti）提出的 4 环节模型。笔者综合了以上模型，建议在学习小组建立以后，采取如下 8 环节实施策略以促进学生知识、技能、素质的全面发展。见图 1。

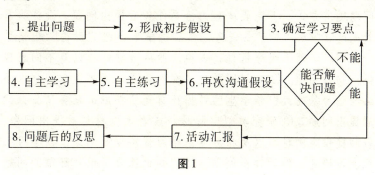

图 1

以上 8 个环节，首先提出问题是关键，然后学生之间相互交流，运用既有知识形成解决问题的初步假设；根据这个假设学生需要对自己知道什么及不知道什么进行讨论，形成需要小组合作探究的问题，并由学生和指导老师共同确定学习要点；随后分头探索学习资源，自主掌握学习要点，完成老师下发的基础练习手册（这是弥补 PBL 在掌握知识点方面的缺陷而采取的补救措施）；分散学习后，学生再次集合沟通形成/验证解决

问题的假设，如不能解决/回答问题，小组可以多次重复上述过程，以确定他们能否正确解决/回答问题；在活动汇报环节要进行当场评估，但主要不是考查学生的观点正确与否，注重的是分析问题和解决问题的能力，具体地说就是在讨论中能否运用理论解释实际问题以及逻辑思维的过程是否严谨合理。随着问题的解决，学生继续明确需要研究的学习要素，从而认识到学习是一个无止境的过程，永远会有需要研究的问题。

PBL 的研究者一致认为问题是学习的起点，对以上八个步骤，需要特别关注的是如何设计出能引导学生持久讨论的初始问题。初始问题不仅是一个单纯的问题，更重要的是它必须是通过一个问题情景引起学生的兴趣，使外部表征的问题与学生的内心体验产生积极的联系。笔者与课题组成员在教学中，根据不同教学内容的特点，设计了不同的能获得持久讨论热情的问题提出方式。①完成体验式情景任务后提出问题。设计具有紧张度和吸引力的情景任务，然后将学生小组"抛锚"于情景任务中。学习小组分析自己表现，然后根据体验以及不同表现提出初始问题。②一起回顾身边案例后提出问题。本部分以小组经验为基础，引导学生回顾描述自己所接触的任务情景，然后提出问题。③研究类似实际材料或者案例材料后提出问题。教师提供案例材料以及相应理论学习资料以及网站，供学习小组学习研究，然后提出问题。④"知识综合运用"环节的问题提出方式：教师提出问题，学生结合自身经验给出假设。老师根据各组本期一起完成的多次小组任务的表现，并结合各部分教学内容的学习程度，向学生提出综合性问题。

三、PBL 模式面临的四大挑战及其解决办法设计

(一)大班教学

扩招带来师资的紧张和教学资源的不足。大多数应用性本

科院校的课程同批次听课学生人数少则七八十人，最多时会达到100多人，这就会面临很大挑战。①如果严格遵照 PBL 程序，那么 5~9 人的小组就需要一位教师。在高校扩招的背景下，由于每个老师都有很重的教学任务，为每组学生配备指导教师面临教师资源不足的问题。②每组人数规模太大，小组讨论时就难以做到每个人充分参与或表达，也难以使每个小组的成果得到充分展示。

实际上，国外大学在将 PBL 运用于本科生教学的过程中，由于班级规模、学生的智力发展水平、课程目标、教师的教学风格、是否有助教协助等因素，又产生了一些具体的教学形式。特拉华大学数学与科学教育资源中心副主任达奇（Barbara J. Dutch）总结了美国基于问题学习的经验，概括出 4 种模式：医学院模式、流动促进者模式、同学导师模式和大班模式。由于其他老师的授课任务较重，我们没有足够的师资资源全程参与学生小组讨论的指导，且班级较大，我们采用后三种模式的综合。首先，改"5~9 人配备一个导师"为任课老师担任所有小组导师的"一个导师制"，这样就极大地减少了对教师的需求。其次，实施"同学督导制"——邀请研究生同学做教学助理，同时启用各班学习委员，并征集自愿者，组成"学生督导组"，在老师的指导下，担任学习小组课后学习讨论的监督和促进者。主要任务是：①协助小组讨论和班级管理，发挥小组学习的优点，克服其缺点；②检查小组讨论的运行甚至讨论的内容，引导讨论深入到隐含概念层面，确保讨论的深化。③在老师的指导下，在适当时候回答学生的提问；④帮助教师了解各个小组的情况，建立起与老师间的及时沟通反馈。

在我们的实施模式中，一部分课堂时间用于每个小组的讨论，教师作为流动促进者从一个小组转到另一个小组，提问答疑；另一部分时间用于教师上微型课或者进行全班讨论、辩论，或者演示课题成果和问题解决方法。集中授课时间并不多，许多知识点需在课后自主学习和讨论。对这个问题的解决，除了学生督导可以协助老师督促学生在课后的讨论外，老师建立群体沟通平台，包括网络教学互动平台、QQ等群体聊天工具，帮助老师进行集中指导，并回答各组共同的问题。

（二）传统教育下的认识误区

（1）对老师认识和期望的误区：教师都是"智者"（或者说是赐予智慧的人），学生到学校学知识，主要为了"获取"老师的知识以及弄懂书本知识，教师的职责主要是"授业"、"解惑"。学生评价一个好教师也往往主要看他是否将内容讲的很清楚、很细致，使自己课堂上都能听懂（马知恩，2009）。PBL强调分组后学生的自主学习，可能会使一部分学生觉得"学不到多少'老师'的东西"。

（2）学习期望的误区：灌输式、保姆式、应试型教育下，许多学生形成了结果导向的教育期望，重视知识结果而不重视探索过程；在乎漏掉的知识点，忽视思维训练、能力训练。PBL模式不重视逐个知识点的讲解，可能会导致学生对PBL模式的评价不高，从而参与不积极。

解决办法：一是加强沟通，在课程开始时与学生沟通对老师、知识、能力、学习的正确认识；二是提前让学生了解PBL，引导学生对PBL模式形成主动介入、早日接受的心理期望。

（三）传统的以个体为中心的学习方式

传统的教学组织和教学考核方式下，学生习惯于以个体为中心开展学习，因此学生尚未具备开展有效小组学习的能力；相当一部分学生不愿意以小组方式开展学习，还有一部分学生"搭便车"，享受他人的小组成果，参与讨论不积极。

应对的办法是：①加强指导、监督；②调整考核方式。我们可以采用综合考评方式，考评包括讨论课上的表现、上交的自主学习日志、练习手册完成情况、小组报告以及小组评议五部分。讨论课上的表现由指导老师当场评估，占总成绩的40%，并不是考查学生的观点正确与否，注重的是分析问题和解决问题的能力。具体地说，就是在讨论中能否运用理论解释实际问题以及逻辑思维的过程是否严谨合理，主要从课前的准备情况、参与讨论的积极性、与同伴的相互协调性、表达的清晰度以及思维的严密性等几个方面进行评估。自主学习日志、练习手册完成情况各占15%，小组报告占20%，小组评议占10%，以问卷的方式进行调查，每个学生按照自己的标准评估小组成员各方面的表现。我们发现学生相互评价都比较客观，而且在一定程度上修正了教师的评估结果。

（四）学生重形式而不关注讨论本身

由于中华文化中人们对于和谐人际关系的更多的追求（Westwood，R. 1992），与西方的学生更看重小组任务的成果（Walker，Allan 1996）不同，在PBL模式下的中国学生可能会因为处在维护团体尊严的焦虑中而"付出"，却把学习视为"集体责任感"的附属品。在小组学习中，中国的学生较西方的学生更加看重以情感为基础的协调。而且，应用性本科学生尤其重视讨论形式和集体责任感，更容易走入热闹或者"和谐集体主义"误区，从而使讨论无法真正深入。

因此，建议教师们在教学过程中特别关注以下几点：①尽量减少对汇报形式的注重；②避免引起小组间竞赛式的氛围；③注重对各组知识学习和问题解决以及协作情况本身的关注；④设置能引起学生持续关注的问题、情景。

参考文献：

[1] 刘宝存. 美国研究型大学基于问题的学习模式［J］. 中国高教研究，2004（10）.

［2］任英杰. 在中华文背景下开展基于问题式学习的探究［J］. 现代教育技术, 2005 (2).

［3］Barbara J. Duch, Susan E. Groh and Deborah E. Allen. The power of problem — based learning: a practical "how to" for teaching undergraduate courses in any discipline. Sterling. Va. : Stylus Pub. , 2001.

［4］Peter Schwartz, Steward Mennin studies. and Graham Webb. Problem – based learning: case studies, experience and practice. London: Kogan Page, 2001.

旅游管理专业案例教学学生参与度研究

吴 涛

一、引言

作为一门应用性的社会科学，旅游管理专业教学与旅游市场经济运行的实践有着非常紧密的联系。旅游管理专业的这种实践性特征决定了在专业教学中必须注重理论与实践的紧密联系。由于案例教学能够运用与现实环境相联系的信息，再现特定的管理情景，组织学生进行分析和决策。从而达到将枯燥的专业知识学习，变成一种寓教于乐的素质培养和能力训练的效果。因此，从 20 世纪 90 年代中期开始，案例教学开始受到国内高校旅游专业的普遍重视，并被大量引进到旅游管理专业教学环节中。从目前的研究来看，旅游教育界已经普遍意识到案例教学中学生参与的重要性，并指出了案例教学中缺乏学生的参与互动，案例分析难以深入，案例教学效果不佳等现实问题（蒋昕，2007；张夫妮等，2007）。

但是，这些研究又并未对影响案例教学中学生参与度的因素，以及如何改进提高案例教学中学生参与程度进行较为深入的研究。作为案例教学中的重要主体，学生的参与程度成为衡量案例教学质量的关键指标（张夫妮等，2007）。

基于这种考虑，本文力图从深层次上实证研究影响旅游管理专业案例教学中学生参与度的因素。以期达到通过系统的教育教学改革措施，提高旅游管理专业案例教学效果，提升旅游管理专业毕业生素质能力的目的。

二、案例教学学生参与度影响因素的选定

国内学者在 20 世纪 90 年代开始关注案例教学学生参与度问题，陈效兰（2006）认为案例教学效果的关键在于教师；章伟央（2007）认为影响学生参与度的因素有文化因素、教育传统因素、学生因素；袁书卷（2006）指出案例教学中的影响因素包括师生关系的互动、学生的积极性、学习体验和教学方式等；张夫妮等（2007）认为案例教学中教师主体的参与度会明显高于学生主体的参与度；王青梅、赵革（2009）认为在案例教学中，让学生首先面对的是一个问题案例，他们指出通过教师引导学生在现象中发现问题，可以变认知客体为认知主体，尝试性地解决答案；卢小丽、武丽慧（2009）对 MBA 学生参与案例教学的影响因素进行了分析，认为案例材料本身的实践性、案例材料的新颖性、案例的典型性、彼此沟通、个人性格和课堂氛围是影响学生参与案例教学的关键因素；郭俊辉等（2010）提出了影响案例教学效果的学生个体、案例题材和案例分析的三因素理论框架，认为案例教学主要取决于取决于案例题材的选择是否适当。肖颖娜（2012）认为社会文化、课堂环境、教师、学生等为其影响因素。

综上所述，学者们就案例教学中影响学生参与的诸多因素提出了自己的不同观点，但在案例教学参与度影响因素方面的研究主要以定性为主，定量及实证分析不足。同时，由于各个影响因素之间往往存在着复杂的相互影响关系，这增加了分析问题的难度。因此，我们有必要基于对已有文献的回顾，并结合案例教学相关主体之间相互作用过程以及案例教学本身特征的分析，初步拟定影响旅游管理专业案例教学中学生参与度的

因素，并通过访谈及问卷调查的形式进行实证研究。最终，根据实证分析的结果，得出影响旅游管理专业案例教学学生参与度的因素。

三、问卷调研及数据分析

(一)问卷调查方案设计

为深入探讨案例教学中学生参与度的影响因素，为指标确定提供数据来源，笔者开发设计了调查问卷。问卷正文部分采用的是李克特态度量表（Likert－type），要求被调查者对影响案例教学中学生参与度各个因素的重要性进行打分，每个因素都采用了五点 Likert 量表来测量（按照被调查者所认为的重要度进行打分，5 分为最高分，依次递减），量表的语句尽可能简单明确，保持客观并避免歧义。

(二)问卷对象的选择与前测

案例教学中所涉及的两个重要主体是教师与学生，因此，本文将研究对象设定为旅游管理专业的教师与学生。课题组选择了笔者执教的重庆工商大学旅游学院旅游管理专业 2008－2011 级共计 368 名学生和 59 名教师为调查对象。为了使设计出的问卷更加科学和合理，能够为绝大多数被调查者所理解和接受，笔者在正式大规模发放问卷之前还进行了小范围的预调研。此次调研的重点在于征询被调查者对各条款同意与否，同时还希望被调查者指出问卷中各问题的提法是否科学，是否存在理解上的歧义和含义上的遗漏，是否便于被调查者理解。问卷设计初稿完成后，课题组选择从本校旅游管理专业共 4 个年级在校学生中分别选取 12 人（学生 8 人、教师 4 人）作为前测参与者对问卷进行了前测。首先请前测参与者在不经任何提示的情况下，对前测问卷进行试答。随后对前测参与者进行面对面的访谈，并对问卷中的每一个项目逐一进行说明，并听取记录被调查者意见，然后进行修改。前测结果发现，受测者对题意并无看不懂或混淆的情况发生。

（三）案例教学数据分析

本次问卷调研共发放问卷 427 份，共获得有效问卷 412 份。问卷有效率为 96.4%。其中男生占 34.6%，女生占 65.4%。样本比较符合当前旅游管理专业教学的实际情况。问卷调查所得信息经过 SPSS13.0 软件处理。

首先对问卷数据进行了信度分析，统计结果显示本研究中17 个因子的 Cronbach α 系数是 0.783，具有很高的内部一致性说明该问卷信度可靠，可以作为参与度影响因子测评问卷使用：

表1   参与度影响因子量表信度分析

条款数目	Cronbach α 系数（克隆巴赫系数）
17	.783

其次，通过问卷获得的数据进行统计分析，按照 17 个影响因素进行因子分析，由表 2 可以看出 KMO 的取值为 0.845，大于 0.5；Bartlett 氏球形检验的卡方统计量，显著水平为 0.058，通过两种检验，表明这些变量间存在共同因子，适合做因子分析。

表2   KMO（抽样适度测定值）和 Bartlett 检验

Kaiser – Meyer – Olkin Measure of Sampling Adequacy.（Kaiser – Meyer – Olkin 衡量抽样充足）		.845
Bartlett's Test of Sphericity（巴特利特球度检验）	Approx. Chi – Square（卡方检验）	66.775
	df	55
	Sig.	.058

a Based on correlations（基于相关性）

得到的数据分析如下：

表3　　　总方差解释（Total Variance Explained）

Component （成分）	Initial Eigenvalues （特征值）			Extraction Sums of Squared Loadings （被提取的载荷平方和）			Rotation Sums of Squared Loadings （旋转后的载荷量）		
	Total （总数）	% of Variance （方差）	Cumulative （累积量）	Total （总数）	% of Variance （方差）	Cumulative （累积量）	Total （总数）	% of Variance （方差）	Cumulative （累积量）
1	17.124	43.124	43.124	17.124	43.124	43.124	12.586	22.145	22.145
2	8.177	17.353	60.477	8.177	17.353	60.477	11.245	20.358	42.503
3	5.896	10.562	71.039	5.896	10.562	71.039	6.824	19.598	62.101
4	3.543	9.678	80.717	3.543	9.678	80.717	5.765	18.312	80.413
5	0.983	7.148	87.865	0.983	7.148	87.865	2.134	9.815	90.228

Extraction Method：Principal Component Analysis（提取方法：主成分分析）

由表3所显示根据特征值贡献率大于85%、因子载荷的绝对值差异大和变量不出现丢失的原则，确定因子的个数为5，旋转后的累积方差贡献率达到90.228%。

使用主成分法计算的因子载荷矩阵可以反映各个因子在各变量上的载荷，即影响程度。为了使因子载荷矩阵系数向0-1分化，对初始因子载荷矩阵进行方差最大旋转，旋转后的因子载荷矩阵如表4所示。

表4　　旋转后的载荷矩阵（Rotated Component Matrix）

指标	因子1	因子2	因子3	因子4	因子5
学生专业层次	.814	.235	.554	.148	.352
学生专业学习兴趣	.737	.123	.352	.354	.221
学生生活学习习惯	.601	.158	.255	.453	.351
教师对学生课堂讨论的管理方式	.324	.821	.331	.215	.006
教师对案例分析过程	.468	.763	.265	.320	.311
教师对学生考核	.314	.745	.312	.288	.115
教师学历	.001	.512	.324	.123	.189

表4(续)

指标	因子1	因子2	因子3	因子4	因子5
教师从业背景	−0.268	.369	.617	.421	.274
教师教龄	.351	.125	.887	.365	.357
教师性格	.243	.026	.763	−0.256	.265
教师表达能力	.102	.345	.781	.354	.319
案例材料展示形式	.213	−0.258	.796	.268	−0.089
案例材料所包含的信息量	.243	.314	.256	.706	.483
案例材料来源	.123	.223	−0.341	.796	−0.441
案例材料新颖程度	.258	.142	.035	.842	.236
教学环境的安静舒适程度	.003	−0.123	.356	.314	.617
教学设备	−0.069	.248	.125	−0.532	.763

Extraction Method：Principal Component Analysis. Rotation Method：Varimax with Kaiser Normalization. （提取方法：主成分分析。旋转方法：最大方差法与Kaiser正常化）

得出因子解释方式为：

因子1为学生素质=0.814专业层次+0.737专业学习兴趣+0.601生活学习习惯。

因子2为课堂教学组织=0.821小组讨论、课堂讨论的团队管理+0.763教师对学生的引导+0.745教师对学生考核+0.512案例分析过程

因子3为教师素质=0.617教师学历+0.887从业背景+0.763教龄+0.781教师性格+0.796教师表达能力

因子4为案例材料=0.706案例材料展示形式+0.796案例材料所包含的信息量+0.842案例材料来源

因子5为课堂教学环境=0.617环境的安静舒适程度+0.763教学设备

通过因子分析，我们可以将影响旅游管理专业案例教学学生参与度的因素归纳为五个因子：学生素质、课堂教学组织、教师素质、案例材料和课堂教学环境。其中，学生是案例教学的重要主体之一，影响参与度的学生素质指标有：学生专业学习兴趣、学生生活学习习惯、学生个人性格、学生专业层次；另一个重要主体是教师。教师是否善于引导学生小组讨论和课堂讨论，与教师教龄、从业背景相关；以上案例教学中的两个重要主体，需要通过课堂教学组织这一"桥梁"进行联接互动；在现实案例教学中，教师采取何种方式进行课堂提问或者组织学生进行小组讨论和课堂讨论，学生的参与度是有差异的；最后，案例教学还需要良好的课堂教学环境，尤其是环境的安静舒适程度和教学设备是保证良好教学成果的前提。

(四)影响因素指标权重确定

接下来进行多元线性回归分析，目的是为了研究这五大影响因素之间与案例教学参与度究竟存在怎么样的关系。

表5　　参与度影响因子与案例教学的回归分析简表

Dependent Variable 因变量：					
Independent Varibles 自变量：					
进入回归方程的因子	Unstandardized Coefficients（回归系数）		Standardized Coefficients（标准化回归系数）	t	Sig.
	B	Std. Error			
Constant（常量）	1.476	0.373		6.982	.000
1	.332	.035	.245	2.390	.000
2	.336	.076	.302	5.873	.000
3	.312	.053	.286	4.765	.000
4	.476	.048	.261	3.653	.004
5	.237	.059	.278	3.917	.001

从表 5 的回归分析的结果可以得出标准的回归方程为：

案例教学学生参与度 = 0.332 × 学生素质 + 0.336 × 课堂教学组织 + 0.312 × 教师素质 + 0.476 × 案例材料 + 0.237 × 课堂教学环境

此外，由回归系数看出：案例材料与案例教学学生参与度呈显著正相关关系，是最为突出的要素，说明被调查者普遍认为案例教学学生参与度受此因素的影响和贡献最大；其次是课堂教学组织方法和教师素质；再次是学生素质；最后才是课堂教学环境设备的因素。

四、结论与启示

通过以上对调查问卷的分析，结果显示目前高校旅游管理专业案例教学中学生参与度影响因素的重要程度排序依次为：案例材料新颖程度、案例材料所包含的信息量、案例材料展示形式、教师对案例分析过程、学生专业学习兴趣、教师对学生课堂教学的组织管理方式、教师从业背景、教师教龄、教师性格、教师学历、学生生活学习习惯、教学环境的安静舒适程度、教学设备状况。

这说明旅游专业案例教学学生参与度仍然主要受到案例材料这一学生有实际性接触而引发的感知有关，这与前人研究的案例教学中学生参与度影响因素相同；此外，教师对学生课堂教学的组织管理方式、学生专业学习兴趣也成了旅游专业案例教学参与度的重要影响因素。旅游专业学生对本专业的正面积极认识和对本行业的乐观看法，有助于提升旅游教育的成效；学习动机即是否决定从事旅游行业工作，也成为影响高校旅游管理专业案例教学中学生参与度的重要因素。基于此，我们可以认为虽然案例材料影响非常重要，但案例材料中值得分析挖掘的内容仍然很多，即使是较为陈旧的案例材料也拥有较多值得分析挖掘的内容。一旦学生习惯性的将自身视为旅游行业未来发展的重要职业群体，其负有社会责任的想法会提高其在案例教学中的参与度。而对于自身缺乏专业学习兴趣的学生，其在案例教学中的参与度会大幅下降。因此，不难理解学生素质对旅游专业案例教学参与度的重要性越来越大。基于以上分析，我们可以从以下几个方面入手，提高学生在案例教学中的参与度。

（一）加强案例材料的收集

案例材料收集是旅游专业案例教学的基础环节，上述调查分析表明，为了提高案例教学学生的参与度，案例教学取材范围应当广泛，具有新颖性、时效性、典型性。这就要求旅游专业教学案例材料收集应尽可能在全面综合一手材料、二手材料的基础上完成。其中，一手材料主要可以通过教师、学生对旅游企业的调查访谈的方式来获取；二手资料则主要应通过教师、学生对具有权威性、公信力的报纸、行业期刊、网站等渠道的检索予以收集。

同时，囿于教师个人时间、精力的有限性，案例材料收集应尽可能由教师与学生合作共同完成。在此过程中，应由教师按照教学大纲的要求拟定案例材料选题，学生按照教师拟定的选题，借助各种渠道广泛收集案例材料。值得强调的是，案例的整理必须结合课程内容。为使旅游专业案例教学材料更有吸引力，更能启发学生深入思考，除了遵循案例编写的共同规律外，还应当遵循旅游专业的课程特点，将所收集到的案例紧扣旅游专业基本理论和教学重点、热点和难点问题，体现已讲理论从抽象到具体、拟讲理论从具体到抽象的思路，使案例发生的时空与授课的时空尽量衔接。此外，案例编写必须围绕培养目标和课程目标。在案例教学中，案例的编制和每一案例教学环节设计，都应紧扣培养目标和课程目标。如果案例偏离了培养目标和课程目标，案例即使再典型、再生动，其作用也必将大大降低。

案例材料收集后，教师应对其进行评阅并给出评阅意见。学生则根据评阅意见，对案例材料重新修改，针对案例材料中所存在的疑点进行实证调查分析。以达到对所收集案例材料去粗取精、去伪存真，完善其内在逻辑性的目的。

(二)加强学生参与案例教学的激励

在案例教学中，学生参与度本身是学生学习态度的一种表现。我国长期的应试教育模式，使大学生在有无学分考核激励情况下，表现出不同的学习态度。为了改变案例教学中学生消极被动参与度低的局面，具体而言，在案例材料的收集环节，教师应根据所收集案例材料的新颖性、时效性、典型代表性进行分数评定；在案例教学的课堂讨论环节，教师应强化对学生分析问题、解决问题的能力进行成绩评定，评定的成绩作为学生专业课程考核的重要依据。

以上分析表明，影响案例教学中学生参与度的一个重要因素是学生的专业学习兴趣。现实中，多种因素可能影响学生的专业学习兴趣。学生的专业学习兴趣培养本身是一个系统性工程，它要求教师将专业学习兴趣教育贯穿于课程教学当中，提高其专业学习的兴趣。

(三)案例教学的组织人员保障

案例教学的重要主体是教师。受多种因素影响，教师对案例教学方法的掌握程度存在较大差异。以上调查分析表明，如果教师没有接触过旅游管理实践，分析问题往往难以深入。教师对教学案例有深刻的体会，在引导学生进行案例分析时，才能将系统理论知识与实践巧妙结合，富有说服力，更好地启发和引导学生。因此，旅游专业进行案例教学要求教师具有一定的实践经验"双师型"教师，它要求教师不仅要具有深厚的专业理论基础，而且还应有丰富的专业实践经验和实际操作技能。要求教师能够引导学生分析案例，以及解决在学习过程中遇到的疑难和无法求解的问题。

目前，我国高校旅游专业教师中具有行业从业背景的"双师型"教师还占少数，教师实践经验的匮乏导致其对案例教学的组织驾驭力不从心，进而也导致案例教学中学生消极、被动、参与度低的状况。因此，一方面，高校旅游专业应加强对具有实践经验"双师型"教师的引进力度；另一方面，应创造更多的机会与条件，使不具有实践经验的教师能够通过各种实训实习途径，充分接触行业发展的实践。

(四)教学的组织保障

以上调查分析表明，教师在案例教学组织能力上的缺陷，也严重限制了学生的参与度。因此，加强对教师教学组织能力上的培训对于提高案例教学学生参与度显得尤为重要。高校教务部门可以通过定期的说课比赛的形式，培训提高教师的教学组织能力。高校教务部门统一组织、管理、评定案例教学，形成硬性的案例教学要求，检查案例设计等基础性教研工作。教务部门应要求教师按教学大纲的要求分专题编写教学案例，便于教学引用。

(五)案例教学组织的规范化

案例教学并非是一个无章可循的活动，以上调查分析表明，通过案例教学组织的规范化，有助于提高案例教学学生参与度。具体而言，它要求明确学生与教师在案例教学中的角色与地位，正确处理教师与学生在案例教学组织中的关系。案例教学的中心应是学生，学生是案例教学的表演者、主角，教师是导演、配角，起引导和纽带作用。因此，在案例教学组织中，教师应尽量不直接将答案展示在文字材料中。为了引导学生思考与参与讨论，教师应先"有节奏"地陈述案例事实。教师可以先隐去相关问题信息，通过设问形式提出问题，引导学生对案例材料进行开创性分析思考的兴趣。

旅游专业案例教学组织规范性原则，还体现在旅游专业案例教学应遵循课前准备、课上讨论、课后及时总结的基本环节流程。课前准备环节应注重案例材料的收集整理以及教师对案例分析必备理论知识和方法的讲授；课上讨论环节应注重通过教师的引导，发挥学生的主体地位；课后及时总结环节应注重通过教师与学生的互动，分析理论知识的运用是否合理，各种分析方法的优势与缺陷所在。

总之，未来旅游业的竞争从某种意义上说就是人才的竞争，而培养高水平的旅游人才对旅游专业教学提出了更高要求。我国旅游经济的发展越来越要求旅游院校培养理论和实践相结合的能力型、复合型人才，传统旅游教学方法落后局面使案例教学在高素质旅游人才培养中的作用凸显。然而，由于我国旅游专业案例教学素材、教学范式等方面缺陷的存在，使案例教学客观上存在着学生参与度不高的问题。但是，我们相信只有通过不断精心规范教学组织，广泛地收集案例素材等措施的推行，才能从根本上提高旅游专业的教学质量，开创应用性旅游人才培养的新局面。

参考文献：

[1] 蒋昕，高琼. 论旅游管理教育中案例教学的本土化 [J]. 四川烹饪高等专科学校学报，2007（3）.

[2] 张夫妮，丰华，李春玲. 乡土案例设计在旅游管理人才培养中的应用 [J]. 山东省农业管理干部学院学报，2007（4）.

[3] 陈效兰. 以案例教学调动学生学习的积极性 [J]. 中国高等教育，2006（1）.

[4] 袁书卷. 案例教学实施的心理条件研究 [J]. 教学与管理, 2006 (8).

[5] 李霞, 李宝峰. 教学主体参与度研究 [J]. 教学研究, 2005, 28 (3).

[6] 王青梅, 赵革. 国内外案例教学法研究综述 [J]. 宁波大学学报, 2009, 31 (3).

[7] 郭俊辉, 曹旭华, 王富忠案例教学效果的最优模型探索 [J]. 高等工程教育研究, 2010 (3).

高校饭店管理专业实践教学改革思路探析

贾　俊

　　我国饭店业发展迅速，全国星级饭店在近几年大幅上升，世界排名前10位的国际饭店管理集团均已进入中国市场：2006年年末，全国共有星级饭店12 751家，客房145.98万间；2007年，旅游酒店数量达到14 327家，客房160万间。2009年，中国星级酒店的客房总数达到200万间，平均增长率达8%。在2009年国际酒店投资峰会上有国外专家表示，中国客房预计5～7年内能够增长到500万间，并超过美国。目前国内饭店业尚缺200万名员工，这意味着未来饭店业的人才需求空缺会更大。其主要原因是饭店业的人才流失严重，大部分为高校毕业学生。据资料显示，专业学生的就业率一般不足30%。追溯原因是部分普通本科高校重理论教学，忽视对学生职业综合能力的培养，导致培养的专业人才质量与饭店业人才需求尚有较大差距，学生的实践能力差，不能适应酒店业的人才需求，客观上导致饭店业的人才流失率高。高校如何构建科学、合理的实践教学体系是酒店人才培养亟待解决的问题。

一、以需求为导向确定专业实践教学改革方向

　　人才的发展必须致力于满足社会经济发展的需要，满足行业、企业发展的需要。满足受教育者就业和终身发展的需要，

这是从根本上解决酒店员工流失问题的关键所在。

(一)满足行业和企业的需求

企业是学校培养学生的使用者,学校专业人才培养方案、实践教学内容和方法必须建立在行业和企业的需求基础上,从制定能力标准、构建实践课程教学体系、开发专业实训材料、选择教学方法、鉴定、确认学习者能力等环节和过程,都必须以行业企业需求为先导来开展和实施。

(二)满足学生学习就业的需求

学生作为教育的对象和客户,应当满足他们的学习需求,服务学生就业与发展。学校应根据饭店重视应用能力人才聘用的特点,改革现有普通本科不太重视技能培养的弊端,努力为学生提供良好的实践教学条件和教学手段,提高学生的综合应用能力和职场竞争能力,实现学生高校学习和企业工作的无缝衔接。

二、以培养学生职业综合应用能力为本位设计实践教学体系

高校应以培养学生适应社会市场需求的职业应用能力为目的。强调应用能力是现代饭店对人才的基本要求,现代饭店已完成劳动密集型向知识型密集型的过渡。职业应用能力不是单纯的动手能力,而是指从事职业岗位的综合能力,包括知识、技能、经验、职业道德等方面。为此,实践教学要解决的首要问题是理论教学与实践教学的有机结合,实践教学是对理论知识的消化、验证和理念的提升、创新。学校在实践教学过程中,应培育学生的专业技能、沟通能力、组织能力、心理承受能力和创新能力。

为了强化学生的专业技能综合能力,学校必须以培养学生

应用能力为本位设计实践教学环节，完善实践教学体系，包括专业见习、酒店观摩、课程教学实训、专业技能实训、学年论文、毕业实习、毕业论文等必备实践教学环节。在课程实践教学环节设置时，做到"专业技能教学不断线"、"英语实践教学不断线"，实践教学学时比例不得低于总学时的40%，英语实践教学（听、说、写）的总学时不低于180学时。使学生通过实践环节学习，具备经济活动分析能力，饭店经营管理能力，产品设计及营销能力，前厅、客房、餐饮服务及管理能力，旅游英语听说能力，网络营销等基本专业能力；同时具备旅行社经营管理、导游服务、区域旅游规划、风景区经营管理等方面的专业素质拓展能力。

三、以职场化教学方法为实践教学改革的主要手段

以职场化教学为手段培养学生的职业综合素质，大力强化学生的专业知识和技能，深入了解和体验企业经营理念及企业文化，在教学方法的运用中充分融入企业职业场景的元素，开展多样化的实践教学方法，从而使学生了解职场特点，实现理论知识和实践活动有机的结合。

（一）情景模拟教学法

在教学过程中，将前厅、客房、餐厅的实践教学内容与职场化的仿真教学实训室相结合，使教学的环境置于师生共同感知的酒店真实环境中，师生模拟不同的酒店岗位参与教学中，进行有效的教学互动，以达到寓情于教，教中会情的目的。

（二）任务驱动教学法

"任务驱动"是一种建立在建构主义教学理论基础上的教学法，它要求"任务"的目标性和教学情景的创建。要求在教学活动中，在强烈的问题动机的驱动下，通过对学习资源的积极

主动应用，进行自主探索和互动协作的学习。在酒店管理专业的教学过程中，可以用酒店和自主创业的真实职场作为环境要素开展任务驱动的教学法。如新餐厅在某地（真实的环境）的开业问题，就这一问题需要学生就餐厅开业的可行性论证调研分析；又如酒店将接待某会议团队（真实素材），围绕这一任务，就必须依据就该酒店现有的资源设计接待的程序、标准以及对突发事件的处理准备等。基于职场化的任务驱动对帮助学生对理论教学在实践运用中的理解尤为重要。

四、以校企合作办学为实践教学改革的质量保障

校企合作办学模式从 1862 年的美国开始起步，距今近 150 年历史。随着我国社会结构转型，产业经济快速发展，校企合作办学模式进入一个全新时期，是高校教育与市场接轨、为企业培养应用性人才的重要举措。饭店管理专业实践教学改革成败的关键是深化校企合作办学的力度。

（一）校企共定专业实践能力标准

高校应联合品牌酒店企业全程参与饭店管理专业人才的培养过程，入学教育、课程讲授、课程实训、技能考核到毕业实习、就业指导等各个教学环节校企双方应积极配合，共同培育。校企共同研讨行业岗位人才需求，并根据专业职业能力标准，制定专业实践能力标准，并据此制定课程实训大纲。

（二）借鉴成功办学模式

1. "工学结合"教学模式

让学生深入企业，开展行业认知、酒店参观和课程实训、专业技能实训、毕业实习等实践教学活动，使在校学生同时具备高校学生和酒店员工的双重身份，拥有学校和企业两个教学平台，践行"学习—实践—再学习—再实践"的工学结合教学

模式，从而提升学生的专业技能和企业文化认知，实现理论与实践的有机结合；同时也为企业提供优秀的人才储备，丰富企业的人才聘用机制。

2."订单式"人才培养模式

"订单式"人才培养模式是高校、学生、企业三者的合作，实现"学生毕业有工作、企业发展有人才、学院办学有生源"的共赢目标。订单培养是企业全程参与人才培养过程，是为自己的企业量身定做，因此也称为"人才定做"。

（三）校企共建实训基地

为提高学生的专业技能，学校与企业共同建立教学实训基地，搭建校内实训基地和校外实训基地两个平台。校内实训基地可以由双方共同出资或借助酒店企业的经济实力，模拟酒店的客房、餐厅、前厅等设施、设备及环境布置，请酒店专业人才设计，修建仿真的职场实训室（如重庆工商大学应用技术学院与洲际集团合作，洲际集团捐助8万美元，在校内修建有2间四星级"假日"和"假日快捷"品牌标准客房，成为学生学习和企业培训的重要实训场所）；同时，学校应借助酒店资源，建立校外实训平台，将学生的实训课程也搬进酒店企业（如重庆工商大学应用技术学院已与10余家高端品牌酒店鉴订合作协议，使这些酒店成为自己的教学实习基地）。

（四）校企共建师资队伍

学校与企业必须相互利用优势资源共建师资队伍。企业拥有丰富的经营管理实践经验，学校教师有对专业前沿理论的研究成果和深厚的专业理论基础，双方各有优势。对应用人才的培养要求教师必须具有较高理论水平和丰富的实践经验，在合作中，学校要聘请酒店优秀经营管理者为兼职教师，为学生授课，传授企业先进的经营理念和方法、技能。此外，有计划每年定期选派教师参加到企业第一线进行在岗专业技能培训和企业管理。同时，校企双方应积极开展产、学、研活动，取长补短，共同发展。专职教师与兼职教师要两手抓，企业兼职教师的比例应不少于40%。

（五）校企共建学生实践技能考核机制

为保障实践教学改革的顺利进行，校企双方应共同参与对人才培养过程及质量的管理及考核，构建校企人才培养的质量与评估体系，形成实践教学考评以饭店为主体、学校为辅的考评机制。实际操作中，应成立以饭店企业专家为主体、高校教师为辅的实践教学考评小组，以学生在饭店职场环境的实际操作情况为考评内容，以企业职业能力标准为依据，对合格学生颁发知名国际饭店集团的认证证书。

参考文献：

［1］张淑贤，刘海洋. 高等院校旅游管理专业实践教学模式探讨［J］. 长春师范学院学报，2006（6）.

［2］李雯王. 基于工学结合的旅游专业课程体系的构建［J］. 时代教育. 教育教学，2011（10）.

［3］赵云霞，史洪云，魏玉洁. 高职教育"工学结合"人才培养模式探究［J］. 天津职业院校联合学报，2007（1）.

［4］李冬梅，张俐俐. 整合旅游教育 实人才工程［J］. 旅游学刊，2001（3）.

基于项目导向的应用性本科大学生关键能力培养的研究

杨　婷

一、文献评述和问题的提出

在已有的关于大学生能力培养的文献中，本文发现大多数学者更多侧重大学生能力培养存在的问题、培养模式和途径等方面的研究，很少有从能力的本体出发来进一步剖析其内涵和外延。笔者认为，对能力本体的理解是大学生能力培养的基础。

能力的外延较为广泛，根据受用主体和环境的不同，能力会呈现出主次之分。对于大学生而言，何种能力谓之主要？这些能力对其在大学阶段的发展是否起到最重要的作用？在本文中，笔者把它们统称为"关键能力"。

对于"关键能力"的研究，学界已经有了一定的理论和实践基础。从内涵来看，最早提出关键能力理念的是德国联邦劳动力市场与职业研究所所长梅滕斯。他认为，关键能力是指具体的专业技能和专业知识以外的能力，是一种从事任何一种职业都必不可少的能力。我国学者刘京辉、唐以志在对比分析国外几个主要的关键能力概念后认为，关键能力指的就是劳动者在现代化社会中的综合素质；吴雪萍认为，关键能力是一种不针对某种具体的职业、岗位，但无论从事哪一种职业都离不开它的能力，具有相通性和可转化性的特征；尹金金等人认为，关键能力具有普适性、可迁移性、工具性、持久性、价值性和难以模仿性等特征。从外延来看，英国的资格与课程委员会（QCA）在 1999 年认定了六种核心技能：交流（Communication）、数字应用（ApplicationOf Number）、信息技术（Information Technology）、与人合作（Working With Others）、学习和业绩的自我提高（Improving OwnLearning And Per formance）以及解决问题的能力（Problem Solving）。吴雪萍在浙江大学的教育实践中认为，关键能力应包括七个方面的能力：①运用知识和技能解决问题的能力；②表达意见和交流思想的能力；③规划和组织活动的能力；④收集、分析、处理和运用信息的能力；⑤在团体中与他人合作的能力；⑥运用数学思维和技巧的能力；⑦利用新技术的能力。卢晓春、胡昌送等人将关键能力分为交流表达能力、与人合作的能力、自我学习的能力、问题解决的能力、信息处理的能力以及追踪和掌握新技术的能力六个方面。

从以上有关"关键能力"的研究中，我们可以发现，国外和国内关于关键能力的内涵和外延的研究存在一定的差异，这在很大程度上受到本地教育理念、培养模式、社会需求等因素的影响。就国内有关关键能力的研究而言，大多数学者侧重从宏观的视角来研究关键能力，因此，本文所提到的关键能力与已有研究中所谓的关键能力存在一定的差异。具体表现为：①环境与背景范围。本文将研究的环境放在我国高校背景下，较之其他学者从社会背景下进行研究，范围相对具体。②主体范围。在高校背景下，本文研究的是大学生的关键能力，较社会人这一研究主体而言，焦点相对集中。③研究视角。本文从项目导向这一全新的研究视角切入，相对已有的研究思维，可能产生新的研究内容，丰富已有研究成果。这些差异也正是本文研究的出发点，在此基础上产生了如下的研究问题：

第一，高校背景下的关键能力的内涵是什么？

第二，挖掘应用性本科大学生关键能力的突破口——项目导向?

第三,基于项目导向的应用性本科大学生关键能力的内容?

第四,如何基于项目培养应用性本科大学生关键能力?

二、高校背景下的关键能力的概念

本文对关键能力的研究是置于高等院校这一背景下的,因此就设定了本文的研究范围。因此,在这一背景下,笔者认为,关键能力是指大学生个体所特有的,与其兴趣、潜力、特长、职业发展相符的,能够凸显个人特色的技能和本领。这一概念具有以下几个特征:①关键能力是一个统称。在数量上表现为,它既可以是某一特殊能力,也可以为几项能力的综合。②关键能力具有优异性。即该能力是某一大学生具有的突出的、出色的能力。③关键能力具有目标导向性,即它有助于大学生的就业、深造和发展,能够在关键时刻发挥作用的能力。

三、挖掘应用性本科大学生关键能力的突破口
——项目导向

根据现代汉语词典的解释,项目意指事物分成的门类。本文把项目作为培养大学生关键能力的一个载体和平台,通过挖掘项目、开发项目、筹划项目、实施项目、完成项目、反馈项目等环节来识别、发展、强化、提升大学生个体的关键能力。

通过在高校学生岗位上的具体实践,笔者把与应用性本科大学生关键能力相关的项目分成了三大类:①专业学习类项目(例如,撰写学术论文、参与课题研究、参与式教学与讨论、参加专业技能比赛等);②学生工作类项目(例如,班级管理、学生会团委等学生组织的工作、校院级大型活动组织等);③实践活动类项目(例如,校院级活动、社会实践、实习、兼职、自主创业)。这三大类项目基本覆盖了大学生在校期间的主要活动。

明确项目分类是培养大学生关键能力的重要一步，它有利于明晰关键能力的培养目标，使得应用性本科大学生关键能力被更好地挖掘出来。

表1　　　应用性本科大学生关键能力培养的项目分类

序号	项目类型	具体内容
1	专业学习类项目	撰写学术论文、参与课题研究、参与式教学与讨论、参加专业技能比赛等
2	学生工作类项目	班级管理、学生会团委等学生组织的工作、校院级大型活动组织等
3	实践活动类项目	校院级活动、社会实践、实习、兼职、自主创业等

四、基于项目导向的应用性本科大学生关键能力的内容

在明确应用性本科大学生关键能力培养的项目基础上，本文从分析上述三个项目的特点和内容入手来提炼出应用性本科大学生关键能力的内容。

专业学习类项目侧重专业知识的积累和研究水平的培养，从专业相关的课程、课题、学术论文、专业技能比赛等方面培养大学生的专业素养和学术科研能力。学生工作类项目鼓励大学生在课余时间为自身积极创造另一个锻炼能力的平台，通过参与一些学生管理和组织工作来培养大学生的领导策划能力和组织协调能力。实践活动类项目涉及的具体内容相对更加广泛，它兼具校内和校外双重特点，鼓励大学生开拓更加丰富的平台来学习社会知识、积累社会经验、提高自身的社会实践和沟通交际能力。

综上所述，基于项目导向的应用性本科大学生关键能力主要包括组织策划能力、学习科研能力、社会实践能力和沟通交

际能力四种。

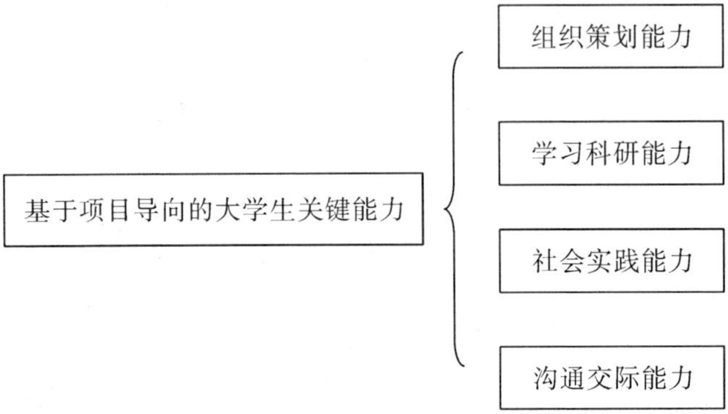

图1　基于项目导向的应用性本科大学生关键能力

五、基于项目导向培养应用性本科大学生关键能力的三步骤

本文基于项目导向来探讨应用性本科大学生关键能力的培养，研究项目与应用性本科大学生关键能力之间的联系，通过设定具体的项目来明确应用性本科大学生关键能力培养的途径和方法。笔者认为，基于项目导向来培养应用性本科大学生的关键能力可以从如下三个步骤进行：

(一)明确应用性本科大学生关键能力培养的核心项目

根据高校在培养大学生能力方面的具体实践，笔者已经在上文对能力培养的载体——项目进行了详细的分类（专业学习类项目、学生工作类项目和实践活动类项目）。应用性本科大学生在培养自身关键能力之前，首先应该具备项目意识，明确通过何种平台来培养和发展自己的关键能力。笔者认为，明确项目是培养关键能力的前提，需要从以下几个方面着手：

（1）明确个人的能力需求（Capacity Requirements）。通过

对自身的 SWOT 分析后，发现自身存在的能力缺陷，这种缺陷正是需要进一步加强的方面。

（2）明确职业愿景（OccupationVision）。所谓职业愿景是对自身所从事的职业预期和定位。大学生通过四年的学习和发展，毕业后希望自身朝某一个领域发展，在此基础上就需要在大学期间借助相似的项目来培养该领域所需的关键能力。

（3）明确社会需求（Social Demand）。不同时期，社会对大学生不同能力的需求度存在一定的差异性，将何种能力作为自身重点培养的关键能力，这需要考察和判定社会对人才需求的情况，并通过大学期间能力培养的项目实施来获取。

通过以上三个方面的考量，应用性本科大学生在选择何种能力培养项目上就具有了一定的参考依据。笔者试图通过一个例子来说明。A 同学通过 SWOT 分析后发现自身在专业能力方面存在一定的不足，同时他也清楚自己的职业愿景和社会的需求，那就是社会对学历的要求越来越高，自身也希望大学毕业后继续深造。基于三个因素的分析，A 同学确定了专业类项目作为其大学期间关键能力培养的核心项目。

（二）提高应用性本科大学生进入核心项目的参与性

确定好项目就意味着自身明确了何种关键能力需要被重点培养。要发展该种关键能力就需要落实项目，提高进入项目的参与性。如何落实项目就是一个极为重要的问题，具体包括如下几个方面：

（1）确定项目导师。项目导师是大学生进行关键能力培养的指导者，一方面可以指导大学生明确自身需努力培养的关键能力；另一方面可以帮助大学生开展关键能力培养的项目实施。本文认为，确定项目导师是提高应用性本科大学生进入核心项目参与性的重要一环。

（2）制定项目实施方案。项目实施方案是项目开展的起点和前提，是项目进行的计划和保障。在这一阶段，应用性本科大学生应该在项目导师的指导下，根据自己确定的能力培养目标详细制订实施计划和措施，通过具体的方案来实现关键能力的培养。

（3）开展项目活动。在这一阶段，应用性本科大学生和项目导师应该根据项目实施方案共同探讨项目开展的具体内容和形式，通过一系列学习和活动来提升和发展自身的关键能力。

（三）增强核心项目实施的有效性

项目实施的有效性是提高应用性本科大学生关键能力的保障和要求。项目实施的效果关系到大学生关键能力的培养。增强核心项目实施的有效性可以从以下几个方面着手：

（1）做好项目参与人的培训与交流。项目实施关键在于参与人员的表现。通过定期开展项目相关知识和技能的培训，同时做好参与人员相互之间的交流学习，可在一定程度上提高项目实施的有效性。

（2）做好项目的阶段性总结和反馈。阶段性总结和反馈有助于参与人员不断反思项目进展情况，通过发现缺陷、弥补不足来提高项目的整体效果。

（3）做好项目的效度分析。项目实施的全过程均应进行项目的效度分析。通过过程的效果监控和反馈，实时了解项目实施的有效性。

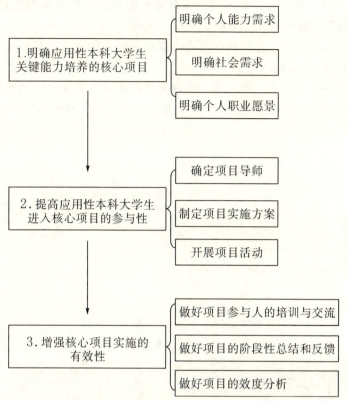

图 2　基于项目导向培养应用性本科大学生关键能力的三个步骤

参考文献:

[1] 高宏, 高翔. 对我国职业教育中关键能力研究的思考 [J]. 河北师范大学学报: 教育科学版, 2006 (6).

[2] 刘京辉, 唐以志. 关键能力及其启示 [J]. 职教论坛, 2000 (6).

[3] [6] 吴雪萍. 培养关键能力: 世界职业教育的新热点 [J]. 浙江大学学报: 人文社会科学版, 2000 (10).

［4］尹金金，孙志河. 关键能力的内涵比较与反思［J］. 中国职业技术教育，2006（12）.

［5］关晶. 关键能力在英国职业教育中的演变［J］. 外国教育研究，2003（1）.

［6］卢晓春，胡昌送. 突出发展高职学生关键能力的教学设计理论与实践［J］. 广东技术师范学院学报，2008（2）.

项目教学法的研究与创新实践[①]

莫小平

一、前言

《学习的革命》一书中作者指出：学校最重要的任务是让学生学习怎样学习和怎样思考，并且认为怎样学习是比学生学习什么更为重要的问题。20 世纪 90 年代以来，世界各国的课程改革都把学习方式的转变视为重要内容。欧美诸国纷纷倡导"主题探究"与"设计学习"活动。著名的心理学家皮亚杰提出的建构主义学习理论认为，学习过程不是学习者被动接受知识，而是积极地建构知识的过程。项目教学法是在建构主义的指导下，以实际的问题和任务为对象，教师进行所需的指导或适当的示范，然后让学生分组进行项目的讨论、学习和实施，最后以共同完成项目的情况来评价学生是否达到教学目的的一种教和学的方式。

项目教学从 20 世纪 90 年代进入中国到目前的遍地开花，已经成为一种教学的潮流。无论是研究生教育、本科教育、高职

① 本文系重庆市高等教育教学改革研究项目《在经管类学生中开展 PBL 的探索与试验》（编号 0835082），以及《大众化教育下的课堂教学方法，质量标准和评价体系研究》（编号 08250590）的阶段性研究成果之一。

教育，还是中小学教育中，"项目教学"已经成为教师的专业常用术语。但是，反观中国期刊网上发表的与"项目教学"相关的论文不难看出，不同人对项目教学的理解可谓千差万别。不少学校为项目教学而进行了大量的泛项目教学，项目教学的真正价值根本没有发挥出来，本文研究了项目教学的构成要素和优点，总结了项目教学存在的三个方面问题，最后以重庆工商大学营销专业专业项目教学的实例进行了分析，可供其他学校进行项目教学的实施和提升时参考。

二、项目教学法的优点

"项目教学法"的教学模式，其核心追求不再是把教师掌握的现成知识技能传递给学生作为追求的目标，或者说不是简单的让学生按照教师的安排和讲授去得到一个结果，而是在教师的指导下，学生去寻找得到这个结果的途径，最终得到这个结果，并进行展示和自我评价，学习的重点在学习过程而非学习结果，学习者在这个过程中锻炼各种能力。教师已经不是教学中的主导者，而成为学生学习过程中的引导者、指导者和监督者，学生具有较高的积极性。项目教学法具有较为突出的优点。

（一）能最大程度调动学生学习的积极性

很多学生学习动机不明确、兴趣不浓的状况一直困扰着授课教师。项目教学法通过让学生完成一个个具体的项目而进行学习，学生在收集资料，项目计划，项目实施，项目评估全过程中，通过做中学，学中做，能够极大的调动学生自主学习的兴趣。在项目实施过程中，学生会不断感受到学习的乐趣，进一步强化了学习的积极性。

（二）能培养学生的团队合作和创新能力

团队合作能力和创新能力恰恰是当今社会职场所要求的基

本素质。项目教学大多要分小组完成，实施项目的过程一般为布置任务、小组自学和讨论、项目实施、小组汇报、总结发言。通过小组内及小组间的充分交流、讨论、决策等，提高了学生的合作能力，强化了学生的团队意识。在完成项目教学的过程中，经常需要我们学生在一定的环境下，在一定的条件下，为了实现项目目标，积极应变，大胆创新，能够不断培养学生创新意识和能力。

(三)能有效促进教学改革

首先是促进课程体系改革，项目实施过程中会涉及很多学科知识，例如"营销策划"这个项目涉及到市场调查、消费者购买行为分析、广告策划、促销策划、营销策划等。显而易见，课程体系的改革在所难免。其次是促进教学方法的改革，能够改变以教师为中心的做法，能够让教学目的更明确。最后是促进精品课程和专业建设。

三、开展项目教学所需的关键条件

(一)课程标准的建设与完善

没有高质量的课程标准，项目教学如何开展和如何评价。课程标准的建设与完善是项目教学的第一个关键，根据目前的研究，课程标准一般应包括课程名称、课程性质和地位，知识与能力目标，课程综合性的学习/工作任务设计（教学项目），课程评价等方面的内容。课程标准的开发应立足对企业岗位任务的调研，应与企业经理联合开发课程综合性的学习/工作任务。

(二)项目库的建设

学校应组织有丰富实战经验的老师按照课程标准，按照统一格式，编制项目库，项目库的建设应立足专业的岗位群，立足校企合作单位，深入调研，最好能邀请企业高管人员、经理和专家、专业优秀毕业生充分地讨论，一道建设有代表性的项目库。

(三)项目教学基地的建设

项目教学的基地不是在常规的教室里，而是在校内外基地和商圈进行，要积极进行校内实训室的建设，营造项目教学的环境，同时要积极走出去，与企业共建校外实习基地，联合培养学生的职业能力。

(四)教学师资队伍的建设

项目教学的实施，离不开一支优秀的师资队伍。专业师资队伍的实践水平，年龄，学历，规模等都影响了项目教学的实施和效果。值得特别说明的是实践能力水平的提高，需要开展不定期的培训和挂职锻炼，需要老师不断去开展企业需要的项目研究，需要老师自我不断的学习。

四、项目教学中常见的问题分析

根据我们的研究和实践，我们觉得项目教学确实是先进的教学模式，存在很多优点，我国国家精品课程评审就把项目教学作为一重要的评审依据，很多学校也参加了很多关于项目教学的培训，并积极开展了项目教学，取得了一定的成效。但是在项目教学中存在问题主要是的伪项目教学问题，所谓伪项目教学就是为了项目教学而项目教学，没有抓住项目教学的灵魂，其表现如下：

(一)教学内容设计没有真正的项目化

项目教学的主要内容来自于真实的岗位群的典型工作任务，

而不是在学科知识的逻辑中建构课程内容。但很多学校在实施项目教学中没有进行真正的实质的岗位群的典型工作任务调研，没有把典型任务转换成一个或多个项目。很多课程的项目教学名义上是项目，其实与学科体系教学的内容分没有什么实质区别。

（二）项目教学的评价方法和标准不科学

项目教学的实施离不开科学的评价方法和标准，可以使学生在项目实施期间和之后得到适当的评价的反馈。①项目执行期间学生应该完成哪些工作要求？比如，建议书、工作计划、反思总结、小型汇报、模型、示例等。在项目结束时，学生是否准备最终的成果展示或汇报，以展示学生对获得知识的运用能力？②测量学生预期成果的标准是什么？如策划方案的评价标准为格式规范、逻辑性、操作性等。③企业是否参与审查和制定项目标准？④评价人员的构成的合理性问题，是老师，是企业或者学生参与评价，还有不同评价人员评定成绩占总成绩的比重问题。

（三）项目教学的师资水平和积极性不够高

项目教学的效果，与教师的水平尤其是实践水平有很大关系。教师选择的实训项目的质量，项目教学的组织，以及项目教学的指导，项目教学的评价都与老师的水平有关。当然，项目教学的良好实施也与老师的积极性紧密相关，学校应该制定相应的办法，激励老师从事项目教学工作的积极性。

五、重庆工商大学应用技术学院市场营销专业项目教学的实践

我院的市场营销本科专业自 2006 年以来，以需求为导向，紧密围绕工学结合，经过五年来的积极探索和尝试，认为项目

教学不应局限与课程教学，还应根据高素质应用本科人才培养目标进行全方位拓展，已经形成了具备我院市场营销专业特色的项目教学方法（体系）。本体系是以需求为导向，不断优化人才培养方案；以课程标准（大纲）、教学基地、项目库、双师队伍建设为抓手；以课程实训、行业综合实训、营销大赛、学生科研、暑期实践、模拟公司为载体；以校企合作、校政合作、校校合作、涉外合作为依托，以提高学生专业能力为目标。本体系运用项目教学法来开展教学，同时这些教学实践也为优化人才培养方案提供了良好的创意源泉与素材。

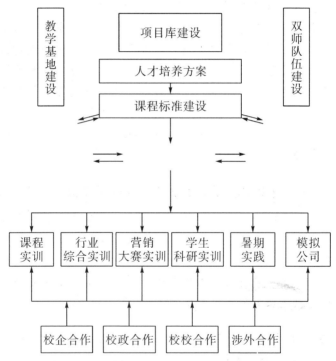

图1　重庆工商大学营销应用本科专业项目教学方法（体系）

（一）以职业能力标准为总纲，不断优化人才培养方案

为了探索营销应用本科专业教学改革的途径和方法，我们多次深入企业、社会进行调查研究。在研究中我们发现，我国目前对职业能力标准的细分做得不够，各高等院校及一些培训办学机构标准不一，对其内涵描述各异，且敷于表面，不尽准确。学院组织骨干教师，以市场为导向，重点借鉴了人力资源保障部国家职业资格认证体系、中国市场学会制定的行业标准、澳大利亚培训包体系中关于"能力单元"的规划与设计思路，与具有代表性的合作单位共同研发了我院营销本科专业人才职业能力标准。

该院研究明确了应用本科的能力体系由基本素质、通用能力、专业基础能力、专业核心能力、专业拓展能力、实践能力六大块构成。然后，以能力体系为纲，重构了高素质应用本科的人才培养方案。

以职业能力标准为总纲，建立以职业能力和素养培养为主线的教学体系，市场营销本科专业的课程体系设置由两大块构成：一是通识教育平台。包括：①公共基础课；②文化素质课：分为人文社会科学、自然科学、心理健康、素质拓展培训和创业创新教育五大类。公共基础课为必修课程；文化素质课分为必修和选修课。二是专业教育平台。包括：①专业能力基础课；②专业能力主干课；③专业能力选修课；④集中实践教学环节。专业能力基础课分必修和选修课，专业主干课为专业必修课。该专业主干课程是按照我院定位的职业岗位群的知识、能力要求来设置，开设有消费行为学、市场调查技术、整合营销传播、营销工程学、营销策划实务、销售管理等必修的主干课，共384课时，24个学分。

值得特别说明的是我院本科专业人才培养方案课程体系实现了五个不断线原则：改革英语教学，减少公共英语课学时，

增设商务英语课，重点培养学生专业英语的听、说能力，实现英语学习"不断线"；每学年都开设有计算机学习或及与计算机运用的相关课程，以实现计算机学习"不断线"；每学期都开设有专业课程，以实现专业学习"不断线"；每学期都开设有课程实训，以实现课程实训"不断线"；每学期都开设有集中实践教学环节，以集中实践"不断线"。同时，实行"双证制"学籍管理制度，专业技能职业资格证书与毕业证书挂钩；实践教学突出，在专业主干课程中采用行业经理全部或参与课程教学，课程实训、学生社会调查、行业营销综合实训、毕业论文（设计）、毕业实习的学时数占教学总学时的 40%~50%。

（二）以课程标准（大纲）、教学基地、项目库、双师队伍建设为抓手

我院市场营销专业在实施项目教学的过程中，认为它与课程标准、教学基地、项目库、双师队伍建设是分不开的。首先是与企业联合开发课程标准，课程标准包括课程性质、课程目标（分为知识、能力、素质目标）、理论和实践教学内容等；其次是选取工作过程化的课程开展项目教学，如《市场调研》、《营销策划》，不适合开展项目教学的课程可以以案例分析、实验教学等方式进行，围绕课程开展的项目教学原则上要求是实战项目；再次是项目库的编制与修订，其中以课程实训、行业综合实训为主体，以营销大赛、学生科研、暑期实践、模拟公司创业项目为辅助。值得说明的是课程实训项目不能为项目而增加项目数量，需结合实践教学内容、校内外基地建设情况、师资队伍情况而开设需要和可以实施的项目。行业综合实训项目则是由行业的企业经理根据岗位开设的基于代表性行业的综合性实战项目。最后是教学基地和双师队伍的建设，必须根据人才培养方案和项目库的需求，结合学校自身条件，整合一切可以整合的行业和企业资源，开展校内外基地建设和双师队伍

建设。我院的校内实训基地主要是商务谈判实训室、基于营销工程软件的营销策划实训室、营销模拟公司、网络营销实训室。

（三）以课程实训、行业综合实训、营销大赛等为载体

我院市场营销专业项目教学选择的载体有：课程实训、行业综合实训、营销大赛、学生科研、暑期实践、模拟公司。其中课程实训、行业综合实训为主要载体，学生必须达到规定的要求，才能够获得学分。课程实训分为公共基础课实训、专业能力基础课实训、专业能力主干课实训；专业能力选修课实训。集中实践教学环节分为集中实践教学主要环节和选修环节，行业综合实训为集中实践教学主要环节，营销大赛、学生科研、暑期实践、模拟公司为集中实践教学选修环节。值得说明的是学生模拟公司为学生创业团队前期策划的场所，有各方面的专家提供指导，学生公司正式营业后则离开模拟公司进行独立经营，当然也有各种专家提供后期经营指导。目前该公司已成功产生学生开办的微型公司数十家，现阶段经营状态良好，呈现较好的发展势头。

（四）以校企合作、校政合作、校校合作、涉外合作为依托

我院营销专业在实施项目教学的过程中，紧密地以校企合作、校政合作、校校合作、涉外合作为依托，其中主要是以深化校企合作为依托，具体形式有以下七种：一是订单培养。学校与重啤、登康建立订单培养关系，根据企业对人才的需求"量身定制"培养计划和课程教学内容；二是企业出资进行专业建设。在该专业的课程实训组织过程中，把企业的资源请进来，与重庆中新会展管理有限公司共建专业实训室；三是建立专业指导委员会。由有行业和企业营销副总、销售经理参加的专业指导委员会，让行业、企业的专家直接参与设置营销职业能力

标准、制订专业培养目标和课程教学计划；四是校企师资结合指导课题。每学年由校企双方布置"作业包"，在校企师资的指导下完成应用性项目或课题。五是把课堂搬到企业。连续续将学生组织到重啤、登康、新世纪百货、重百大楼、麦德龙商场等企业进行顶岗实训，将选修课开进重庆啤酒股份有限公司等合作企业的营销现场。六是行业人士授课或讲座。将企业优秀的营销副总、营销经理、销售经理、培训师请进来，引进到专业课程的授课中。七是老师到企业挂职锻炼。将学校的专业教师送出去，到企业挂职锻炼，提高专业老师的实际操作能力，从而充实"双师型"队伍建设，并提高教学质量。

校政合作方面：学院市场营销专业与武隆县政府签署协议，为武隆这个旅游大县培养相关专业的技能人才；学院与南川等市也进行了人才培养合作的交流，展开了正式合作。

校校合作方面：学院市场营销专业与重庆知名高校和全国知名高校开展了人才培养方案编制、课程标准编制、教材编写、共同举办营销大赛、专家讲座等方面的合作。

涉外合作方面：学院市场营销专业与澳大利亚、泰国，美国等职业教育展开合作，目前已就学生"2.5+0.5"的对接模式、师资互派、学生互访、国外实习等议项达成合作协议，每年都陆续输出学生、老师到国外学习。

（五）取得的成效

本专业在五年的探索和实施项目教学方法过程中，不断深化了和提升了专业教师的教育理念，并身体力行的运用到了日常的专业教学中，形成了学院良好的教育氛围。

通过运用项目教学方法，我们获得了诸多教学改革方面的经验，也对每年专业人才培养方案的优化起到了很好的推动作用。我院营销专业的人才培养方案更贴近行业企业的需求。在学院举办的专业教师与企业营销与人力资源专家座谈会上受到了与会专家的好评。

本专业通过运用项目教学方法在教学方面的成绩也得到了学校和社会的认可。2008 年本专业的教改成果"市场导向下市场营销专业职业能力培养的创新与实践"获得了重庆工商大学教学成果一等奖。同时，教师的教学水平也得到了进一步的提升，在每学期的学生评教活动中，我专业的教师平均评教分都在 90 分以上。

本专业培养的学生近几年来均受到了社会和企业的欢迎与好评。本专业学生近四年来的就业率一直保持在 92% 以上。在 2009 年、2010 年的全国营销大赛上，我院营销专业学生分别荣获全国二等奖、三等奖和一等奖。其中部分学生进入了重庆移动、重庆商社汽贸、中汽西南等大中型企业单位就业。其中我院 2006 级营销专业毕业生陶旭进入惠普重庆公司，年薪 12 万元；2006 级营销专业毕业生刘颖在重庆大泽房地产公司从事营销策划工作，2010 年获得奖金 15 万元。在近年学院组织的毕业生追踪调查中，大多数用人单位反映本专业学生的专业基本功扎实，能较快的进入到企业的岗位角色中，并且具备较强的实践动手能力。

参考文献：

[1] 陈旭辉，张荣胜. 项目教学的项目开发、教学设计及其应用 [J]. 中国职业技术教育，2009（3）.

[2] 徐涵. 项目教学的理论基础、基本特征及对教师的要求 [J]. 职教论坛，2007，（3）.

[3] 陶宇红，洪燕云. 项目教学法在市场营销专业课程教学中的应用 [J]. 职教通讯，2006，（3）.

[4] 杨文明. 项目与项目教学的标准研究 [J]. 中国校外教育，2010（1）.

应用性本科会计教学改革探讨

姜永德

一、应用性本科会计人才培养目标的定位

(一) 应用性本科教育的目标定位

应用性本科教育是近几年来我国高等教育领域出现的一种新的教育类型。它主要由两方面构成：一是原有的本科院校为了结合地方经济发展的需要，通过校企合作、社会参与等方式，建立起的"学校主导式、校企共建式、教学工厂式"等人才培养模式，是"专业融入产业，教学融入企业"的应用技术学院。二是由高职院校或专科学校升格形成的本科高等院校，主要从高等教育大众化及地方社会经济发展的现状出发，提出应大力发展"应用性本科教育"。应用性本科是以培养应用性人才为目标的本科层次教育，它既不同于普通本科，也不是三年制高职高专的增容。和普通本科相比，更强调应用性和技能性。应用性本科教育是"专才"教育，是一种培养实用操作层面的技术型人才的教育层次。其教育特点是：体现了应用性和培养学生的实际操作能力，专业的设置上更体现现实性，课程体系和教学上更体现实务性。

（二）应用性本科会计人才的基本特征

我国会计人才培养主要分为中专、大专、本科、硕士和博士五个层次，各层次的培养目标从 20 世纪 90 年代初提出至今没有什么实质性改变。中专是培养能在企事业单位从事某项财务会计工作的专业应用性人才；大专是培养具有独立从事会计管理工作能力的高等应用性人才；本科是培养成为能在企事业单位、会计师事务所、经济管理部门、学校、科研机构从事会计实际工作和本专业教学、科研工作的德才兼备的高级专门人才；硕士和博士研究生侧重教学和科研能力的培养。在高等教育大众化的今天，大学本科教育已经从"精英教育"转化为"大众教育"，本科大学生已逐步成为一般的专业人才，强调的也是应用性。从本科生的应用性看，其人才结构可以分为三个层次：一是能为我国会计法规、会计理论和会计实务建设献计献策的决策人才；二是按我国会计法规制度的要求组织、协调会计机构及会计人员处理会计主体的会计事务的人才；三是有足够的理论知识，熟练的会计事务处理能力，胜任会计专业第一线工作需要的应用性人才。因此，基于社会发展及我国高等教育空隙的需要，应用性本科院校培养的会计人才是需要有专门的职业技术、高度职业化的人才，即上述第三层次的会计人才。

（三）应用性本科会计人才培养目标的定位

应用性本科会计专业的培养目标应定位为：培养面向社会发展和经济建设事业第一线，从事会计管理与核算领域工作，具有管理、经济、法律、心理学等专业基本知识，具有会计学的基本理论和较强实践能力的高级应用性人才。既不是基于技能的职业型教育，也不是基于理论的研究型教育，而是介于技能应用性和研究型之间，既有较高综合素质，又有较强的实践能力和实务操作技能。其培养特征是：强实践、善实务、知工艺、能创新。因而其教育的主导是偏重于实务和职业能力教育，以社会特别是企业需要为导向，在教学中以实验、实训、实习为主要手段来培养学生实践动手能力、自学能力、分析问题和解决问题等方面综合能力的人才。

二、现行应用性会计本科教学存在的问题

我们所培养的会计人才与社会的要求仍有相当大的距离，导致目前的"两难"现象：一方面，会计专业毕业生很多，就业较难；另一方面，社会所需的高素质的会计人才奇缺，用人单位感到寻才难。

(一)课程设置缺乏理论依据，课程内容重复较多

传统的会计教育各科目之间各自为政，忽视了彼此之间的关系，包括课程数量、授课内容等方面。如财务管理和管理会计两门课，在授课内容上有很多重复之处，而在课时上却按完全独立的两门课安排，教师之间在这方面往往也交流不够。

(二)教学模式、考核方式过于陈旧

传统的教学方式是以教师为中心，以课堂为中心，老师在讲台上讲，学生在台下边听边做笔记，学生完全处于一种被动的地位，结果学生不能灵活地把握知识，只能死记硬背，教学效果往往事倍功半。传统的考核方式也只是单纯地考查学生对课本知识的把握程度，重理论，轻实践，无法看出学生的应用能力，也就造成了理论与实践相脱节。

(三)师资队伍素质有待提高

目前会计专业的基础教师一般只讲专业课，讲会计的不擅长财务，讲财务的不擅长会计，专业知识面狭窄。另外，有相当一部分教师是从学校毕业后直接进校任教，参加社会实践少，

工作经验不足，往往在教学中凭主观想象出发，照搬教材，而不能按会计的职业规范进行教学，往往给学生留下的只是含糊的概念，这种现状必须得到纠正。

（四）实践教学环节形式单一，内容简单，目标过低

这表现在：课程单项实验过分依赖会计软件，学生动手能力差；综合模拟实习内容多、时间短、适用性差，实验效果不佳，专业实习无法正常进行，学生实践能力无法得到真正锻炼。

三、应用性本科院校会计教学改革的建议

根据以上的分析，应用性本科院校应从以下方面进行会计教学改革：

（一）继续加强教学改革

首先是要转变教学模式，改进教学方式，改革考核方法，实现理论与实践一体化教学。可将会计课程安排在实训中心完成，让学生边学边干；同时可以采用多媒体教学、现场教学、案例教学、讨论式教学、网络教学等多种方式，突出网络视频的作用，提高学生学习的积极性，将学生的"要我学"转变为"我要学"，充分发挥教师的主导作用和学生主体作用，提高学生分析问题与解决问题的能力；改革考核方法，在考核中采用开卷和闭卷相结合的方式，把理论考试与实践操作能力相结合，把考核重点放在专业实践能力和创新能力上。其次是将学历教育与会计职业资格教育相结合，构建复合型理论教学体系。职业资格考试热潮已经波及大学校园。目前国内的会计职业资格分为会计从业资格、会计专业技术资格和注册会计师资格（CPA）。与此同时，为给会计专业学生就业创造条件，近年来各地相继出台允许在校大学生参加注册会计师、助理会计师统一考试等方面的制度；2005 年国家又对会计从业资格证书的取

得进行了改革。学生之所以热衷于考取各种会计资格证书，实际上是来自于一种就业的压力。作为人才培养单位，如果能把会计职业资格教育融入到会计学历教育中来，不但可以丰富教学内容，而且能为学生参加相应的会计职业资格考试提供便利。

（二）改革现行会计课程体系的设置

从课程结构体系看，应通过广泛调研和科学论证，并充分考虑会计课程的特点，可采用"2＋2"的培养模式。即大学的前两年学习公共基础课和专业基础课，后两年开设专业方向课程，在前两年学习成绩排名前10%的学生可以根据自己的兴趣和特点任选专业。选修课可以针对专业方向设置课程。在"2＋2"的培养模式下，根据对应用性本科院校会计专业毕业生培养的目标定位及用人单位对毕业生的要求，在学习、调研的基础上对会计专业应用性人才培养方案进行调整。在贯彻"宽口径、厚基础、高素质"的培养原则基础上，搭建通识教育课、学科基础课、专业课、实践教学相结合的"平台＋模块"课程结构体系。可以探索应用性本科院校的短学期制问题。我国高校普遍实行两学期制。近年来，我国已有部分高校，如北京大学、清华大学、浙江大学等先后进行了学期制改革的尝试，并取得了不少有益的经验。短学期制的普遍做法是：原学期由20周调整到18周左右，在增长的暑假里安排"短学期"，并相应地调整长学期里课程学分与学时，而学生利用"短学期"主要是用来完成辅修、双学位课程、专业课程实习、课程设计、社会实践及创新研究实验等，所修课程、实验、实习计入学分。学校也可以利用短期时间，邀请国内外知名学者来校作报告。对于应用性的本科院校，这大大拓展了学生的知识面，增加了他们实习的时间，也必然会增强他们的动手实践能力，提高他们的就业竞争力。

（三）将理论教学与实践教学相结合，构建系统性的实践教学体系

对会计学专业实践教学环节进行系统性的合理设计，并付诸于实践。可以从以下几个方面着手：一是感知实践。通过开展去会计师事务所参观、参加社会实践等活动，让学生真实感知专业知识在社会各行业的应用情况，感受社会对会计人才的综合素质要求。二是专业课程实践。主要开展专业基础课程实验、专业技能课程实验、专业综合课程实验，其关系是逐步递进，呈梯形排列，实践时间逐渐增加，并突破了课堂的限制，强调由课内向课外延伸，通过建设与会计学、成本会计、审计等多门课程相结合的多媒体教学系统，建立仿真的企业财务环境，提供模拟企业的财务有关数据，供学生进行会计核算与分析、审计和财务管理等基本技能实际操作，提高学生动手能力，促进其掌握会计专业技能知识。三是角色实践。为了增强学生的实践能力，由学院提供一个与实际工作环境相同的环境，要求学生将自己看成是一个从事实际工作的人员，通过若干实践方式，从而让学生发现自己的不足并在今后的学习中加以提高的一个学习环节。另外，应用性会计本科教育还应该大力开展校企协作，建立各种类型的校外实训实习基地。

（四）加大"双师型"师资队伍的建设力度

教师是高等教育事业的基础和主力，加强对教师理论水平和实践能力提高的训练，有计划、有步骤地鼓励教师到企业现场实习，并参加相应的专业技术资格考试，取得相应资格证书，达到教育对"双师型"教师的要求。具体措施有：①每年可以派出几名青年教师到企业会计部门实践或挂职锻炼，在具体岗位上锻炼教师自身的操作能力；②积极参与企业的课题研究和专题调查，增强教师自身的实践能力和创新能力；③可以选派

部分青年教师赴国外进修培训，使专业教师具备国际眼光和涉外知识结构。另外，从企业聘请一定数量的校外会计师、高级会计师、注册会计师来校兼职，承担一些课程的讲授任务，在一定程度上也带动了校内会计教师素质的提高。

参考文献：

［1］刘晓保. "应用性本科教育"辨析［J］. 江西教育科研，2007（1）.

［2］管静，万义军. 关于应用性本科财务管理专业实践教学体系构建的探讨［J］. 会计之友，2006（12）.

［3］高林. 应用性本科教育导论［M］. 北京：北京科学出版社，2006.

［4］包惠群. 不规范会计实践教学对会计教学质量的影响分析［J］. 会计之友，2006（2）.

［5］程腊梅，王丹. 本科会计专业课程实践教学探讨［J］. 会计之友，2007（10）.

［6］周凤. 应用性本科会计实践教学课程设计［J］. 会计之友，2006（12）.

［7］张淑慧. 校企联合培养专业人才模式探讨［J］. 会计之友，2008（3）.

［8］陈颖，周建龙. 应用性本科院校会计教学改革探讨［J］. 中国集体经济，2009（5）.

软件专业程序设计类课程实训案例开发标准初探

郭　静

　　程序设计课程在高等学校中属于普及型教育课程，主要由理论和实践两大部分共同组成，以"掌握基本理论、强化应用、培养技能"为重点。以往传统的教学方法通常是"满堂灌"、"填鸭式"、"一言堂"明显不能满足全部要求。实训教学就是一种比较符合人类学习规律的新型教学方法，即从最开始的认知，到简单模仿，到最后的自主开发和充分的应用。实训教学对教师提出了更高的要求，教师要在课堂有限的时间里尽可能多的讲解知识，更重要的是要让学生在有限的时间里掌握更多的编程技能。因此，课前做好充分的准备是必要的。选择案例要有明确的目的，要兼顾知识本身的系统性，控制好分解的数量并留有伸缩余地，不宜分得过细。针对知识点选择案例时要重点突出，主次分明，不能避难趋易或喧宾夺主。案例选择要有延续性，要具有承前启后的作用。教师在准备实训案例时往往会遇到很大的困难，现在很多老师自己有很多案例可以拿来进行实训，但由于实训案例的组织没有一个统一的标准，学生在学习过程中往往因为不同案例的表述方式和组织形式不一样导致学习起来非常被动，同时也影响了该实训案例在其他教师之间的共享。针对程序设计类课程的特点，笔者对其实训案例进行分析，结合该类案例的特点，给出实训案例的设计原则和设计方法，并在此基础上，完成了软件专业程序设计类课程实训案例库的设计与实现。

一、实训教学在程序设计课程中的作用

实训教学方法分为四个阶段来进行：实训目的、实训流程分析、实训操作步骤和实训练习。第一阶段，实训目的。在此步骤中，我们要结合实际生活，针对所讲知识选择合适的实训案例，并将事先准备好的程序展示给学生，让学生很直观的了解到学习这门课程可以怎样用来解决实际问题。第二阶段，实训流程分析。只是知道了要学什么，要做什么还是不够的，还要让学生知道要怎么做。比如，在使用 Visual Basic 进行设计程序时，主要从两方面入手：一是程序的界面，二是程序的代码。当拿到问题后，先分析界面中应该有哪些组成元素，再分析要对哪些元素进行程序的编写，并且要分析编写这些程序会用到哪些知识。这就是我们在这一阶段的主要任务。第三阶段，实训操作步骤。该阶段主要是根据前一阶段分析的结果将程序逐步实现。第四阶段，实训练习。该阶段主要是根据学生对知识的掌握程度选择适合的习题或课后实训案例，用来巩固课堂上所学知识并且给学生提供动手实际操作的机会，从而培养其独立设计应用程序的能力。

实训教学模式的四个阶段符合提出问题、分析问题、解决问题这一规律。这种教学模式在不断强化过程中能够培养学生养成一种遇到问题时运用正确方法进行独立思考的能力。

在实训教学的过程中，实训案例起到了非常重要的作用。实训案例的好坏直接影响到是否能够达到教学目的，同时也影响到是否能够充分调动学生的积极性来进行实训。

二、软件专业实训案例的特点

案例是从教育教学实践活动中总结出来的实例，在被描述

的具体情景中包含一个或多个引人入胜的问题，同时也包含解决这些问题的方法和技巧，有具体情景的介绍和描述，也有一定的理论思考和对实际活动的反思。软件专业实训案例应包含以下几个特点：①真实性。所谓真实性是指来自真实的企业案例，案例的经过与结果是真实的，如实反映了事实的本来面目。②典型性。所谓典型性一般是指最能达到教学目的以及社会中存在最普遍的有价值的案例。它最能显示同一类案例的共同特征、意义。通过对这个案例的实训，就能掌握同一类案例相同的开发技术。这一案例具有很强的标准性、联系性。③指导性。所谓指导性是指本案例具有启发迁移作用，对其他案例的分析与处理具有借鉴意义和启示作用。④鲜明性。所谓鲜明性是指与时俱进，案例所使用的技术思想是代表当前最流行的思想。⑤规范性。所谓规范性是指软件专业实训案例应该按照标准的软件开发模型来组织。

三、实训案例设计的基本原则

实训过程是以学生为主体的实施过程，案例设计的好坏直接影响到是否能够达到教学目的，同时也影响到是否能够充分调动学生的积极性来进行实训。案例应该按照案例的特点和学生学习的方式来设计。以下是设计案例的几个基本原则：①符合实训目标的原则。案例的设计要与实训目标相一致。教师要对实训目标进行深入研究，实训目标所提出的典型技术一定是案例开发中的重点技术。②真实性原则。案例的设计要建立在理论知识的基础上，而又应回归到实际中。案例开发的人员组织形式和案例的功能要充分体现现实应用的需求，让学生在实施过程中充分体验真实环境。③典型性原则。软件系统设计和开发涉及的范围极为广泛，考虑到实训时间的关系，用于实训的案例应具有代表性或典型性，既能体现理论知识和系统原理的应用，又能做到举一反三。④启发性原则。案例应体现出一定的问题情景并具有启发性，能启发学生深入思考，把握好问题的难度，要留给学生足够的思维空间。通过分析案例，教师要启发学生如何探求知识，逐步培养学生提出问题和解决问题的能力。通过案例的学习，学生不仅能学到系统的理论知识，而且可以学会探求知识的方法，学到一种思维方法。⑤规范性原则。系统开发过程中需求、设计、编码和测试阶段的工作都应在案例中以文档的形式体现出来，文档有严格的标准和规范。因此，系统愿景文档、需求规格说明书、概要设计说明书、详细设计说明书、测试用例设计都是案例中必不可少的。这些文档不仅能指导学生的实训，同时也是考核标准，有助于教师对学生实训进行控制。

四、实训案例设计的基本方法

实训案例属于综合性案例，内容应具有内在联系性，多种知识、方法与技术融为一体，有利于提高学生综合运用知识的能力。实训案例的开发类似于编写案例设计文档，但是又应该比设计文档更具有针对性、典型性和启发性。所谓针对性就是要在案例中说明该案例所针对的学生群体，前期课程应该是什么，它所代表的软件开发类型，案例的复杂情况，重点难点，工作量等。所谓典型性就是案例中要有一个突出的技术要点。所谓启发性主要体现在编码阶段，案例设计文档只需提供一个应用了典型技术的模块的代码，用以启发学生完成其他模块功能。

实训案例的设计一定要详细。前面提到的系统愿景文档、需求规格说明书、用例规约描述、概要设计说明书、详细设计说明书、测试用例设计文档，都必须详细。尤其是需求阶段的文档，它直接影响到实训效果，不能模棱两可或者晦涩难懂。详细的设计文档并不是代表学生就没有主动性了，实训时可以根据培养目的来给出不同的文档，比如这次实训主要培养学生的编码技术，那么我们可以将需求文档、概要设计以及详细设计文档都给学生，让学生根据文档编写代码；如果重点培养学生需求分析和设计能力，我们可以只给予系统愿景文档和需求规格说明书。当学生完成相应任务后再与设计好的文档进行比对和改进，然后再完成下面的任务。这样学生的成果将会有一个评定的标准，同时也不至于使进度慢的学生跟不上全班同学的步伐。

请软件公司参与实训案例的设计。软件公司有几个优势：一是有很多可用的真实案例；二是有很严格的软件配置管理过程；三是有很多具有长期从事软件设计、开发和研究的专业人员。请软件公司参与或指导实训案例设计既能体现书本知识，又与实践紧密相关，使学生了解当前社会应用的实际现状。

案例要不断充实与完善。随着计算机技术的快速发展，所设计的案例应及时体现出这些变化，因此案例的设计并非一劳永逸，而是必须紧跟形势、与时俱进，不断地改进与完善。软件专业工学结合实训案例的开发是一个长期的不断更新的过程。按照软件工程的螺旋型开发模型，实践将不断地验证案例设计的可行性，案例开发标准也会随着案例设计的更新而进行修订，使其在发展中完善。

五、总结

软件专业工学结合实训案例的开发是一个长期的不断更新的过程，按照软件工程的螺旋型开发模型，实践将不断地验证案例设计的可行性，案例开发标准也会随着案例设计的更新而进行修订，使其在发展中完善。

参考文献：

［1］罗佳. 关于高职软件专业实训案例开发标准的探讨［J］. 计算机教育，2008（22）.

［2］程时兴.高职计算机专业实训案例分析［J］.计算机教育，2005（8）.

［3］柴美梅.《程序设计》实训教学体系的改革［J］.考试周刊，2009（34）.

财务估价模型教学方法的探讨
——基于 EXCEL 模拟运算表的应用

王秀婷

随着计算机技术的飞速发展，计算机不仅应用于科研、工程等高端领域，而且已经深入到我们日常工作和企业的财务管理中。微软公司推出的 EXCEL 作为国内外财务管理人员公认的强有力的分析与决策支持软件工具，已经在财务、会计和审计工作中得到广泛应用。本文就是分析 EXCEL 中的一个分析工具——模拟运算表在财务管理的财务估价模型设计中的应用。

一、财务估价模型的基本原理及对应的 EXCEL 财务函数

财务估价是指对一项资产价值的估计。这里的资产可能是金融资产，也可能是实物资产，甚至可能是一个企业。这里的价值是指资产的内在价值，或者称为经济价值，是指用适当的折现率计算的资产预期未来现金流量的现值。财务估价就是用来衡量企业或者资产价值的。它的基本方法是折现现金流量法。该方法涉及两个基本的财务概念，分别是货币时间价值和风险。

风险是指在一定条件下和一定时期内可能发生的各种结果的变动程度。我们在预计一个投资项目的报酬时，不可能十分精确，也没有百分之百的把握。风险可能给投资人带来超出预期的收益，也可能带来超出预期的损失。风险和报酬的基本关

系是风险越大要求的报酬率越高。货币时间价值是指货币拥有者放弃货币的现时使用机会，将其进行一段时间的投资和再投资所获取的增值额。它是衡量企业经济效益、考核企业财务状况和经营成果的重要依据。在按照复利计息的情况下，货币时间价值的计算主要包括复利终值、复利现值、年金终值、年金现值。现把以上货币时间价值的计算公式列举如下：

复利终值 $FVn = PV \cdot FVIFi$, n （FVIFi, n 为复利终值系数）

复利现值 $PVn = FV \cdot PVIFi$, n （PVIFi, n 为复利现值系数）

年金终值 $FVAn = A \cdot FVIFAi$, n （FVIFAi, n 为年金终值系数）

年金现值 $PVAn = A \cdot PVIFAi$, n （PVIFAi, n 为年金现值系数）

在 EXCEL 中有专门的财务函数来计算货币时间价值，常见的函数如下：

终值函数：FV （rate, nper, pmt, pv, type）

其中：rate 为各期利率；nper 为总投资（或贷款）期，即该项投资（或贷款）的付款期总数；pmt 为各期所应支付的金额，其数值在整个年金期间保持不变；pv 为现值，即从该项投资开始计算时已经入账的款项，或一系列未来付款的当前值的累积和，也称为本金；type 可为数字 0 或 1，用以指定各期的付款时间是在期初还是期末。

注：若参数中给定 pv 而没有给定 pmt，则表示计算复利终值；若参数中给定 pmt 而没有给定 pv，则表示计算年金终值。

现值函数：PV （rate, nper, pmt, fv, type）

其中：rate、nper、pmt、type 的含义与 FV 函数中的参数含义相同，fv 为终值。

注：若参数中给定 fv 而没有给定 pmt，则表示计算复利现值；若参数中给定 pmt 而没有给定 fv，则表示计算年金现值。

年金函数：PMT （rate, nper, pv, fv, type）

其中：rate、nper、Pv、Fv、type 的含义与 FV 函数和 PV 函数中的参数含义相同。

注：若参数中给定 fv 而没有给定 pv，则表示已知年金终值计算年金；若参数中给定 pv 而没有给定 fv，则表示已知年金现值计算年金。

二、EXCEL 模拟运算表下财务估价模型的设计过程

模拟运算表是一个单元格区域，它可以显示一个公式或多个公式中替换不同值时的结果。有两种类型的模拟运算表：单变量模拟运算表和双变量模拟运算表。单变量模拟运算表中，用户可以对一个变量键入不同的值从而查看它对一个公式或多个公式的影响。在双变量模拟运算表中，用户对两个变量输入不同值，而查看它对一个公式的影响。这里主要介绍双变量模拟运算表在财务估价中的应用。

（一）具体步骤

（1）分析案例已知条件，建立基本数据区；

（2）在数据区的左上角单元格输入公式，公式中包含两个变量，可在基本数据区外选择两个空白单元格代替，但要记清谁是代替行数据的，谁是代替列数据的；

（3）选中基本数据区，然后运行 EXCEL 中的双变量模拟运算表，输入行和列的引用单元格，即指定基本数据区外的两个空白单元格，系统将用行和列的数据分别代替两个单元格计算出不同的结果。

（二）运用双变量模拟运算表建立财务估价模型的具体案例

例如：某人决定向某银行贷款购买一套商品房，现在他想计算出贷款年限为 20 年的情况下不同利率、不同贷款金额（由于房子的位置和大小不同导致贷款金额不同）下每月的还款额。

（1）在 EXCEL 中输入基本数据。

	A	B	C	D	E	F	G
1			贷款额度				
2			450 000元	460 000元	470 000元	500 000元	520 000元
3		5.50%					
4		7.50%					
5	利率	9.50%					
6		9.70%					
7		10.50%					
8		11.50%					

图1

（2）在图1的单元格B2中输入年金公式PMT（A2/12，20*12，-B1），如图2所示。从公式可以看出，单元格A2作为引用列的单元格，B1为引用行的单元格。式中，第一个参数为利率。因为给定的利率皆为年利率，而此处计算的是每个月的还款额，因此需除以12换算成月利率。第二个参数为还款期限。已知还款期限为20年，换算成月就是240个月。第三个参数为现值。由于PMT函数与给定的PV返回的结果符号相反，因此加入一个负号，保证得到一个正数。输入公式后得到的结果为0，此时结果没有意义。A2和B1作为模拟运算表的两个辅助单元格，可以在模拟运算表的区域外任意选取。

B2		▼	f_x =PMT(A2/12, 20*12, -B1)				
	A	B	C	D	E	F	G
1			贷款额度				
2		￥0.00	450 000元	460 000元	470 000元	500 000元	520 000元
3		5.50%					
4		7.50%					
5	利率	9.50%					
6		9.70%					
7		10.50%					
8		11.50%					

图2

（3）利用双变量模拟运算表求解结果。选中数据区域B2：G8，打开"数据"菜单，选择"模拟运算表"命令，在弹出的对话框中"输入引用行的单元格"输入＄B＄1，"输入引用列的单元格"输入＄A＄2，如图3所示。

	A	B	C	D	E	F	G
1					贷款额度		
2		￥0.00	450 000元	460 000元	470 000元	500 000元	520 000元
3		5.50%					
4		7.50%					
5	利率	9.50%					
6		9.70%					
7		10.50%					
8		11.50%					
9							

图 3

（4）分析运算结果。在图 3 中点击"确定"按钮，即可得到如图 4 所示的结果。

	A	B	C	D	E	F	G
1					贷款额度		
2		￥0.00	450 000元	460 000元	470 000元	500 000元	520 000元
3		5.50%	3095.49	3164.28	3233.07	3439.44	3577.01
4		7.50%	3625.17	3705.73	3786.29	4027.97	4189.08
5	利率	9.50%	4194.59	4287.80	4381.02	4660.66	4847.08
6		9.70%	4253.54	4348.06	4442.58	4726.15	4915.20
7		10.50%	4492.71	4592.55	4692.39	4991.90	5191.58
8		11.50%	4798.93	4905.58	5012.22	5332.15	5545.43

图 4

图 4 中的数据表示不同的贷款金额和不同贷款利率下每个月的还款额。如 F7 单元格中的 4991.9 表示在贷款金额为 50 万元、贷款利率为 10.5% 的情况下每个月的还款额为 4991.9 元。

三、结论

货币时间价值是财务管理中一个最基本的概念，它旨在告诉我们不同时点的货币具有不同的价值，在分析不管是筹资还是投资问题时一定要考虑货币时间价值的概念，才能做出正确的决策。利用 EXCEL 的模拟运算表可以为我们分析解决财务估价问题提供一种计算捷径：在一次操作过程中，完成多组不同数值的计算，同时还能够提供一种显示和比较的方式。在工作表上一起显示与比较多组不同数值的操作结果，可以帮助学生更好地理解和分析身边的实际问题，如按揭买房等。

参考文献：

［1］郭洪梅．EXCEL 在财务管理中的重要性［J］．现代商业，2009（7）．

［2］孙春临．EXCEL 在会计中的应用研究［J］．电脑知识与技术，2011，7（4）．

［3］张婉君．经济订货批量模型教学改革的探讨［M］//郑旭煦．经济管理实验教学探索与实践．成都：西南交通大学出版社，2010．

［4］张瑞君．计算机财务管理［M］．北京：中国人民大学出版社，2010．

基于任务驱动法的实训教学实践探索——以市场调研为例

陈中洁

　　任务驱动法的主要特点是"任务驱动，注重实践"。使学生学习目标明确，要求学生既要学好理论知识，又要掌握实际操作技能。学生必须具有一定的自主学习能力与独立分析问题、解决问题的能力。任务驱动法使学生在完成一个个任务的过程中主动地获得知识，逐步提高学生的分析思维能力和创新能力，以更好地实现学习目标。

一、实践教学的特征

　　实训教学是与理论教学相配合的教学方法。它针对实践性较强的学科，为突出学生的实践动手能力，以提高学生对本学科知识的掌握和应用能力目的的教学。实训教学要培养创新人才，培养学生探索知识、发现知识的能力。

　　（1）学生通过实践活动进行学习，增强了感性认识，拓宽了将所学的理论知识与实际相结合的学习途径，即动手又动脑是学习的能动过程。

　　（2）以学生的全面发展为本，突出了学生的主体地位。学生是实践教学的主体，在实践教学中具有能动性。

　　（3）通过实践教学使学生更直观地了解了所学的理论知识，引发学生的创新能力。通过实践教学使学生对知识、技能和能力达到了统一性和实用性。

（4）推动了学生探究性学习和合作性学习，树立了学生的合作精神和科学价值观。

任务驱动法是一种建立在建构主义学习理论基础上的，有别于传统教学的新型教学方法。任务驱动法提倡教师指导下的、以学生为中心的学习。在整个教学过程中，教师起组织者、指导者、帮助者和促进者的作用，利用情景、协作、会话等学习环境要素充分发挥学生的主动性、积极性和创造性，最终达到使学生有效地实现对当前所学知识的意义建构的目的。

同时，行为主义理论认为，学习就是刺激与反应之间的联合（简称联结学说）。学习归根结底是刺激—反应—反馈—记忆—积累，反应和反馈加强了对大脑的强化。

任务驱动法通过任务的有机统一的分解，在操作过程中实现系统性和整体性，在执行控制和纠偏的过程中对知识和思维过程加以不断更新和强化，以达到塑造行为、强化记忆和理解的目的，从而实现掌握知识的目标。

实训教学中通过自主学习与协作学习实现任务，有效实现知识建构、整合，其学习的效果远远大于单纯的记忆。突出学生的实践动手能力，有效实现实训教学的目标。

市场调研的实施有比较强的程序性和规范性，在实训课程中运用任务驱动法使学生学习目标明确，学生紧紧围绕这一目标，探求相关的知识和操作方法，从而大大提高学习的效率和兴趣。本文将以市场调研实训教学为例探讨任务驱动法在教学过程中的应用。

二、任务驱动法在实践教学中的具体实施

(一)创设情景,设定项目

创设与当前学习主题相关的、尽可能真实的学习情景,引导学习者带着真实的"任务"进入学习情景,使学习直观性和形象化。生动、直观的形象能有效地激发学生联想,唤起学生原有认知结构中有关的知识、经验及表象,从而使学生利用有关知识与经验去"同化"或"顺应"所学的新知识,发展能力。在市场调研教学中,学生以自愿原则成立项目小组,根据小组成员兴趣和小组资源情况选定调研项目。该调研项目具有现实意义,在整个过程中有现实的操作环境和对象,构建出真实的学习环境。

(二)任务构建与分解

市场调研实训实施中任务的分解是根据市场调研执行的顺序进行的,各要素之间既相对独立,也相互联系。学生通过知识整合的实训,最终完成了一个综合的目标即市场调研报告,经过整合的系统化的实训课程的教学,把知识与实验高度统一。

市场调研课程教学的最终目的是学生掌握市场调研的基础理论和操作过程,学会对市场的分析研究。因此,将任务分解为:

(1)选定调研项目、明确项目目的和内容。在本过程中,确定调研问题和调研目的,根据调研目标设定市场调查的具体内容,确定所需要的市场信息资料。

(2)拟订调研计划书。根据调研目的和调研内容,确定调研方法、调查对象以及抽样设计,为调研工作的有条不紊进行做好准备。调研计划书即研究设计能保证研究在既定的条件下更高效地完成。

(3)问卷(访谈提纲等)制定和完善。问卷的设计是市场

调查的关键环节，对调研质量有重大影响。在本过程中，结合调研目的与内容，小组讨论设计出有效问卷，并进行小组修改、教师修改、试调研最终定稿。

（4）根据调研计划书的安排，有计划地执行调研活动。在计划中设计的时间、地点，选择调研对象实施调研。在实施过程中，发现问题、及时调整方案，使现场调研高效地完成，准确、完整地取得一手资料。

（5）问卷整理和统计数据分析。该过程经过问卷审核、校订、编码以及数据录入、数据统计和分析，为调研报告数据分析部分提供直接材料。

（6）书写调研报告并课堂汇报。

（三）任务实施与控制

任务实施过程就是不断地反馈、学习和纠偏的过程。实践是检验真理的唯一标准。在任务执行过程中，结合实际的工作情景，自主学习，团结协作，将学习融入实际工作中。

（1）项目小组的形成，更好地培养学生集体意识和协作能力。通过小组成绩考评的设定，激发大家的集体荣誉感和积极性。在问卷过程中，如果某一成员舞弊使问卷筛选中出现雷同卷、空白等无效卷，会影响到后续效果及整体最终成绩。这种个体行为对群体成绩的反映，迫使大家基于集体荣誉而认真工作。从而提高协作能力、团队合作和交往处事能力。

（2）任务过程具有连续性、系统性和整体性，调研实施的每一步均以前面程序为基础，在执行过程中不断地对前面的流程反复论证和自我纠偏。

调研计划中的调研目的和调研内容等事项直接影响调研问卷（访谈提纲）的设计。在调研目的和调研内容的确定过程中，要论证其可操作性和必要性，并不断进行修改。同时，调研问卷书写过程中的具体情况也会反过去证实调研内容的可操作性。

根据调研目的、内容、时间分配等确定调研的具体执行细节。在调研实施的每一步的执行过程中，又不断自我审视和检验以前的成果。当进行问卷调研时，自己去发现问卷设计的不足，如问题提法的本身和逻辑性问题，调研对象的选择，调研地点的选择，并分析原因调整调研方案。在整个实训流程中不断地进行项目的修正和完善。

（3）真实情景的高度参与性引导学生更多的情感投入，更多地思索现象的原因并解决问题。

实践的经验往往比理论的学习掌握更牢固，理解更深刻。通过对照问卷与调研内容和调研目的来检验设置这样的调研目的是否合适，问卷执行中知道哪些问题被调研者回答困难，是问题本身提问的问题还是顺序问题。问卷统计分析过程中学生发现多项选择题的统计分析相当困难，从而在以后的设计中会谨慎设计多项选择题。

比如对某种汽车的调研，尽管事先经过设想和判断，但在调研过程中可以发现在停车场调研拒访率比较高，在汽车美容中心、加油站调研的调研对象配合程度比较好，然后就会去思考找出原因，从而得出调研地点的选择不仅要考虑对调研项目的相关性，更要思考其被调研者的时间闲暇性和心情。通过实际操作，学生考虑问题更全面、更具体。同时也学会站在对方的角度思考问题。

（四）实训教学效果评价

效果评价采用结果和过程相结合，小组与个人相结合的方式进行。

结果测评主要看小组提交的整套资料包括调研计划书、调研问卷、数据分析、调研报告以及报告发言表现。

过程测评主要从学生的积极性、小组成员的团队参与与合作性进行考评。

个人实践成绩按在小组中的贡献评定一定系数，而此系数由小组成员讨论决定和老师根据总结中的表现综合制定。

三、任务驱动法实施中的问题及解决途径

（1）小组学习中最大的问题是小组中的每个人员的投入不一，个别人对小组工作消极怠慢。而成果的共同享用（成绩共同所有）导致对每个人学习检验的不完全公平。

（2）实践过程中发现，对学习结果的评价往往比较客观，对学习过程的评价标准难以衡量。在实践教学中，采用自愿组成小组的模式，要求小组的考勤、上课发言等过程以及学习成果为一致享有，强调人选的重要性，在成员选择上更为谨慎。

采用小组总结和个人总结相结合。小组总结强调小组分工。个人总结偏向自己的学习和收获、对自我学习过程的评价、对小组工作的问题及自我见解、对教学的见解等。通过对学生整体工作的回顾，了解学生的学习过程和个体学习差异。

参考文献：

[1] 张传燧. 论综合实践活动的基本理念及其课程性质 [J]. 湖南师范大学教育科学学报，2002（2）.

[2] 安红，王毅. 教育技术发展历程中几个关键性名词 [J]. 铜仁师范高等专科学校学报，2005（5）.

[3] 李增笑，张慧英，赵越，等. 管理学实训系统的设计 [J]. 教育探索，2006（8）.

[4] 冯增俊，余雪莲. 课程综合化及实践形式 [J]. 教育发展研究，2005（13）.

[5] 道云. 任务驱动教学法在 Photoshop 教学中的应用 [J]. 职业教育研究，2006（12）.

[6] 郭林涛. 任务驱动教学方法的构建 [J]. 中小学信息技术教育，2003（3）.

中东部独立学院应用性人才培养方案构建研究

周　雄

　　独立学院是指按照新的机制和模式举办的本科层次的二级学院。随着独立学院的快速发展，人才培养模式的探索愈显重要。中东部地区的经济文化均处于较发达状态，梳理中东部一些成功办学的独立学院的人才模式的设计经验，对于其他独立学院的人才培养有着较好的借鉴意义。

一、普通独立学院的应用性人才培养模式现状分析

　　独立学院办学时间不长，主要依靠母体公办高校开展教学活动，因此在人才培养模式上普遍存在以下几点问题：

（一）人才培养模式照抄照搬母体公办院校

　　独立学院招生层次大部分属于三本，学生的素质和质量决定了独立学院的人才培养模式应与公办大学有所区别。许多独立学院照搬公办高校人才培养模式，不注重自身专业的应用性建设；过分强调教学过程组织管理，而忽视学生在教学过程中的主体地位和能动作用；过分强调书本知识的系统传授，而忽视培养学生的创新和能力；过分强调课堂理论系统教学，忽视实践能力和学生动手能力培养的倾向等。

（二）人才培养目标定位模糊，规格单一

独立学院办学历史短，在办学经验、教学管理水平、师资队伍建设及教学硬件设施等方面，与公办高校还是存在着明显的差距。部分独立学院不顾自身硬件和软件的实际条件，没有认真分析其整个高等教育系统中所处的位置，对人才培养目标缺乏准确定位，完全按照公办高校的精英型人才培养。部分独立学院仍然按照精英型人才或研究型人才的培养方案实行公办高校的培养模式。即理论教学课时太多，实习实训教学课时安排太少。同时，专业方向划分过细，人才培养专业口径过窄，知识结构单一，其培养的人才适应能力差，综合应用能力差。部分独立学院在专业的选择和设置上，一味地追求热门专业，甚至是母体学校热门专业的简单复制。忽视学生和母体学校学生之间的差距，忽视学生的个性差异和特长发展。学生专业知识面太窄，知识结构不够完善，发展后劲不足，缺乏特色。

二、中东部独立学院应用性人才培养模式的正确定位

独立学院从成立之初，就面临市场竞争和学生的就业问题。其灵活的办学机制，既使人才培养能更好地贴近社会与市场需求，又使独立学院直接面临市场竞争的变化和压力。

应用性人才培养模式是以培养创新型应用性人才为目标，总体指导方针是"夯实基础，强化能力，鼓励创新，发展个性"。创新型是指培养的人才有较强的知识结构和自主学习能力，具有应用知识进行技术创新的潜力。应用性是指培养人才不以学术型、研究型的精英教育为取向，而以适应社会经济需要的技术型的大众化教育为取向，强化实践能力和动手能力培养。复合型是指人才要加强通识教育，强调对学生综合能力的提升。构建创新型应用性人才培养模式，必须要考虑以下几个方面的因素：

（一）人才培养的目标定位

目前我国的高等教育正在经历从单一的规格和模式的局面到逐步产生分层分级的模式的变革过程，必须在这个过程中找到自身的合理定位。在合理定位的前提下，才能确定正确的战略发展目标、合理的阶段目标和可行的具体实施措施。我国的高等学院分为研究型、教学研究型、教学型、高职院校。从目前来看，独立学院应该主要考虑定位为"教学型"院校，要以应用性本科教育为主，以强调专业基础理论、突出基本技能教学为主。

（二）人才培养的特色定位

所谓特色是指独立学院根据自身的条件、潜力和优势，紧密结合社会发展的人才需要和现代科技发展的趋势，设置一些特色专业和新兴专业。人才培养的特色是独立学院在教育市场具有竞争力的表现，也是学校吸引生源，奠定社会地位的基础。因此，独立学院在学科专业设置、教学方法、教学手段等方面要充分体现人才培养特色。

（三）人才培养的区域定位

独立学院在人才培养的区域定位上要充分考虑学院所在地的地方经济和区域社会发展的需要。应自觉地树立起以区域经济建设为中心的指导思想，为地方经济及社会发展服务的功能，开展应用性科学研究，进行技术创新、技术推广和应用。努力成为地方应用性科学研究的主力军，为地方经济发展做出贡献，提高自身在经济建设和社会发展中的地位。

（四）人才培养的规格定位

独立学院培养人才的规格表现在两个方面：一是应用性。

在我国向世界经济强国迈进的过程中，社会越来越需要应用性和实践型人才。应用性人才的匮乏已成为影响中国经济多种行业的重要因素。二是复合型。独立学院要以培养高素质的应用性人才培养为目标，使学生具有以通识为基础的专业理论知识、宽广的专业知识面、较强的适应能力和创新能力、独立分析和解决问题的能力。通识教育是高等教育体系中不可或缺的重要组成部分，大学要实现提高教育质量的目标就必须加强通识教育，正确处理好专业知识学习与综合素质培养的关系，精心设计和组织通识教育活动，方能结合各自学校的特点创造出具有特色的通识教育体系。重视人才实践能力的培养，强调从知识、能力、素质结构等全方位培养人才，是独立学院提高人才培养市场意识的一项重要内涵。

三、应用性人才培养模式的基本原则

(一) 基础性原则

坚持本科教育内容的基础性。加强公共基础平台课、学科基础平台课的建设。公共基础课程强调基础性，打好基础，强化英语、计算机的教学；学科主要课程强调核心性，加强核心课程的教学，专业核心课程应符合教育部本科专业目录所列主要课程。同时，设计专业大类平台课程模块，构建通识教育基础上的宽口径人才培养体系。

(二) 强化实践原则

理论联系实际，加强实践训练，进一步完善实践教学体系，优化实践教学环节，培养专业应用能力。在教学模式上，从单向知识传授的"教学型"向关注实践性教学的"实践型"转变。加强综合性课程设计、毕业设计（论文）见习、实习、社会实践活动等实践教学环节。列入培养方案中的各实践教学环节累计学分（学时），人文社会科学类专业一般不应少于总学分（学时）的15%，理工类专业一般不应少于总学分（学时）的25%。重视校内实验室、实践场地的建设，重视社会资源的有效利用，与社会上相关行业、部门、机构建立友好互惠关系，为学生社会实习实践开道铺路。如需要现场集中实习的专业，可采用不同的模式，如前两个学年开设公共基础课和学科基础课后安排1学年的专业方向课加1学年的集中实习实践。集中实习期间，仍应结合实习安排一定的课程教学。鼓励并积极组织学生参加国家的职业资格认定考试。

（三）知识、能力、素质协调发展原则

积极探索素质教育与专业教育相结合的有效途径，把素质教育融入人才培养的全过程。科学处理理论教学与实践教学的关系，注重理论联系实际，积极探索学生综合实践能力培养的途径、方法。加强第一课堂与第二课堂的有机衔接，进一步推进学生科研计划和创业计划，鼓励学生参加学科竞赛、科技创作、创业活动和相关文化素质教育活动。

（四）以学生为主体原则

考虑学生在基础、兴趣、特长、能力等方面的差异对教学的不同要求，因材施教，加强教育的针对性。适当减少必修课，增加选修课，设计模块化的知识结构和弹性课程，给予学生更多自主发展空间。增加讨论式、研讨式课程，提倡启发式、案例式、探索式学习，提高学生自主学习的能力。

独立学院的人才培养模式必须在遵循高等教育普遍规律和人才培养基本规格的要求下，结合独立学院自身的特点与条件，科学分析社会需求，找准优势，扬长避短，形成独具特色的应用性人才培养模式。在人才培养方案中已经实践精简理论课课时，加大实习实践力度，确定打通相同学科门类前两个学年的公共基础

课和学科基础课，在第三学年开设专业方向选修课，第四学年落实实习实践安排。这样可以在最大程度发挥有限的教学资源的基础上，最大化的突出学生基础知识教育和应用能力的培养。

四、独立学院的应用性人才培养模式条件保障

一种新的人才培养模式提出并实施决非易事，我们要充分利用独立学院调整灵活的优势，在以下方面加以努力，才能确保新模式的顺利实施。

（一）全面修订教学计划

按社会经济的发展的要求，进一步拓宽专业口径，调整、改造、重组现有专业，增强专业的适应性，选择和突出学院的特色和优势专业。按高起点、有突破，体现科学性、前瞻性和可操作性以及提高学生综合素质，拓宽基础、淡化专业、加强创新能力和应用能力的思路设计教学计划，将创新人才的培养贯穿教学的全过程，贯穿包括知识结构、实验技能、教学方法、教学手段、学生评估等所有教学环节。

在培养方案的实施过程中，按照"基础＋模块＋实践"的要求，优化人才培养方案。并在人才培养特色上努力体现以下三点：

（1）拓宽和夯实基础。在学科基础课特别是核心课程设置层面上，进一步打通大类课程设置，适当加大学科融合成分。其目的是锻炼学生的综合思维能力和解决实际问题的实用技能，拓宽就业领域。

（2）树立国际化导向。比如在经济管理类专业课程设置上普遍突出国际商务类课程。使学生具备全球视野下的基本专业思维模式，适应现代经济竞争对人才的需求。

（3）设置专业方向课程模块。努力体现专业特色，挖掘资源潜力，打造竞争优势。

(二)加强师资队伍的建设

应用性人才培养模式要求建立一支高素质的教师队伍,既有较深理论功底,又有一定的实践经验,通过有效的方式将理论与实践在教学中紧密结合起来。独立学院可以充分发挥用人机制灵活的特点,通过投资方的企业关系,多渠道聘请高层次、高学历的专业技术人才,引进企业导师,聘请企业中具有丰富实践经验的工程师等各类人才到学校任兼职教师,建立一支实践经验丰富的"双师型"教学团队,给予学生目前行业中最先进的信息与实际工作能力培养。

(三)积极推进校企合作

应用性人才培养模式强调培养高素质应用性人才必须从重视学生实践能力的培养着手,通过教学设计实现实践教学环节,突出学生实践能力的培养。将教学实践、生产实践、技术实践、社会实践和科研实践有机结合成一个完整的体系,与理论教学有机结合,相互渗透。将常规实习与顶岗实习相结合,加强实习实践基地建设。顶岗实习是由学校和企事业单位签订合作协议,共同制定实习生的选拔、指导、管理和评估的制度和办法。这种实习模式是学院联系社会的窗口,是应用性本科人才培养模式得以真正实施的最重要保证。因此,独立学院要加强同企业的紧密联系与合作,要多利用学院投资方的集团企业资源,建立更多的实习实训基地。独立学院还可以利用独立学院教学计划调整灵活的优势,抓住一切实习实践机会,切实提高学生的实际应用能力。

(四)努力改善办学条件

这是实践应用性人才培养模式的重要保证。物质环境是高校教育活动开展的基础,良好的办学条件和环境,是学院快速发展的重要基础,也是人才培养模式顺利实施的保障。独立学院的特点和办学模式决定了要利用有限的经费最大限度地加大办学投入，把实验室建设、图书馆建设、现代教育技术中心建设作为提高办学水平的重要支柱，为创新型应用性人才的培养提供必要的支撑条件。

总之，独立学院一定要对培养应用性本科人才有一个更高的认识，并坚定一种信心：抓住当前我国高等教育发展的良好机遇，从课程设置、教学内容、教育模式和培养规格的改革入手，大胆进行一些有突破意义的尝试，就一定能闯出一条快速发展的新路。

参考文献：

［1］赵岚蔚. 独立学院应用性人才培养模式探讨［J］. 重庆科技学院学报，2008（9）.

［2］龚怡祖. 论大学人才培养模式［M］. 江苏教育出版社，1999.

［3］徐淑兰. 独立学院应用性人才培养机制研究［J］. 继续教育研究，2008（3）.

［4］来茂德. 独立学院：中国高等教育发展新探索［M］. 浙江大学出版社，2004.

［5］曹军，张拥华，刘绍勤. 独立学院应用性人才培养的探索［J］. 当代教育论坛，2007（5）.

［6］潘懋元. 中国高等教育的定位、特色和质量［J］. 中国大学教育，2005（12）.

专业课程

贸易经济应用本科零售管理课程实践教学改革的研究

杨海丽

一、零售管理课程实践教学的现状

零售管理(原零售学)课程是连锁经营管理应用本科的一门专业主干课程，在整个课程体系中扮演着非常重要的角色，这门课程主要介绍零售业经营过程中各个环节的方法和策略，主要包括零售概论、零售商圈与选址、卖场设计与布局、商品陈列、零售商品管理、零售服务管理、零售定价、零售促销策划、安全与防损、零售业信息管理等。零售学课程包括理论教学和实践教学两块。理论教学主要通过课堂教授和案例讨论的方法开展。通过理论课程教学，学生可以熟悉并掌握零售管理的基本概念、基础知识，培养零售管理课程的基本认知。

应用本科实践教学是一种以培养学生综合职业能力为主要目标的教学方式，是应用本科的主体教学，它在职业教育教学过程中相对于理论教学独立存在，但又与之相辅相成，主要通过有计划地组织学生通过观察、实验、实训、实习等教学环节巩固和深化与专业培养目标相关的理论知识和专业知识，掌握从事本专业领域实际工作的基本能力、基本技能，培养解决实际问题的能力和创新能力。

实践教学的内容和理论教学的内容相互联系，但它并非完全依附于理论教学内容，具有相对的独立性。这是由高等职业教育本身的特点决定的。实践教学在整个教学体系中的地位十分重要。可以说，实践教学与理论教学具有平等地位。

实践教学与理论教学应该是同步进行的，课程改革应该保持时间上的同步，但是，从近十年的课程实践教学情况来看，零售管理课程的实践教学远远落后于理论教学，而且实践教学的改革仍处于起步阶段，并且没有好的教学效果。具体来看，有以下几个方面的情况：

（一）实践教学与理论教学分割现象严重

实践教学与理论教学的有机融合，是高等职业教育课程教学中的一个难点，也是提高教育水平的根本。实际上，提高实践教学水平已经成为应用本科教学的一个难点。在很多应用性本科院校中，对于实践教学与理论教学的关系认知上存在一些错位，较多的院校和办学负责人，包括授课教师，一直认为，理论教学是教学的核心和基础，实践教学是辅助和补充。这种认识，导致课程教学中的理论教学和实践教学的关系错位，最终使得实践教学与理论教学难以形成一体化的教学系统。

例如，零售管理课程中的零售商圈与选址、零售卖场设计与布局、零售店商品陈列、零售服务策划和零售促销策划都由两部分构成，即理论教学和实践教学。如果形成理论与实践教学一体化的教学模式，则应该将这五个部分实行现场授课、情景授课等方式，使得理论教学与实践教学一体化。事实上，零售管理课程的这些内容基本上都是先上理论课，后上实践课。

（二）实践教学缺乏统一指导

应用本科课程的特色之一就是强调"动手"，即会做。而实践教学水平的提高依托实践教学的统一指导，没有统一指导的实践教学是很难发挥实践教学优势的。

（三）实践教学方法缺乏多样化

零售管理课程教学，无论是理论部分还是实训部分，要把课程上好，教学方法的多样化是十分重要的。这门课程中的大部分知识需要与实践经验相结合进行讲解，如商品配置表及商品配置、商品陈列、商品盘点等。如何将这些模块的知识讲好，让学生更好地理解，采取恰当的教学方法是非常重要的。事实上，在调查过程中发现，这门课程的实践教学在过去几年里，采取的方法是教师给学生设计一些调查的项目，让学生自己去调查，然后撰写调查报告。而调查报告的质量较低，学生在进行这些项目调查的时候，很多是投机取巧的。

因此，实践教学方法的多样化是必须的，可以采取项目调查的方法进行，但是，必须由专业的教师带队进行现场指导，应该告诉学生哪些需要记录，哪些需要进行采集图片，哪些需要进行声音记录等。同时，辅导学生写好调查报告，并能对已经做好的调查报告进行讲解评析。

同时，采取案例教学、情景教学、现场教学等方法，把相应的实训内容讲解清晰。还可以采取让学生到实训室进行现场操作的方法进行，如采用沙盘实训的方法。

（四）实践教学监督不力与实践教学条件普遍较差并存

要提高课程实践教学水平，实践教学监督是十分重要的。经过调查发现，课程实践教学监督体系普遍缺失。

同时，课程实践教学的条件普遍较差，这是由历史原因形成的。零售管理课程实践环节一直以来缺乏必要的软件和硬件设施，缺少实战性演练。再加上这几年由于高等教育大众化进程速度加快，招生规模不断扩大，学生数量剧增，使本来就紧张的课程实践教学条件进一步恶化。从软件来看，系统的课程实践教学教材、案例、背景资料、模拟实习用的软件建设不足。

这些都是造成实践教学质量难以保证的主要因素。

(五)实践教学缺乏专业的师资

在学生的实践能力培养中,指导教师起着举足轻重的作用。教师的实践业务水平、实践能力、创造能力的高低直接影响着学生实践能力的提高。目前,我国各类高校的师资队伍中,实践教学师资缺乏已经是公认的,许多高校的教师多是从学校毕业直接进入学校担任教师的,缺乏实践经验。而在国外的大学中,经济管理类专业的相关课程的教师大多有企业工作的背景,并在企业有较长的兼职经验。他们既有理论知识又具有实践工作经验,所以他们更注重一些实际问题的分析。而零售管理课程中的70%的知识,与实际操作相关。如果实践教学的教师没有从事过零售及相关领域的工作,很难把这门课程上好。因此,课程实践教学改革的关键是师资队伍的构建。

二、零售管理课程实践教学改革的路径

(一)提升教师的素质,培养"双师型"教师

零售管理课程和连锁专业的其他课程操作性很强,这就要求相关课程的任课教师不仅要有扎实的理论知识功底,而且需要有实践操作的经验,这样才能把一些问题讲深讲透。因此,在师资队伍建设上不只是强调专业是否对口和学历提升的问题,更主要的是要重视"双师型"教师的培养。一是对在校教师进行职业强化培训,或直接将年轻教师送到公司、企业挂职锻炼,从而提高教师自身的实践教学的能力;二是鼓励中青年教师在搞好专业教学、专业实战的基础上,积极参加全国的资格认证考试,形成"双师型"、"多师型"的教师队伍;三是依托企业,利用校企联合办学的机制,聘请一线经验丰富、专业理论扎实的营销人才作为兼职教师,承担实战课程的教学任务。

(二) 加强课程实践教学投入的力度，积极改善实践教学条件

在硬件条件方面，要加强在模拟实验室建设的投入。实践证明，无论从加深对书本知识的理论来看，还是从尽快适应企业管理实战的需要来看，连锁模拟实验对于改进零售管理教学效果、提高学生的专业素质具有相当重要的作用。在软件方面，要理顺教学实践各环节，配备高质量的与理论教材配套的实验教材，逐步做到教材、案例、单证等逐渐形成体系。

在教学过程中，连锁专业可以与营销、会计等专业合作组成模拟团队进行企业模拟运作实验室。每个模拟企业团队一般由4~6人组成，各个团队一般设首席执行官、财务总监、市场总监、生产主管、会计主管、出纳和审计主管等职位。连锁软件沙盘模拟实训角色扮演、案例分析和专家诊断于一体，学生的学习内容更加接近于企业。

(三) 建立完善的实践教学评价体系与长效机制，使课程实践教学与实践教学体系一体化

目前，各高校对实践教学的重视程度越来越高，提高实践教学水平的关键是构建合理的课程实践教学评价体系和长效机制。从实践教学评价的内容来看，主要包括评价主体、评价对象、评价内容以及评价标准四个方面；从评价的客观性和管理角度出发，评价主体一般应该由学院督导、教务办和实践教学管理部门承担，而评价对象不仅是教师，还应该包括学生的学习情况、教学系的管理工作。图1是实践教学评价体系图。

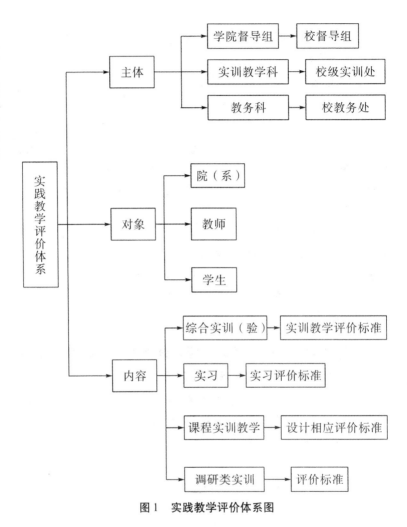

图1　实践教学评价体系图

1. 综合实训（验）教学评价

这里所指的综合实训（验）教学是指本专业涉及的相关重要实训内容，需要写入人才培养方案，按照项目的方式设计。对于综合实训教学评价，力求做到区分理论教学，形成自己的相对独立的评价体系。因此，整个评价体系重点应放在内容、方法和效果上。如在教学内容的评价方面，其评价内容上强调实训内容的设计是否合理，实训目的是否明确具体，是否注重学生动手操作能力和调研能力的培养。

以重庆工商大学应用技术学院应用贸易系连锁经营专业本科的综合实训为例，在人才培养方案的最后一栏是综合实训。具体情况见表1。

表1

课程类别	课程序号	课程名称	学分	总学时	理论教学课时	实践教学课时	第一学年		第二学年		第三学年		第四学年	
							1	2	3	4	5	6	7	8
							15	16	16	16	16	16	8	16
综合实训课程	45	加盟业流程实训	1、5	48		48							4	
	46	零售企业信息化管理综合实训	0.5	16		16				4				
	47	连锁企业业务流程综合实训	2	64		64					4			
	48	连锁业行业发展综合实训	1	32		32						4		
	★	综合实训课课时	5	160		160					4	4	4	4

综合实训的设计主要依靠本专业的教学目的和培养目标设计，并依据所学专业课程的课程实训而进行，源于课程实训又高于课程实训，其评价指标需要与课程实训相结合进行设计。

2. 调研类课程评价

调研类课程包括课程调研和毕业论文调研。整个评价分为两项内容：一项是针对学生的调研报告；另一项主要是针对学院的管理工作。

对于学生的调研报告来说，主要针对学生选题、调研能力和调研报告的质量三个一级指标和多个二级指标进行评价，如选题质量方面的评价包括是否符合综合实训的要求、选题的难易程度、选题与实训结合程度来考察。

对于学院的管理工作来说，主要针对文件管理、组织管理、过程管理三个一级指标和多个二级指标进行评价。主要通过选题程序是否符合要求，以及中期检查情况、答辩组织情况、调研成绩分布、材料的总结和归档情况来综合考核。

3. 实习

实习与课程实训之间也存在一定的联系，课程实训的设计也需要考虑到实习。以零售管理课程为例。这门课程实训可以为学生将来在零售企业工作实习奠定基础，如店铺设计、商品管理、堆头、盘点、零售顾客服务等这些模块的课程实训让学生对零售企业的运营有了扎实的理解，并能学会相应的操作。

对于实习的评价分为五个一级指标和多个二级指标来分别考核，并将运行管理作为重点评价对象，占整个评价内容的50%。运行管理主要针对分工是否明确、教师指导是否符合规定、学生实习是否符合要求、实习成绩评定的合理性和客观性等。

三、零售管理课程实践教学内容的创新

零售管理课程实践教学内容选择与整合是本课程实践教学提升的关键，此课程实践教学的方法不同，对应的内容也不同。如果按照传统的分章节进行课程实训，必将使课程实践教学缺乏整体性，实践教学的知识点难以联系为一体。在新的教学方法下，零售管理课程实践教学内容可以从以下几个方面进行设计：

(一)内容设计应该考虑实践教学的可操作性

实践教学的内容都应该是具有很强操作性的内容，且具有通过实践性教学来总结和提升理论程度的性质。对整个课程的

内容进行筛选分类，将实践性强、且具有可操作性的直观看到的情景和知识模块，作为开展课程实践教学的内容。以零售管理课程为例，可以选取四个模块作为现场教学的备用内容：①商圈与选择；②商品陈列与卖场布局；③零售服务；④零售促销。这四个模块都可以在大卖场内开展教学，但是一门课程不需要开展四个模块的现场教学。所以在教学内容设计的时候，可以预设四个模块，但是在教学过程中可以选取其中的两个内容进行现场教学。这样既可以提升学生学习的积极性，又不至于让学生感觉到雷同，同时还可以降低教学的成本与风险。

（二）实践课程内容选择应该考虑整体性

传统的零售管理课程实践教学内容安排是分割的，按照章节进行设计。一般课程实训内容包括：零售商圈调查、卖场设计与布局的调查与分析、商品陈列与布局分析、零售商品管理方法的调查、零售服务水平的调查分析、零售企业价格定价方法与价格管理分析、零售企业各种促销的调查分析等。这些问题之间的关系松散，没有考虑到其中的关联性。

创新实践教学内容应该从整体上设计课程内容，使一个项目包括多个知识点，并将各个关联知识点进行整合。例如，我们要做一个投资，投资资金为 500 万元，投资项目是开设一个零售店铺，我们应该如何选址、商品进场后如何进行管理、开业如何促销等。要求学生对这些方面进行调查，然后写一个项目开发书。这样就可以将这些知识点融合在一起进行实训，既能够将各个知识点进行整合，又能从应用的角度较好地掌握每个知识点。

（三）加强零售管理实践教学指导书和实践课程教材建设，使课程实践教学内容有据可依

要以专业人才培养目标为核心，把握实践课程体系结构的

总体要求，根据实践教学大纲的要求，突出对学生实践性知识、素质和动手能力的培养，建立适合实践教学的教材。

四、连锁经营应用本科零售管理课程实践教学改革的手段

（一）优化课堂教学设计，强化实践教学与理论教学的一体化

无论何种教育，课堂教学都是第一位的。它是教师向学生传道、授业、解惑的主要场所，在其中教师所担当的讲授者角色异常鲜明，因此也造成了历来难以避免的潜在认识误区，即片面地将课堂教学等同于理论教学。

因此，零售管理课程实践教学改革，也理应从课堂教学着手，大力引进实践教学手段，优化课堂教学设计，强化实践教学与理论教学的配套和一体化，从而达到锻造学生高等职业能力的教学培养目标。在零售管理课程的课堂教学中，应当针对不同教学阶段、不同章节内容、不同知识内容，实时地将相应多种多样、切实有效的实践教学方式融入进去。例如，可以把零售商品管理的方法引入课堂，通过案例教学方法，或者运用讨论法使学生获得身临其境的体验。在采用案例方法教学时，可以结合现场的一些照片或者视频材料激发学生的求知欲望，引导学生更好地理解知识点；同时，教师通过对商品管理方法和技术的研究，在课堂教学中加以灵活运用，就会使学生感到课堂学习如同现场观摩一样的生动有趣。在开展情景教学时，可以将学生进行随机分组；然后各组结合自己所承担的内容和自身的特点进行取名，并根据需要从多方面设定具体考核标准，每次通过小组讨论，推选不同的代表发言，详述小组的观点，并现场解答同学们的疑点，再由各小组所选的评委按照标准进行评分；最后由老师可以做出总结和点评。

（二）加强校内实训基地建设，巩固并不断拓展课程实训教学平台

应用本科连锁经营管理专业的校内实训基地建设，应当结合专业课程设置和本校实际，有步骤、系统化地执行，多层次、强有力地推进，形成与专业课程相匹配的实践设施体系，供学生平时模拟实习使用。同时，必须认识到，校内实训基地建设，并非单纯的模拟实验室建设，而应该是具有多种功能，能满足各方面需要的包括场所、设备、师资等方面的综合建设。具体来说，首先，应用本科院校应该积极创造条件，保证建设一批专业必备的实训场所和设施，诸如零售商品陈列实训室、零售企业信息系统模拟实训室等。应用本科院校还需要注重培养和提高教师的"双师型"素质，为课程实训配备既懂理论又懂实践的教师，以期真正发挥校内实训室的教学功能，实现实践教学的目的。

（三）设计合理的实践教学环节，确保实践教学目标的实现

无论是理论授课还是实践教学，都需要教师预先设计好课堂教学的环节，以达到理想的教学效果，实现教学目标。相对于理论讲授，实践教学的控制难度更大，更需要精心设计每一个教学步骤，特别需要预先考虑到有可能出现的变数，一旦出现干扰实践教学进程的事件，教师应该想到应急的办法。例如，在案例讨论时出现冷场怎么办？在情境模拟时某一角色扮演不下去怎么办？计算机实践模拟时出现一些硬件或网络技术问题怎么办等。这些问题都需要教师事先考虑周全，想好应对方案，否则必然影响实践效果。

时间安排也是一个值得注意的问题，每个教学环节需要多长时间来完成也要合理统筹。既要给学生留出充足的时间完成

实验任务并做简短的总结回顾，又不能浪费时间，让学生觉得无所事事。做好时间规划需要教师对每次实验进行认真总结，积累丰富的经验才能做到心中有数。可见，实验教学对教师提出了更高的要求，不仅备课要更加细致，而且课堂上也要更加灵活，能够随机应变。

（四）有效控制实训过程，使之按照教学计划开展

在实训课堂上，教师必须有效地组织整个实验过程，让实训的进程按照预先设计好的环节和进度开展，力求达到最佳的实验效果。一旦出现偏离计划的情况要及时采取措施对学生进行引导，使实训过程始终处于可控状态。通常来说，实训任务以小组为单位展开比较理想。教师是实训课堂的组织者、指挥者、控制者，因此其必须密切关注实训的进展，及时给予指导，并在实训结束后认真总结经验，找出不足之处，以便下次改进。

（五）选择合适的教学软件

这是针对计算机模拟实训教学而言的。目前经管类高校实验教学改革的一个重要方向就是要大力推广计算机模拟课程实训教学，很多学校在这方面已经取得了较大的成效，尤其是在实训室硬件建设方面投入了大量的资金。但在软件方面还不够完善，因为想要找到非常适合的专门针对此类教学的软件并非易事。因此通常需要引入应用软件商开发的商用软件。此类软件具有实践性强的优势，可以真实反映企业实际情况。但此类软件未必能很好地满足教学的需要，因而在选择教学软件的时候要注意教学目标与实践目标的统一。

实训教学是零售管理课程非常重要的组成部分。实训教学方法对教师的教学水平提出了很高的要求，因此在实际授课过程中还需要教师不断摸索、积累经验，才能让零售管理课程发挥出更大的作用。

五、连锁经营应用本科零售管理课程实践教学的新方法

零售管理课程可采用的实训教学方法有多种形式，如案例分析、情景模拟、计算机软件模拟等，各种方法可以综合运用于零售管理的教学环节之中。

（一）案例分析法

案例分析法是工商管理学科中最常用的一种教学方法，零售管理也不例外，沃尔玛、家乐福、等企业的成功经验都是零售管理课堂中经常涉及的经典案例。

案例分析法通常是先引入一个具体的情景，然后引导学生对其中所涉及的相关问题进行讨论，最后提出解决方案。案例分析法注重提高学生解决实际问题的能力以及不断创新的能力，是学生将所学理论应用于实践领域的一个重要途径。但是案例分析法也存在不足之处。首先，案例所提供的背景资料往往是片断的、间接的，学生很难了解企业或事件的全貌，对所研究的案例缺乏感性、直接的认识，因此难免会产生隔靴搔痒的困惑。其次，案例研究所提出的解决方案可能会有纸上谈兵的感觉。因为学生们所提出的建议或办法无法得到实践的验证，这在一定程度上也影响了学生研究案例的兴趣。最后，案例的针对性较差。一般来说，案例本身与教学目的会存在一定的差距，常常很难找到完全匹配的案例，如零售店铺设计中的店面通道设计原则有通道笔直、少拐弯、使得顾客行走方便；开放畅通、无障碍；通道照明要明亮清洁、使顾客心旷神怡；曲径通幽，使顾客停留更久；卖场与后场衔接紧密、使补货更容易。这些原则如果有两个对应的案例或者图片，会使学生更加直观地感受到根据这样的原则设计的通道，将能增加顾客的停留时间，提高卖场的经营效率。但是在现有案例库中，很难找到对应的

资料。

(二)情景模拟法

情境模拟法也是零售管理课程中比较常用的实验教学方法。教师可以设计一个现实的场景，让学生们通过角色扮演的方式，亲身体会相关业务的处理方法与技巧。例如，在介绍有关顾客服务的内容时，可以模拟一个处理顾客投诉的情景，让学生分别扮演商店的服务人员和顾客，通过他们之间的沟通、谈判与博弈，让学生真实地感受一下理论应用于实践的过程，最后由教师进行点评，帮助学生进一步提高顾客服务的技能。通常来说，情境模拟实验教学法可以达到比较好的效果，学生对这种教学形式也非常欢迎，参与的热情很高。他们不仅可以通过这种方式直观地学习并运用原本枯燥的理论，还可以充分地展现自己的应变能力和创新能力。

(三)计算机模拟实验法

随着现代信息技术的迅猛发展，零售企业的管理模式已变得越来越现代化，计算机网络和软件技术被普遍运用于零售企业的日常管理和决策之中。从国内外零售业发展的实践经验来看，零售企业的信息化水平已经成为影响甚至决定企业核心竞争力的重要因素，最典型、最成功的案例当属沃尔玛。零售业信息化的趋势必然要求在零售管理课程的教学环节之中也要引入相关的计算机操作，让学生模拟零售企业经营管理的实践。

计算机模拟实验教学的实现一般有两种途径：一是利用学校实验室所构建的计算机网络+软件的实验平台，在实验室内组建局域网，在服务器上运行各种应用系统的服务器端软件，在客户机上运行前端程序；二是利用学校的网络资源，构建基于校园网的开放性实验环境。目前比较常用的是第一种，而第二种则是未来实验教学的发展趋势。

计算机模拟实验教学法可以让学生真正体验到现代零售企业信息化的管理系统以及具体业务的操作流程和工作规范。由于其所使用的教学软件通常来自于实践中企业真实使用的版本，因此可以在最大程度上还原企业经营管理活动的实际，使实验教学更具有真实性，能更好地与企业进行实践对接。

(四)现场教学方法

现场教学方法的推广与使用首先受到课程本身的制约与影响，它适合于应用性比较强的课程，同时这一课程能够找到相应的现场场景。如商品陈列，让学生到大卖场内学习商品陈列知识，学生马上能够体会到纵向陈列与横向陈列的特征，以及在什么情况下使用横向陈列，什么情况下使用纵向陈列。同时对于各种陈列形式马上能够准确而高效地掌握。

但是很多课程并不能直接找到合适的场景，如人力资源管理、西方经济学等。所以，现场教学方法并不适合所有的课程。

六、总结

连锁经营应用本科的零售管理课程实践教学与其他课程实践教学一样存在着许多问题，而教师在教学过程中在不断探索实践教学的方式方法，探索课程实践教学与综合实训、毕业实习之间的关系。事实上，从近几年的研究和课程教学经验来看，课程实践教学是实践教学体系的基础，为专业综合实训和毕业实习奠定基础。核心专业课程实训的综合构成了综合实训模块。不过，综合实训不是专业课程实训的简单加总，而是核心专业课程实训的复合化；毕业实习也是以课程实训为基础的。以连锁经营专业为例，其核心专业课程有零售管理、连锁经营管理、仓储与配送、超市经营管理、现代商场营销策划等，这些课程实训的复合化，将会构成综合实训的几个模块。而实训室内的POS管理系统，既涉及连锁店的连锁化管理，也涉及超级市场的基本管理。

从以上分析可知，零售管理课程实践教学改革应该遵循以下几个原则：

(一)零售管理课程实践教学应占有基础性地位

课程实践教学的基础地位，在上面的分析中已经清晰地显示出来。事实上，零售管理课程在连锁经营管理专业的核心专业课程中，又是基础性核心课程。因此，课程实践教学改革必须首先确立其课程基础性地位，以此为依据进行改革。

(二)需将零售管理课程实践教学课程体系进行重新修订

现有的零售管理理论课程与实践课程教学内容与超级市场经营管理课程的内容重复现象比较严重，要提高零售管理课程实践教学的质量，重新安排其课程教学内容，与超级市场经营管理课程有所区别，凸显零售管理课程的特色，将学习的重点放在行业的层面上，企业层面的知识应该有所保留。

(三)零售管理课程实践教学坚持校外实训为主的教学方式

因为零售管理课程实践教学的内容应该更多地在行业层面来体现，而行业实训通过实训室的功能是很难实现的，因此其实训的主要方式应该是校外实训的方式，主要通过对零售行业发展的调查和分析进行实训。

(四)零售管理课程实训应该考虑与后续课程的衔接问题

零售管理课程在连锁经营应用本科中属于基础课程，在设计课程实训的时候，应该考虑与后续课程的衔接问题，如消费者行为学、超级市场经营管理、现代商场营销策划等课程。尤其是超级市场经营管理这门课程，则应该针对超级市场这种主流业态的企业运作进行设置。

参考文献：

［1］俞仲文，刘守义，等．高等职业技术教育实践教学研究［M］．北京：清华大学出版社，2004．

［2］吕鑫祥．新形势下对技术型人才的重新审视［J］．高等技术教育研究，2002（3）．

［3］丁继安．高等职业教育实践性学习研究［M］．武汉：华中师范大学出版社，2004．

［4］马陆亭．用人单位对高校毕业生的录用与评价［J］．高等教育研究，2002（1）．

［5］叶宏．以评促建以评促改——2002年浙江省普通高校教学评估综述［N］．教育信息报，2003－02－08．

［6］石伟平，徐国庆．论高等职业教育课程的国际比较［J］．职业技术教育，2002（1）．

关于连锁经营管理课程实践性教学的构想

刘　瑜

近年来，随着商业连锁企业的大力发展，社会对连锁经营管理方面的人才需求日益旺盛，特别是既具备专业素养又懂商业技术操作的中高级人才十分难得。然而，目前高校所培养的商贸专业人才与用人单位的人才需要并不能完全匹配，尤其是实用性技能和专业能力较差，造成了人才需求的结构性矛盾。在这种情况下，大型商业连锁企业多选择自主培养和内部培训的方式来弥补社会化人才培养的不足，中小型的商业连锁企业更多地遭遇人才的频繁变动与流失。基于此，高校商贸流通专业人才的培养除传统的理论教学之外，更应加强实践性教学。本文从重庆工商大学商贸人才培养的课程设置和课业设计出发，探讨连锁经营管理课程的实践性教学问题，希望提出该课程的实践性教学体系。

一、连锁经营管理课程开展实践性教学的重要性

(一)商贸流通专业的核心主干课程

商贸流通专业所涉及的课程十分复杂，既包括传统的商贸学科课程，又涵盖现代流通学科课程，还与经济学、管理学、营销学、国际贸易等多学科有关联。由于连锁经营方式在商业

业态中的广泛应用，使得连锁经营管理成为独立的一门课程。重庆工商大学招收连锁方向的学生多年，一直以来均开设有连锁经营管理课程，在理论教学方面积累了不少的经验，然而实践性教学方面还比较薄弱，不利于该专业的学生解决就业和职业发展的问题，多数还需要经过商业企业的骨干培训才能真正为企业所用。因此，加强学生在校期间的实践性教学，有助于学生提高社会就业的竞争力。

（二）连锁经营的可操作性与技术性增强

连锁经营的商业组织形式在现代零售流通业中得到了广泛的应用，它不同于传统的零售商业形式，已经发展出非常完善和复杂的专业技术和运作程序，如门店开发与选址技术、连锁物流技术、连锁信息技术、门店陈列技术、保鲜与防损技术等。这样就要求我们培养的学生既懂商业理论又能实际操作，尤其能应对复杂的技术变化所带来的管理变化，成为企业管理所需要的中高级人才。学校的教学也应该跟随商业形式的实际需要，开发出相适应的实践性课程和实践项目，增加实践教学的内容，以弥补过去在这方面教学上的不足。

二、连锁经营管理课程开展实践性教学的困难

（一）实践教学环境缺乏

连锁经营管理课程开展实践性教学尽管十分重要，但校内缺乏较好的实践教学环境。近年来，重庆工商大学为加大实践教学力度，增加了实训设备，但与真实的连锁商业环境还存在较大差距，而且由于没有持续的商业经营活动为依托，一些商业技术的学习和操作显得比较空虚，缺少实质性的内容，模拟的效果并不十分理想。随着技术的发展，价格昂贵的实训设备也将逐渐被淘汰。除此之外，我们尝试与企业合作教学的难度

较大，企业的接收数量往往有限，不能以班级为单位开展统一的实践教学活动。这些都使得我们的实践教学环境不够理想。

(二)实践教学项目设计难度大

商业连锁的实践项目不同于普通的工程项目或操作项目，从门店开发到总部进货、从物流配送到门店销售等都贯穿着商业管理活动。如果人为地分解为各个项目开展实践，会造成管理活动的割裂，不能体现连锁商业运作的整体性。连锁商业沙盘的实训项目可以较好地解决这种问题，但又存在管理技术实践不足的问题，如陈列技术、缺货管理技术、保鲜技术等。这两个方面不易兼顾，使得实践教学项目的设计比较难。

(三)教师的行业从业经验不足

商贸流通专业的高校教师大多数不具备行业从业或实习的经验，对商业连锁企业的管理细节问题了解与体会不够，教授实践教学课程存在一定的难度，实践教学项目设计在可操作性和实用性上也有所欠缺，使得实践教学水平不高。

三、连锁经营管理课程实践教学过程中存在的问题

(一)实践教学过程难以控制

连锁经营管理课程的教学实践多以小组工作的形式进行，在实践的过程中又多以分工合作、自主管理的方式开展，还有些以现场操作为主。由于老师没有办法一一跟踪进行指导，实践过程要高度地依靠学生的自觉性，因此实践教学过程难以控制。然而，实践教学体验对学生提高实践能力十分重要，如何进行实践过程的有效控制，将实践活动落到实处是实践教学设计中的重要内容。

（二）实践教学成绩难以量化评价

连锁经营管理课程的实践考核多以过程考核为主，现场演示考核、过程记录、调查分析等是考核的主要形式，书面考核为辅助形式。这些形式的考核难以用量化的指标进行评价，评价带有很大的主观性，使得考核的客观性和公平性难以保证。如果考核的方式单一，不能用客观的量化的指标考察学生的实践成果，将不能有效地调动学生参与教学实践的积极性。

（三）学生数量多，实践教学管理难度大

由于师资有限，连锁经营管理课程在重庆工商大学一般采取大班上课的形式进行，每个班至少达到 90 人以上，这样给实践教学的管理和实践资源的分配造成了困难。在现有的条件下，只能采取分班教学、学生助理协助、重点关注等形式开展实践教学活动。即使是这样，实践教学的管理难度还是大，效果显著降低。

四、连锁经营管理课程实践性教学构想

基于以上分析，连锁经营管理课程开展实践性教学十分重要，同时需要克服在教学设计和管理上的诸多困难。为此，提出以下的实践教学设计体系，以及改进实践教学的具体方法与措施。

（一）构建连锁经营管理课程实践体系

连锁经营管理课程的实践体系由多方面的实践项目构成，既充分体现连锁运作的流程，能将各流程上的管理活动统和在一起，又能就单项的管理活动开展实践，还需要充分调动连锁企业的实践资源开展实践活动。为此，重点设计了以下三个方面的实践项目：

1. 增加商业连锁沙盘的实践性教学

连锁商业沙盘是目前比较成熟的能体现连锁商业运作流程的实践项目。它包含了从连锁门店开发到物流配送到销售管理和财务分析在内的多项活动，能比较好地融合和体现连锁商业管理过程的方方面面。学生通过对沙盘的演练和模拟，可以对连锁商业流程有一个较为清晰的认识。

2. 开展连锁信息系统的实践性教学

连锁商业的各项管理活动可以通过连锁信息系统串联起来，因此学习和操作连锁商业信息系统，可以熟悉和掌握包括采购、入库、在库管理、销售等各方面的实用技术。学生还能通过制作采购订单，加强库存管理并结合销售情况进行简单的数据整理与分析，发现管理中存在的漏洞和不足之处，提高发现问题、解决问题的能力。

3. 紧密联系连锁企业开展岗位实习

到连锁企业的真实环境下去工作可以弥补校内实践的不足之处。真实的职场环境会带给学生不一样的感受，岗位实习能让学生承担责任，通过传帮带的方式还能学到最新和最实用的技术。

（二）改进管理方式，灵活安排实践教学活动

1. 培养管理小助手

一是选取部分好学、成绩优秀的学生先期了解学习实训项目和实训内容，在他们能熟练操作的基础上，再带领其他小组的成员完成实训项目；二是以组长的身份组织小组成员开展各项实践活动，同时负责与老师及时沟通，包括传达实践要求、汇报实践过程、接受实践指导等，最终成长为一个良好的管理者和组织者。

2. 分期分批分项目实践

为解决校内实训设施和实训师资不足的问题，采取分期分

批分项目的教学形式。具体的做法是：将同一班级的学生分编为若干小组，为各个小组安排不同的实训项目，一部分安排校内实训项目，一部分安排校外实训项目，老师只负责一个地方的实训控制，结束后再交换项目进行，最后可以统一安排交流实训感受与收获。

（三）改进考核方式，加强实践过程控制

1. 实践过程现场评估

对于现场演示、角色扮演等类型的实践活动，可以采取现场评估的方式。具体做法是：首先设计一张评价表格，该表格应包含有评价因子和权重，突出对操作过程和操作流程的评价；然后让学生助理或其他小组成员打分，去掉不合理分数；最后进行统计得出评价结果。

2. 实践过程记录与评估

这种考核方式主要用于自主实践过程的控制。具体做法是：对自主实践活动要求出示实践过程的详细记录，对记录笔记进行整理分析，最后要求提交实践报告。实践报告与实践记录各占一定的比例。为防止抄袭情况的发生，还可要求学生对实践过程进行描述、谈论感想等。

3. 实践项目量化考核

量化考核是实践考核的难点，为解决这个问题，我们可以结合书面考核的优势，将对实践过程的考核书面化，以插图、表格、文字描述、计算等形式体现实践过程，要求学生按要求完成项目设计与操作过程。

应用性本科院校"两课"实践教学创新与实践①

常晓薇

　　应用性本科是高等教育大众化的新生产物，应用性本科教育既不是基于技能的职业型教育，也不是基于理论的研究型教育，而是培养介于技能应用性和研究型之间的应用性人才，即培养为区域经济建设服务的、具有较高综合素质和较强实践能力的、实务操作（应用）型为主的高级专门人才。在培养规格中突出强实践、善实务、懂流程、能创新的要求。为适应社会主义现代化建设和当今时代发展的需要，在应用性本科院校开设"两课"教学也是必不可少的。所谓"两课"是指我国现阶段在普通高校开设的马克思主义理论课和思想政治教育课。马克思主义理论课是指马克思主义基本原理概论和毛泽东思想和中国特色社会主义理论体系概论；思想品德课是指思想道德修养和法律基础和中国近现代史纲要。高校开设"两课"旨在培养大学生的竞争意识、爱国热情、遵纪守法、人际关系、社会公德、公民意识、开拓创新、讲究诚信、社会责

　　① 基金项目：重庆市教委重大教学改革研究项目"政府主导机制下的工学结合高等职业教育模式的探索与实践"（编号：101206）；2011重庆市教委人文社科委托项目"重庆工商大学融智学院常晓薇《马克思主义基本原理概论》精彩教案，高校思政专项"（编号：20125001）；重庆工商大学应用技术学院教改课题《创业导向的旅游管理专业人才培养模式的研究与实践》阶段性成果。

任感、人文素养、集体观念、心理素质、艰苦奋斗精神和奉献精神等。基于"应用性本科",重在"应用"二字,要求以体现时代精神和社会发展要求的人才观、质量观和教育观为先导,以在新的高等教育形势下构建满足和适应经济与社会发展需要的新的"两课"结构和体系,更新教学内容、教学环节、教学方法和教学手段,全面提高教学水平,培养具有较强社会适应能力和竞争能力的高素质应用性人才。"两课"实践教学体系是高等学校培养综合应用性人才中的"两课"教学中的重要组成部分。因此,应用性本科"两课"实践教学内容体系应是理论系统的逻辑能力和实践运用有机结合的教学体系,它必须有利于培养学生综合应用素质能力、分析和解决实际问题的能力。应用性本科教育"两课"实践教学的主要目的就是要培养学生国情教育意识、分析能力等。

实践是教育的出发点和归宿,教育因实践的需要而产生,亦因解决实践问题而存在和发展。离开实践的需求和对实践问题的解决,教育就将不复存在。所以,两课实践教学对培养应用性人才具有重要的作用。在市场经济条件下,应用性本科院校各专业的学生要想适应未来社会和经济发展的需要,仅仅靠掌握书本的理论知识是远远不够的,必须具备学习能力、应变能力、独立生存的能力、团结协作的能力、迎接挑战的能力等内在的综合能力。而这些能力的培养,就需要通过两课教学中强化实践教学环节来完成。实践教学环节各项目的训练,可以帮助学生理解和消化学习过程中的遇到的新知识和解决出现的新问题,是将知识转化为工作能力的中介。但是从目前来看,在两课实践教学环节中存在如下现状及采取相应的创新措施。

一、"两课"实践教学环节存在现状

(一)对"两课"实践教学环节的认识不够深刻

一直以来，无论是教育工作者还是学生都认为，大学是培养各类高级人才的摇篮，既然是高级人才，就应该具备高深的理论知识，只有多上理论课，才是大学的职责。"两课"教学亦是如此。因此，对于已安排的实践课，无论是指导教师还是学生，在思想上对实践教学任务都没有给予充分的重视，学生对自己不清楚的问题不愿问指导教师，在有些问题上只作表面了解，不进行深入探究。指导教师对实践教学方面也有一定的欠缺，真正直接从事实践环节工作或了解实践环节工作的较少，再加上学生对"两课"学习的劲头不足，该问的问题也不问，形成教师和学生之间知识简单交流的不良现象，对教师、学生实践能力的提高起到了阻碍的作用。

(二)"两课"实践教学环境有待于改善

"两课"实践教学的开展必须有一定的环境和基础。实践基地的建设可以为学生提供良好的学习环境，为理论学习与实践相结合搭建了良好的平台，使理论知识与实践很好地融合，提高学生应用理论知识解决实际问题的能力。目标是好的，也是明确的，但目前情况下，由于人才培养方案制定中的特殊规定，再加上大多数学校特别注重节约办学成本和提高办学效益，对"两课"的实践基础设施投资不够重视，许多高校没有相配套的"两课"实践教学基地，致使"两课"教学往往只是以课堂教学为主，使学生所学的知识不能有机的与现实相结合。造成学生对"两课"理论知识理解及提高实践能力产生很大的障碍，即使有些老师也注重实践教学，但主要还是以课堂活动为主，其局限性很大。

（三）"两课"实践教学的师资力量有些薄弱

高校师资的主要来源是高等院校的毕业生。尽管他们的学历可能较高，但由于他们没有在企业、公司参与实际的经营与管理的经历，这就不可避免地存在着理论脱离实际的问题。教师对有些具体现实问题存在较含糊或逃避的现象，由这样的实践教师指导学生的实践，学生会把老师身上存在的问题依然保留下来。由此可见，实践教学就难以取得较好的效果。虽然说实践教学环节的课能开出，但未见得会达到预期的效果。

（四）校外实习基地的作用有待提高

实习基地对学生提高实践工作能力有较大的作用，如果学生能在理论学习之后马上结合到现实中，既能使学生的理论知识得到升华，又能使学生提高对现实的认知能力，同时也会促使学生重新认识理论学习的重要性，对学生知识积累和储备起到促进作用。目前高校应用性本科院校大都有"两课"实践基地，但在市场经济条件下，受教学经费的影响，相对于学生数量，校外实践基地还不够。另外，许多企业出于经济利益考虑，一般也不愿意承担额外的负担，由此"两课"实践基地很难接纳较多的学生，即使接纳了一部分学生，也对参加实践的学生不重视，使得学生也就失去了实践学习的兴趣。因此这样的校外基地实习名不副实，达不到预期效果，实习基地的作用没有得到充分的发挥。

（五）"两课"实践教学缺乏师资支持

目前，不少应用性本科院校为了节约成本，增加收益，大量扩招，增加教学班级。这就使得原本就数量相对缺少的"两课"教师要承担更多的教学工作量。大量的教学工作使得"两课"教师没有足够的精力去做科研，但却要承担同样的科研工作量。如此一来，"两课"教师也就难有时间和精力去组织实践教学了。同时，现有的"两课"教师本身也缺乏实践经验，由他们来指导学生的校外实践活动也难以取得良好的效果。

二、创新与完善 "两课" 实践教学体系

2007年教育部颁发1号文件和2号文件，特别强调高校实践教学与人才培养模式的改革与创新，要开展实践基地建设，拓宽校外实践渠道；要培养大学生创新意识，推进高校在教学内容、课程体系、实践环节等综合性改革。这些要求为我们高等院校建构科学的"两课"实践教学体系指明了方向。通过这几年的实践教学，我们认为实施以下几方面的改进，会使实践教学效果得到较大的提高。

（一）改进实践教学方案中学分计算的方式

应用性本科院校有些基础课和专业课都需要在理论授课的同时结合实践教学效果会更好些。如果能把课内实践的学时按一定标准计算为实践学分，这样既可以保证理论教学的学时数不超过国家规定的标准线，又可以保证实践教学的学时，做到理论与实践不脱节，结合紧密，使学生的理论学习和实践真正做到了融合。同时，也能促进学生提高学习兴趣，能及时感受到理论与现实结合的重要性，从而提高教学效果。这样做对应用性本科院校应有一定的适用性，无论对提高"两课"理论教学效果还是实践教学效果，都会有很大的促进作用。

（二）改进课程设置

课程设置的正确与否、衔接程度、交叉重复内容的规划直接影响到实践教学内容的安排。因此，在"两课"课程设置与实践教学环节各项内容的安排方面一定要做到论证充分，内容规划合理，使"两课"每门课程之间不存在重复和交叉内容。

这样做，一方面不使内容丢失；另一方面也提高了理论教学的效率，使有限的学时得到了最大程度的利用。

(三) 加强实践教学师资队伍的建设

一般高等院校校内"两课"实践教学的指导教师来源主要是理论教学的授课教师，理论意义上实践教学的指导教师都应该有社会实践的经历。只有这样，才能指导好学生的实践活动，才能在实践教学环节指出学生的不足。而真正能补充学生在实际工作中需要的知识和技能就目前情况看，大部分指导教师都缺乏这方面的阅历。所以学院应创造条件，为"两课"教师与企业单位相沟通提供便利的平台能更清楚前期性的了解和掌握现实发展动态，这样指导教师在指导学生的实践活动中，就能指出学生应重点掌握的内容，需全面了解的内容，对学生会有很好的说服力；否则，学生、教师都只了解纯理论东西，学生就会失去对"两课"的学习兴趣。教师指导的实践教学也会严重脱离现实从而失去实践教学的真正意义。因此，学校的校内实践环节项目绝对不能忽视，必须得到加强，其中至关重要的是实践指导教师实践能力的提高。

(四) 强化集中实践教学的综合作用

如果我们的单项实训能在授课过程中完成，那么集中实践教学项目就是连贯性、综合性比较强的内容。这是学生综合素质得以提高的良好机会。在集中实践中，我们对实践项目内容要认真准备、周密安排，既要让学生得到专业实践知识的升华，同时又能使学生在实践中更好地理解和把握专业知识，真正发挥理论教学指导实践，而实践又更充分地促进理论教学的作用。

(五) 加大"两课"实践基地建设

对于"两课"的实践教学而言，任何一次实践教学都不可能一个实践基地一次安排一个班，一次实践基地的实践教学可以同年级同时多个班。这样可以在减少基本经费的同时让更多的学生有实践教学的机会。

（六）建立实践教学效果的评价标准

现在的实践教学最后的评价都由指导教师完成，标准由指导教师制定，不同的教师掌握尺度不同，会给出不同的成绩，缺少统一的考核标准，尤其在学生综合能力的提高方面缺少考核。因此，应在确定实践教学效果评价标准方面建立一个完善的体系，评价包括对教师的，对学生的。评价标准明确，对师生都会产生促进作用，而且会形成良性循环，对教学水平提高，学风建设都会有良好的帮助。

以上六个方面是从实践教学体系改革方面提出的改进措施，如果能应用到实践教学中，针对"两课"实践教学的特点，使每一项规定落到实处，相信应用性本科院校在"两课"教学中培养出的学生会更好的把书本的理论知识与现实相结合，能深刻体会到"两课"的真正重要性和与时俱进性。

参考文献：

［1］刘耘. 务实致用：对地方大学应用性人才培养模式的探索［J］. 中国高教研究，2006（5）.

［2］吕鑫祥. 高等职业技术教育研究［M］. 上海：上海教育出版社，1998.

［3］高兴成. 加快建设人才强国［N］. 人民日报，2010 - 05 - 27.

［4］李斌. 亲切的交谈［N］. 人民日报，2005 - 08 - 01.

行业会计实务实践教学初探

温 蓓

会计专业作为一门典型的应用性经济管理学科，如何学以致用、怎样理论联系实际，一直是专业教学的指导思想和发展目标。会计实践教学已成为会计教育的重要环节和现代会计教学的突出特征。虽然现在逐渐将以往会计实践单纯只通过学生在毕业时到企业进行实习来完成，改变为通过学校建设相关的会计实训室，在教学过程中对学生手工记账和会计电算化进行相对集中系统的实训，以培养其实践能力。但除此对于会计专业各门课程的实践教学环节如何统一配置教学资源则往往缺乏系统性研究，导致课程之间重复实践与遗漏现象，培养目标全面性不够，造成会计专业学生的动手能力、实践性操作能力、社会适应能力均不能满足市场的需求。

目前，为了满足学生即将走向社会就业于各行各业的客观需要，同时也是为了更好地贯彻以应用技术为导向的教学理念的行业会计实务，在实践教学方面尚存在以下的问题：

一、实践教学课程设置不合理

许多院校在会计实践课程教学安排上缺乏完整的会计实践课程体系。通常围绕会计理论课程设置有基础会计实训、财务会计实训、电算化实训、成本会计实训等。设置行业会计实务课程课程的不多，对行业会计实务课程更少有实践可循，造成学生毕业后对于各行各业会计工作的特点、具体的操作缺乏认知。这种会计实践课程体系不利于学生的综合素质、职业能力的培养和职业技能的提高。

二、实践教学的目标不明确

行业会计实务在实践教学中存在理论课程较多且涉及行业包括金融企业、商品流通企业、农业企业、施工企业、房地产开发企业、行政单位、事业单位、小企业等多种行业的情况，使实践教学在体现其精髓，即要求学生动手方面难以体现。往往还是以老师为主，针对一些实务进行介绍，学生练习的时间不多。

三、实践教学的方法、评价考核体系欠完善

行业会计实务现阶段的实践教学方法多停留在对凭证、账薄、报表的了解上，很多内容与基础会计、财务会计相同，不利于学生拓展视野。在评价考核体系上也是采取较单一的方法，即仅对学生做出来凭证、账薄进行考核，对学生利用所学理论知识，结合社会实践，通过将有关资料进行收集、整理、最后归纳要点并准确表述的能力无考核。

四、缺乏具有丰富经验的实践教学指导教师

不少院校中会计实践教学工作是由会计专业理论任课教师兼任，这些教师很多是从大学校门出来，就直接进入高校担任会计教师，未在实践"第一线"从事过具体的会计工作，对企业的具体业务处理不曾亲身经历。因此，在教学中，教师们只能凭借自己掌握的理论知识来判断具体经济业务的处理方法。

针对上述行业会计实务在实践教学中存在的问题，笔者认为构建行业会计实务实践教学体系应考虑以下方面：

(一)明确行业会计实务实践教学的目标

切实贯彻胡锦涛总书记2008年在北京大学关于大学生"积极参与社会实践,向人民群众学习,磨炼意志,增长才干,切实提高创造能力和创业能力,为今后走上社会、成就事业打下坚实基础"的重要讲话,将学生专业知识与社会调研、社会实践相结合,通过实践教学使学生了解专业动态,了解经济社会发展中出现的新情况和新问题,增强对社会经济发展的认识能力。利用行业会计实务实践教学开展深入的社会调研活动和形式多样的实践活动,使学生认识社会、了解社会,尤其是本专业的内容,更好地适应社会、服务社会,全面提高学生的专业知识与社会实践相结合的素质和能力。

(二)合理设置行业会计实务实践教学的时间和内容

为使学生顺利从事社会实践,缩小理论与实际的距离,就需要改革教学内容和教学方法,加大实践力度,以培养学生的实践操作能力。在设置行业会计实务实践教学的时间上除了首先要综合考虑理论教学和实践教学的比例外,还要注意实践教学的课程安排,避免将所有的理论教学完成以后再进行实践教学,而应把实践教学的课程穿插在理论教学中,实践课程一般安排在日常的教学过程中,结合重点章节学习理论知识,通过实践将理论知识应用于实务中,以巩固理论知识,并培养学生的感知认识,增强学生的动手能力和专业素质。比如在讲授金融企业会计理论时就应对学生提出金融企业会计这部分的实践教学的要求,在理论的讲授过程中分别对银行业、证券业、保险业、信托业的实践教学内容要求进行涉及,使学生能够在知晓要求和相应方法的情况下有足够的时间准备。在金融会计这一章节的理论教学结束后,应随即进行实践教学的练习,对巩固学生理论知识,拓展视野,培养能力意义深远。

(三)完善行业会计实务实践教学的手段

在实践教学中先进的教学手段不但可以增强教学效果，还可开阔同学们的视野，激发他们的学习兴趣，提升实务的认知水平。在实践教学中将电视、录像、投影仪、幻灯机等电教设备以及网络信息技术、先进的财务软件应用到实践教学中，并要求其制作源于社会实践的案例课件。通过图像、文本、声音等多种介质强化学生的感官，强化他们对知识的联想与记忆，促进他们对知识的灵活应用，培养他们的社会实践和实践创新能力。

(四)改进行业会计实务实践教学方法

我们注意到随着科学技术的进步，各类知识层出不穷，学生不可能在学校将工作所需的知识全部掌握，因此，培养学生的责任意识并使其形成独立的学习能力是我们的重要任务之一。教学方法重心应从传统的知识传授型向能力培养型进行转换，注重引导学生探索新知识、领悟新方法的能力。学生只有拥有了学习能力才能掌握知识的主动权，行业会计实务实践教学，应在教学环节始终贯彻这一思想，并主导教学方法。为增强学生实践能力，要改变传统的"灌输式"课堂讲授方法，多使用"案例讨论式"、"情景模拟式"等教学手段，突出以学生为主的教学理念，以工学交替、项目导向、任务驱动等教学模式。通过师生、生生之间的互动，让学生积极参与，调动学生学习的积极性，使学生由被动学习变为主动学习，缩短学生对理论学习与实践操作间的距离，培养他们的学习兴趣，提高他们的动手操作能力和对繁杂问题进行综合处理的能力。

(五)拓宽校企合作的范畴

通常校企合作，多以工业企业为多，在行业会计实务中所涉及的行业较多，因此要拓宽企业范畴。同时，由于会计实践的特殊性，学生到企业实践，既无生产经验又缺乏社会经验，独立工作能力较弱、主动性不强，因而在实践过程中，事事要实习单位人员带教，可能会影响企业正常业务。为此，应积极拓宽校企合作的范畴，联系一些会计师事务所、财务公司、代账公司等，对行业会计实务的实践教学将有很大帮助。

(六)行业会计实务实践教学要力求衔接会计实践各环节

因行业会计实务这门课是开设在基础会计、财务会计、成本会计、财务管理等课程之后，而上述课程均应有实践教学内容，学生对工业会计凭证、账薄、报表的内容以及编制都有一定的认识。在此基础上行业会计实务的实践教学便可将这些环节衔接起来，分析各行业与工业企业在会计凭证、账薄、报表的内容以及编制上的异同，使学生在强化行业会计实务的同时对工业企业有所复习，进而理解课程之间的关系，并运用所学的理论知识解决实际问题，培养学生对知识的综合运用能力。

(七)建全行业会计实务实践教学的评价与考核体系

评价考核体系，应包括知识、能力、素质三大类。知识是基础，能力是核心，素质是综合。行业会计实务实践教学考核体系，力求涵盖实践教学的各个环节，实践教学成果应包括学生社会实践的内容，通过各种渠道对相关资料进行收集、整理、归纳提升学生的表述能力以及团队的合作能力等。

(八)强化行业会计实务实践教学的师资队伍建设

行业会计实务实践教学对指导教师要求比较高，既要求有扎实的理论知识，同时又要有丰富的相关行业实践经验。既要了解企业的运作情况，又要掌握教学规律；既要具备"双师"

素质，还要对各行业都比较了解。因此，必须加强教师队伍建设，可以选择那些具备理论与实践素质要求的教师担任实践指导教师。同时，要经常组织会计专业教师积极参加财税机构组织的会计继续教育培训，掌握会计专业知识的最新发展变化，并将其补充到行业会计实务实践教学中；还要为实践知道教师创造有利条件，到企业或会计师事务所去参加社会实践，以提高其实践工作经验。另外，还可以通过聘请各行业有丰富经验的高级会计人员、注册会计师等做兼职实践教学指导教师。只有保证实践教学质量，才能收到良好的教学效果。

参考文献：

[1] 鞠秀莎，吴微. 提高高职院校会计实践教学质量的有效途径，经济研究导刊，2011（35）.

[2] 孙浩，高职会计实践教学模式的重构，安徽科技学院学报［J］. 2011，25（4）：75－78.

[3] 刘旸，王正情. 关于会计本科专业实践与理论课程衔接问题的探讨——以天津工业大学为例［J］. 廊坊师范学院学报2011（10）.

应用本科市场营销专业实践课程改革探索

刘春梅

 随着我国社会经济的发展和全球经济的一体化，企业之间的竞争更加激烈，各个企业对市场营销专业人才的需求日益旺盛。但由于就业形势的严峻，高校毕业生在就业中存在"僧多粥少"的现象，企业对应届市场营销专业毕业生在知识、能力、素质等方面的要求不断提高，同时许多企业期望新招收的市场营销员工能迅速适应新工作。这就对高等学校实践教学提出了新的挑战。尽管各高等院校已经从教学体系与课程设置、教学形式、教学方法、教学内容、师资队伍、教学管理与考核等方面，对市场营销专业实践教学的改革进行了大量研究和有益探索，但由于受到原有的教学体制、教学课程设计以及考核机制的影响，仍然出现了培养学生实践能力较弱的现象。目前的各种研究很少有针对学生应具备的各种能力而进行的实践课程改革研究，因此有必要对市场营销专业的实践课程进行研究，设计出能培养学生各种营销能力的实践课程体系，对营销专业的实践教学进行积极的改革和有益的探索。

一、应用性本科院校市场营销专业实践课程教学的现状及存在的问题

 当前，许多应用性本科院校都意识到实践教学对培养学生

能力有着非常重要的作用，也意识到改革的紧迫性和必要性，尤其是对营销专业的学生来说，实践教学更是培养学生专业能力的重要手段。各学院对市场营销专业的实践教学也进行了不同层次的探索，目前比较普遍使用的是实习基地、情景模拟、项目实训、企业订单培养等模式。在各种实践教学中，都取得了一定的效果，对学生实践能力的培养也有一定程度的提高，学生的基本能力得到了很好的培养，团队合作能力增强，语言表达及沟通能力都得到培养；同时在专业能力上也得到锻炼，如市场调研能力增强，具有一定的营销策划能力及实地推销能力。但是从发展的角度看，这些模式不能完全满足高校对人才培养的要求，在各种模式实施的过程中也存在一些具体问题，从而使实践课程的实施没有达到预期的目标。目前的市场营销实践教学主要存在以下几方面的问题：

（一）实践教学课程体系设置缺乏协调性和全面性

从目前的实际情况看，首先是由于许多应用本科学院是由传统意义上的本科院校设置，课程设置上还是比较偏重理论课的设置，对实践课程设置的重视程度不够，加上不了解用人单位对营销人才的具体要求，在实践课程的设置上表现为实践教学体系不完善，缺乏科学而系统的实践教学方案。其次是在实践教学的课程设置中没有分阶段，实行循序渐进的原则设置实践课程，在具体操作中表现为重复性多。如在很多不同的课程中都要求学生进行营销策划的实训，使得学生可能具备基本的营销策划能力但又缺乏应用市场基本数据的能力，学生知道怎样去制定营销策划方案，却不会编制甚至不会看基本的销售报表。当然对更深层次的捕捉市场机会、创新等能力更是欠缺。另外，在实践教学环节的协调性、系统性不够，存在前后教学实践环节的内容脱节、各个教学实践环节由不同教师单独指导的情况。这样不可避免地会出现教学目的不明确、教学方法不科学等问题。

（二）实践教学中存在的问题

目前市场营销专业实践教学中经常采用的模式有建立实习基地、情景模拟训练、项目实训模式，企业订单培养模式等。这些模式在市场营销的教学实践中都能够起到一定的作用，但在具体实施过程中又存在不同程度的问题。

1. 实习基地流于形式

建立企业实习基地是对市场营销专业学生进行实践教学的具有创新性的一种模式。目前很多高校都与企业建立这种实习基地，但在实际运用中往往流于形式。其原因在于：一方面是企业比较重视短期效益，看重的是经济效益，一般不愿意接受实习学生的实习，一些实习基地的建立往往是靠学校或教师的关系建立的，是所谓的"面子基地"或"关系基地"；同时企业在激烈的竞争环境下，有着更多的商业秘密，为了保守这些商业秘密，一般不会让学生接触核心部门，学生在实习过程中要么无事可做，要么是做最基本的劳务工作，如散发传单、促销等，致使学生学习兴趣减弱，导致实践效果较差。另一方面是高等院校没有采取恰当的措施同企业保持长期稳定的联系，实现互惠互利、可持续的发展，致使实习基地的作用没有得到有效的发挥。有的高校建立了一些校内实习基地，但大多是用于解决勤工助学的学生，名额非常有限，无法接受全部学生的实习。

2. 情景模拟教学受到限制

情景模拟是一种广泛推广的具有较强实践性的一种教学模式。比较典型的是营销沙盘模拟，但是这种模式对场地及教师的要求都很高。首先是需要配套实验室的软件和硬件，由于资金的原因不是所有高校都能建立专门的营销实训室，有的学校虽然建立了实训室，但因没有购买相应的软件，也无法开展情景模拟教学。其次，由于无法收集到真实的数据，情景模拟的资料不能与时俱进，陈旧的资料无法吸引学生完全参与到学习中，致使情景模拟的教学实践大打折扣。

3. 项目实训无法开展

对于大对数学校来说，能够拿到企业的实习项目是非常少的，即使能够拿到一些企业项目来做，也不一定与实习内容一致，所以这种实践教学模式很难真正开展起来。另外，订单培养也仅限于少数的学校和少数的学生，无法大面积的推广。

（三）教师缺乏实践教学经验

一般来说，合格的实践教学教师除了具备良好的专业理论素质和合理的知识结构外，还需要具备一定的实际工作经验，熟悉企业管理的实际运作并同企业界经常保持广泛深入的接触和良好的关系。但目前许多的教师都是从学校到学校，没有在企业从事过实际的工作，营销实践经验普遍较为欠缺。由于教师自身的实践能力缺乏，所以在指导学生的过程中普遍缺乏经验。虽然有对教师的继续教育培训，但一般仅限于研究方面的进修和培训，能够到企业进行实践锻炼的还比较少。

二、市场营销实践课程改革的原则

根据目前市场营销实践教学过程中存在的主要问题，考虑到当前应用性本科院校的实际情况，因而对市场营销实践课程的改革应遵循这样几点原则：

（一）理论教学和实践教学结合的原则

在应用本科院校的教学中，虽然强调对实践教学课程的重视，但考虑到本科毕竟不同于高职专科，既要培养学生的实践操作能力，方便就业，又要考虑到学生升学的需要，考虑学生将来的可持续发展。应用本科应该培养学生具备终生学习的能力，所以在课程设置上要理论与实践并重。

(二)实践课程要重视学生核心能力的培养

学生核心能力的培养包括基础能力和专业能力的培养。基础能力也称通用能力，即在各种工作岗位上都需要的一般能力，包括语言表达能力、写作能力、现代化办公能力、认知能力及团队合作能力等。专业能力则是与专业相关的各种技术能力，包括市场调查能力、市场开发能力、销售管理能力、营销策划能力四大板块。在实践课程的安排和设置上应体现"以核心能力为本"的理念，根据核心能力的框架与要求来确定教学目标、选择教学内容、组织教学活动，使学生能够较为熟练地掌握和运用各种营销技术与方法，在就业后能快速适应企业要求，迅速适应工作环境。

(三)实践课程设置的开放性

开放性就是在人才培养过程中不应局限于校内和本专业相对有限的教育资源，而是构建一个开放性的平台，充分利用各种校内外资源，尤其是整合各种实习基地，把学生的实践放到企业这个大课堂中去，在企业中锻炼和培养学生的实践操作能力。

三、市场营销实践课程改革的模式探索

在市场营销专业的实践教学改革中，除了运用好各种教学模式外，最根本的还是对实践课程的改革探索。只有建立符合学生需要的、能够培养学生实践能力的课程结构体系，才能从根本上解决学生的实训、实习问题，从而培养学生的实际的工作能力。笔者以为可以从以下几方面着手解决：

（一）在课程中设置市场营销专业的综合实践课程模块

其实在许多的理论课程中，都有零星的实践教学，教师也会根据学生学习的实际情况安排一些实训环节，但这些实训由于受到教学时间的限制，一般只有很少的课时，学生的实践只能是蜻蜓点水，综合实践能力无法得到很好的培养和锻炼。我们知道，任何一项工作都不是单靠某方面的能力来完成，而是需要综合学生各方面的能力才能完成，所以在大学四年的教学环节中，其课程设置最好是每学年开设一门综合实训课程，具体培养学生某一方面的专业能力。结合市场营销专业学生的就业情况和市场营销对学生能力培养的要求，根据实际情况、应采用循序渐进的原则在不同的年级开设不同的综合实训课程。

在大一期末开设推销实训课程，培养学生的商品推销能力。这门课程的开设比较简单，可以在校内组织推销技能比赛，由学生自己选择熟悉的商品，设计推销情景进行推销，然后老师进行点评；也可以联合企业，让学生推销具体产品，谁的销售额高谁就可以获胜。这样不仅培养了学生的推销能力和技巧，还可以培养锻炼学生的交际能力，学会如何与人到交道。

在大二期末开设市场调查实训课程，可以由学生自由选择调查事项，自行设计调查目标、调查内容、调查问卷等，通过各种调查方法进行实地调查，最后撰写出调查报告作为实训成绩。通过学生对具体项目的实际调查，学生对市场调查能力会有很大的提高，撰写调查报告的过程也可以培养学生分析市场的能力，增强学生对市场的认识能力。

在大三期末开设综合营销实训课程，培养学生的营销策划能力。这门课程可以由教师提供材料，也可以由学生自己选择具体企业，根据具体情况为企业策划一次营销活动，教师则根据学生提交的营销活动策划报告评定成绩。这门课程主要是综合考察学生的营销策划能力和创新能力，对学生在专业方面的能力是一次综合测评和检查，也可以为即将到来的毕业实习奠定基础。

在大四就是通过毕业实习综合考察学生大学期间的综合能力。这门课程在目前的教学中都有具体的操作，这里就不再介绍。

通过专业综合实训模块课程的设置，可以更好地培养学生的实际动手操作能力，有利于学生专业实践能力的培养，也可以为学生尽快适应就业需要奠定良好的基础。

(二) 建立互惠型的"校企合作"模式

建立校企合作的企业实习基地是大多数高校市场营销专业普遍采用的手段，但在实际运作中许多高校仅限于与企业签订协作合同、挂个牌子，走走过场，学生能够参与到企业实践学习的机会很少，企业一般也无心参与支持学生的实践教学，校企合作的模式并没有真正建立，双方也没有实现共赢。互惠型的"校企合作"模式是要实现企业和学校、学生的共赢，企业不只是为学校、学生提供实习场所，企业也可以拿出具体的工作项目，学生在教师的指导下免费，或者收取少量的劳务费为企业设计工作方案，这样相当于企业可以借用"外脑"来补充企业人才的匮乏。这对于企业来说可以花较少的成本而获取智力资源；对于学校和学生来说，学生可以得到实际锻炼的机会，毕竟实际的操作比虚拟的操作对学生来说更加有吸引力，也更能培养学生的实际动手能力。当然，企业也可以提出对人才的具体要求，学校根据企业的要求培养人才，学生可以定期深入到企业进行调查与参与具体实践工作，学生毕业后既可以留在企业，也可以寻找其他出路。这样，企业就可以有更多的储备人才。而对于学校来说，这样培养出的学生也能更好地适应社会需要，增强学生的就业能力。同时，学生参与企业实习，可以更好地培养自身的综合能力和综合素质，为自己将来的发展打下坚实的基础。通过互惠型的"校企合作"模式可以实现企业、学校、学生的共赢。

(三)整合各种教学资源，扩充学生的专业视野

现代大学应该是开放的办学，尤其是应用本科的办学更应该与市场充分接轨，在教学中可以充分整合、利用外部资源，利用外部资源的广度和深度是培养学生开放性的知识结构，提升其创新力和发展潜力的有效手段。因此，教学的场所可以延伸到第二课堂或者企业，可以组织学生参与大学生创新基金、挑战杯、营销策划大赛等竞赛活动，或者是参加企业组织的创业大赛等。学生在参与比赛的过程中会主动通过各种书籍、杂志、Internet 等进行自主学习，自行选择要学习的内容，弥补教材更新速度慢的不足。同时，学校也可以定期组织校内外专家学者到学校举办学术讲座，也可邀请工作在企业第一线的总经理、部门管理者走进学校课堂，传输其深厚的理论基础知识和丰富的实践经验。在毕业实习和论文指导中，可以安排校内、校外老师结合指导，以利于对学生毕业实习的指导。另外，还可以积极鼓励学生参加各种假期的社会实践活动，从事各种短期兼职活动，善于利用课余实间进行各种实践学习，主动提高自身的实践工作能力。

应用本科市场营销专业实践课程的改革是由市场对营销人才的需求决定的，是市场经济不断发展变化的必然要求。在实践课程的改革中始终要坚持理论与实践并重、就业导向和学生的可持续发展并重，注重培养学生的一般能力和专业能力。为此，不仅要改革实践课程，还需要对教学内容、教学方法、教学手段及考试制度等进行配套改革，这样才能达到对学生能力的培养和锻炼，真正培养出适应社会主义市场经济发展所需要的创新型营销人才。

参考文献：

［1］吴雪．市场营销专业实践教学改革研究［N］．科技信息，2011－11－05．

［2］熊山．应用创新型人才培养视阈下高校市场营销专业实践教学改革探索［J］．产业与科技论坛，2011（10）．

［3］闫丽霞．应用性本科院校市场营销专业实践教学改革探讨［J］．中国校外教育，2010（7）．

关于应用性工商管理专业实践教学的思考

郭本玲

经过 20 多年的发展，我国大学工商管理专业已日趋成熟，成为综合院校和财经院校必设的专业。工商管理类应用性本科的培养目标是培养掌握现代管理和企业管理方面的综合知识，接受企业管理方法与技巧的基本训练，具有适应激烈竞争环境的经营管理能力和再学习能力的应用性人才。就能力结构而言，这类专业不仅要掌握市场经济的基本理论和方法以及现代企业管理的基本原理、方法和技巧等基础理论知识，而且要掌握运用科学的立场、观点来观察、分析并解决实际问题的能力。此外，还要培养学生吃苦耐劳的工作作风和意志坚强的心理素质以及较强的科研、写作和表达能力，也就是动手、动嘴和动笔的实际操作能力。理论知识的获得，完全可以通过课堂教学实现，但对于实际操作能力，就需要学生积极参加社会实践，通过实习教学获得。

一、加强工商管理专业实践教学环节的必要性

工商管理是一门实践性很强的学科，但工商管理课程教学同公司实际操作的结合还存在许多脱节。从教的方面分析，现在国内高校通行的工商管理专业教学计划把工商管理分割为若干相互独立的课程，以课堂讲授理论为主，即使增加了案例教

学，也仅仅限于介绍文字材料，无法给予学生感性认识；同时教师也因为一门课程的局限，很难把公司管理的全流程、全过程控制告诉学生，使学生在头脑中形成一个整体和系统的公司操作实务。从学生学的方面分析，由于缺乏相关要求，学生对工商管理的专业课程往往注重理论学习，不关心也不了解企业运作实际，缺乏对所学知识融会贯通的训练，也不知道理论知识如何同企业实际结合，因此最直接的结果就是毕业生一次就业率不高，进入企业后适应期太长。为了扭转这一局面，我们必须加强实践教学环节。

二、实践教学环节存在的问题

在实践环节存在的问题主要反映在以下方面：

(一)对实践教学环节的认识不够深刻。

一直以来，无论是教育工作者还是学生都认为，大学是培养各类高级管理人才的摇篮。既然是管理者，就应该具备高深的理论知识，只有多上理论课，才是大学的职责。因此，对于已安排的实践课，无论是指导教师还是学生，在思想上对实践教学任务都没有给予充分的重视，学生对自己不清楚的问题不愿问指导教师，在有些问题上只做表面了解，不进行深入探究，也不愿意自己动脑。指导教师对实践教学方面也有一定的欠缺，真正直接从事实践环节工作或了解实践环节工作的较少，再加上学生学习的劲头不足，该问的问题也不问，这样就形成教师和学生之间只是简单交流的不良现象，对教师、学生实践能力的提高有着阻碍的作用。

(二)实践教学环境有待于改善

实践教学的开展必须有一定的环境和基础。专业实验室的建设可以为学生提供良好的学习环境，为理论学习与实践相结合搭建了良好的平台，使理论知识与实践很好地融合，提高学生应用理论知识解决实际问题的能力。目标是好的，也是明确的。但目前情况下，由于人才培养方案制定中的特殊规定，再加上人均实验配套设备的不足及实验教师的缺乏，很难使专业实验室发挥应有的作用。人才培养方案中理论教学含有的实践课，对学生理解理论知识及提高实践能力有很大的帮助，但这部分课内实践学时不算实践教学学分，再加上理论学时的限制，授课教师只能利用有限的时间安排学生实践，而大部分情况也只能以集中实践课来安排，从而导致集中实践教学班级多，专业实验室座位有限，不能使每个学生都很好地利用专业实验室求知。

（三）实践教学的师资力量有些薄弱

高校的师资主要来源是高等院校的毕业生，尽管他们的学历可能较高，但也是从校门走进学校，没有在企业、公司参与实际经营管理的经历，没有做具体实务的阅历，这就不可避免地存在着理论脱离实际的问题。教师对有些具体实践操作存在较含糊或逃避的现象，由这样的实践教师指导学生的实践，学生会把老师身上存在的问题依然保留下来，再加上有些学生得过且过，对问题不多问或根本自己未发现问题，如此一来，实践教学就难以取得较好的效果。

三、完善工商管理类专业实践教学体系的措施

2007年教育部专门发文，特别强调高校实践教学与人才培养模式的改革与创新，要开展实践基地建设，拓宽校外实践渠道；要实施大学生创新性实验计划，推进高校在教学内容、课程体系、实践环节等综合性改革。这些要求为高校建构科学的实践教学体系指明了方向。通过这几年的实践教学，我们认为通过以下几方面的改进，会使实践教学效果得到较大的提高。

（一）改进人才培养方案中学分计算的方式

工商管理类各专业有些专业基础课和专业课都需要在理论授课的同时结合实践教学，以收率更好的效果。如果能把课内实践的学时按一定标准计算为实践学分，就既可以保证理论教学的课时不超过国家规定的标准线，又可以保证实践教学的学时，做到理论与实践不脱节，使学生的理论学习和实践真正做到了融合。同时，还能促进学生提高学习兴趣，对发现的问题及时解决，从而提高教学效果。这样做对应用性本科院校应有一定的适用性，无论对提高理论教学效果还是实践教学效果，都会有很大的促进作用。

（二）改进课程设置

要想建立完善的实践教学体系，必须有理论教学体系保障。而理论教学体系是由课程设置组成的，所以课程设置的正确与否、衔接程度和内容安排，直接影响到实践教学内容的设置。因此，在人才培养方案中，关于专业基础和方向限选课的设置与实践教学环节各项内容的安排一定要做到论证充分，内容规划合理，使各课程之间不存在重复和交叉内容。即使是为了保证课程体系的完整，教学大纲中也必须有硬性规定，什么内容重点在哪门课程讲解。这样做，一方面不致使内容丢失，另一方面也提高了理论教学的效率，使有限的学时得到了最大程度的利用。同时，在理论课程有保证的条件下，各项实践教学项目的安排也会有很强的针对性，在保证学生理论联系实际需要的前提下尽可能使学生提高实践能力。

（三）加强实践教学师资队伍的建设

一般院校校内实践教学的指导教师来源有两部分：一是理论教学的授课教师；二是实验室的教师。其实，实践教学的指导教师都应该有社会实践的经历，只有这样才能指导好学生的实践活动，才能在实践教学环节指出学生的不足，真正提供给学生在实际工作中需要的知识和技能。就目前情况看，大部分指导教师都缺乏这方面的阅历。所以，学院应创造条件，允许专业教师在企业单位挂职、兼职，对企业的实际经济活动有一个全程的了解和掌握。这样指导教师在指导学生的实践活动中，就能指出学生应重点掌握的内容和需全面了解的内容，对学生会有很好的说服力；否则，学生、教师都只了解表面的东西，学生就会失去学习、探究的兴趣。用人单位在招聘时特别强调实践经验，而对于应届毕业生而言，实践经验只能来源于实践教学环节，学生能否得到用人单位的认可，实践教学环节作用重要。因此，学校的校内实践环节项目绝不能忽视，必须得到加强，其中至关重要的是实践指导教师实践能力的提高。

（四）强化集中实践教学的综合作用

如果我们的单项实训能在授课过程中完成，那么集中实践教学项目就是比较连贯的、综合性比较强的。这是学生综合素质得以提高的良好机会。在集中实践中，我们对实践项目内容要认真准备、周密安排，既要让学生的专业实践知识得到升华，同时又要让学生在实践中锻炼团结协助的能力，使学生在有限的时间得到最大的收获，让学生在集中实践中实现一次角色转换，即由"校园人"转化为"职业人"。这会为学生走向社会、适应社会打下良好的基础，所以必须强化集中实践环节的作用。

（五）加大实习基地建设

对于工商管理类专业而言，任何单位安排实习都不可能是一个部门安排一个班，而只能是安排几个学生的实习。在这种情况下，实习基地越多越好，每个单位安排的学生越少，学生就越能接触到实质性工作，这对学生是非常有利的。实习单位应是直接从事生产经营的实体单位，这对工商管理类专业的学生专业实践技能的提高会有很大的帮助。如我院工商管理专业在衡阳、广东建立了多处实习基地，加强了校企合作，通过此，学生能了解企业的实际工作，掌握所需的技能，对他们以后的发展将起到积极的作用。

四、突出创新能力培养的实践与探索

（一）增加学生的兴趣

在教学实验过程中，兴趣是最好的老师。只有当学生对实验本身感兴趣时，才会引发其探索的欲望和创造的激情。我们对教学实验改革的思路是：①充分利用计算机和信息网络技术，运用模拟实验教学软件，开展各种专业模拟实验教学，如ERP沙盘，让学生在模拟的企业经济管理环境中充当企业管理的某一角色，身临其境"地参与企业竞争。②联系企业的实际，密切关注现实社会的热点问题，进行研讨，培养学生的创新精神。

（二）让学生有目的、有计划地参加社会实践

对大学生来说，社会实践是实现知识向能力有效转化的桥梁。工商管理专业对学生参加社会实践试行"三步走"：第一步：认知实习，即让大二学生利用假期进行两周的认知实习，目的是让他们了解某个工商企业的情况；第二步：专业实习，安排大三学生到企业参加四周的专业实习，目的是体验工商管理人员的工作内容、工作流程；第三步：毕业实习，大四下学期安排六周的毕业实习，让学生自找实习单位，到实习单位顶岗实习，目的是了解实习单位管理运作状况，确定毕业研究的课题，收集有关资料，为完成毕业论文打好基础。学院鼓励学生针对企业的问题提出解决方案，并在论文成绩上有所倾斜。这将有利于培养学生勇于探索、求新务实的精神。

参考文献：

［1］周远清. 把实践教学提到重要日程上来［J］. 中国高教研究，2001（8）：3 - 4.

［2］何小平. 加强实践性教学突出创新能力培养［J］. 高教论坛，2002（5）：99.

［3］赵红梅. 工商管理体验式教学方式的探讨与实践［J］. 内蒙古工业大学学报：社会科学版，2006 15（1）：96 - 97.

［4］赵红梅. 关于高等教育"以人为本"的若干问题思考［J］. 中国高等教育研究，2004（8）：31 - 32.

［5］王彤彦. 关于工商管理专业实践性教学模式的思考［J］. 学理论 2010（16）：221 - 222.

［6］王全纲. 工商管理类应用性本科实习教学改革的思考［J］. 当代经济，2008（10）：124 - 126.

软件工程实验教学课程体系建设的改革与思考

刘建国

目前各高校培养的软件工程应用本科学生普遍存在理论基础不扎实，工程技术能力不能适应进一步学习的要求，参加工程实践机会较少，工程能力极差，不能适应用人单位的需求，就业困难等特点。

据不完全统计，2007 年全国有 505 所学校开设计算机科学与技术专业，在校本科生 27.43 万人。姑且不谈这近 20 多万学生是否都愿意并都能按计算机科学课程体系的要求学好专业所需课程，单就每年将近 10 万个具有相同（似）知识结构的毕业生走向需求多样的职场，压力之大可想而知。进一步设想，如果这 505 所院校中有 100 所学校的师资、实验条件等资源足以培养合格的计算机科学人才，即其他 400 多所院校能否如此就另当别论了。这也就难怪社会对一些地方院校软件工程专业"文武不济"的毕业生"敬而远之"了。

前教育部部长周济 2004 年 6 月在南京接受记者专访时指出，"高等教育必须以就业为导向改革创新，要牢牢把握面向社会、面向市场的办学方向"。就业是民生之本。服务于解决大多数人的就业问题，满足人民群众不断发展变化的就业需求，这是高等教育的立足之本。根据经济和社会发展要求，培养多层次、多样化的工程型人才，造就数以千万计的高技能人才，这是高等教育的根本任务。高校毕业生是国家宝贵的人才资源，其就业问题，关系到国家经济建设、社会稳定和人民群众的根本利益，关系高等教育的持续健康协调发展，关系我们党的执政能力建设。

实施教学改革，转变办学思想和办学模式，以就业竞争力为导向，创建软件工程技术人才培养教学体系，不仅符合高等教育改革要求，而且有助于推动教育思想和教育观念的转变与更新，从而推动教学改革的不断深化。培养学生的工程能力，提高学生就业竞争力也是全面贯彻党的教育方针、促进学生的全面发展的需要，同时也有助于社会的稳定。

站在社会稳定和人民群众的根本利益的高度，以提高就业竞争力为切入点，探索新形势下教育发展的规律和途径，全面推进工程教学改革，对软件工程专业人才的培养模式、课程体系、实践性环节、现代教学手段以及课外育人环境等方面进行全面深入的研究，探索和构建计算机工程人才培养教学体系，高起点地解决当前软件工程专业学生工程能力弱的问题，是当前我们思考。

一、总体目标

软件工程专业课程体系建设应坚持"能力本位，学生主体"的思想，结合 IT 行业的特点，积极推行"以赛促学、行动导向、任务驱动、项目教学"的创新人才培养模式，进一步优化软件工程专业的课程结构，加大教学研究和应用技术研究力度，强化学生实践能力、创业能力和创新精神的培养，提高教学质量，培养适应生产、管理、服务第一线需要的、"宽基础、强技能"的实用型人才，以提高毕业生就业率和就业质量。

二、主要措施

(一)专业建设

通过对应用技术学院的软件工程专业现有的计算机及应用、计算机网络技术等，探索出一条适合能力教学的路子。对原有实践性教学计划进行不断地充实和提高，完善其实习能力教学体系，在知识和能力结构上，具有较强的创新能力，使该专业的毕业生在踏上工作岗位后，便能较顺利地适应工作岗位对其提出的要求；同时，也为以后我校相关专业的进一步发展奠定坚实的基础。

(1) 按照应用技术学院"十二五"发展规划和专业建设规划，根据重庆市经济结构变化和有关行业劳动力市场的需求，密切关注 IT 行业的用人需求，科学合理地进行专业定位，在软件工程专业现有计算机及应用、多媒体技术与应用、计算机网络技术等专业方向的基础上，增设新的专业。

(2) 按照"系企一体"的指导思想，强化"双依托"的落实，特别注意引进校外专家、师资进入专业的建设、教学的实施，充分体现实践性、先进性、科学性、实用性、特色性的原则，并积极组织完成了"网络实训室"的建设，为专业教育构建了一个重要的平台。同时，积极寻求与企业的合作（如中软国际），进一步加大校外实训基地的建设。

(3) 大力开展产学研结合，充分利用学校的人才和设备优势，把教学和生产、经营、培训及技术开发结合起来，充分利用好重庆工商大学职业鉴定中心的资源，并将其部分内容嵌入到课程设计中。

(4) 根据本专业的办学特点，聘请与专业有关的领导、经验丰富的计算机行业专业技术人员组成专业建设指导委员会，共同探讨教学计划、教学内容和教学大纲的制订与修改，进行教学研讨，开设专题讲座，参与指导实习等。

（二）培养模式

以培养适应计算机及应用需要的职业岗位能力为核心，以计算机行业的分析、人才市场的分析为前提，以生源分析和办学条件分析为基点，以用人单位对毕业生的满意度和学生的可持续发展为重要检验标准，按照"需求导向"的办学思想，培养为 IT 企业所需用的技能型、应用性中级人才。

（1）首先确定专业目标定位，对不同岗位结构和知识层次的计算机技术人员应具有的基本素质进行全面调查了解的基础上，确定本专业的培养目标。其次是对职业技术岗位群所必备的知识、技能进行深入调查分析。在此基础上确定"综合素质、知识能力、能力要点"三级模块，构成主次分明的独特教学体系，同时注重加强实际操作应用能力的培养和训练。

（2）认真贯彻落实教育部关于"工学结合"的意见，切实体现以服务为宗旨，以就业为导向，深化教育教学改革，积极转变传统观念，推行校企合作、工学结合，把思想和教育、教学行为统一到以就业为导向、以能力为本位、以提高学生技能水平、实践能力和综合职业素质上，打破传统的以学校、课程和教师为中心的培养模式，积极进行教学模式、教学方法、教学手段和评价标准的探索与改革，打破常规，大胆实践，积极探索，稳步推进，真正实现学校与企业的零距离对接。

（三）课程体系

1. 根据计算机行业用人需要调整课程设置

在课程设置上，充分体现了学院《人才培养方案》中"计算机不断线"的原则，根据计算机行业用人需要，围绕基本素质和专业能力的结合安排课程。基本素质包括：优良的思想品德素质、强烈的事业心、积极的创新意识以及优雅得体的气质风度等。专业能力包括：语言表达、计算机应用能力、写作能力、多媒体技术能力、图形图像制作及处理能力、网站建设与管理能力、计算机及外设维修能力、IT产品营销活动与管理能力、组织能力和合作能力等。

2. 强化"以考代练、以赛促学"的教学模式的实施，成效明显

"以考代练、以赛促学"是一种十分有效的激励方式，能促使教学质量稳步提升。该教学模式从2006级工程专业的学生开始实践，很好地提高了学生的专业技能与学习兴趣；同时，2006级、2007级软件工程专业的十余名学生均在国家级、市级比赛中获得了较好的名次，育人效果明显。

3. 建立实践性教学体系，强化实践性教学环节

针对专业特点，在教学安排中，加强实践性教学环节，采取课堂操作、观摩考察、强化训练、工学交替、教学实习、生产实习等多种培训方式来提高学生的实际操作水平和能力。在现有的实训基地基础上，继续与一些信誉高的IT企业建立稳定的合作关系，以促进产学结合，提高教学水平，树立专业形象。

(四)教学模式与方法

（1）树立新型的教学理念。借鉴一些著名的IT企业的管理思想，结合本专业的特点，在全体教学人员和学生中树立"以行业的需求为中心，行业用人的标准就是我们育人的标准，把学生培养成理念先进、理论功底扎实、基本技能过硬、专项能力突出，能够适应现代计算机要求的高素质人才"的教学理念，并将它渗透到课程设置、教学管理、学生管理、师资队伍建设等方面。

（2）初步构建计算机系新的课程体系，制订本系各专业实施性教学计划和主干专业课程标准，进行以"能力本位"为特征的课程建设，实行"项目教学"。

（五）考核评价

学院以职业素质教育为主线，以创新精神和实践能力为重点的教育，使学生的评价向多模式、多类型的考评方法转变；同时积极推行以职业资格证书为核心的多张证书制，大力加强职业技能鉴定工作。

在教学改革时充分考虑职业资格证书所学内容，并将其纳入教学计划中，建立正确的导向，为学生提供必要的便利条件，让学生在在校期间得到锻炼，取得多种职业资格证书，为其顺利就业奠定基础。另外，把职业资格证书所要求的教学内容和技能，纳入教学计划中，进行常规的训练和考核。

组织好技能比武和技能等级证书考试。定期进行全专业的技能比武和技能等级证书考试，在竞赛和考核中提高学生的操作技能，激励学生的进取精神，同时也检查教师的教学效果。

逐步实现教考分离，实现考核评价社会化。教考分离是将教学内容、教学方法更好地贴近企业、行业需求来实施专业课教学，促进教与学的有机结合，是专业技能教育的有效保证，是"项目教学"的成果体现。计算机及应用专业实施教考分离本着"试点、推广、全面铺开"的原则，首先在主干专业课程进行试点，做到成熟一批推广一批，最终实现计算机各专业考核评价社会化。

（六）教师队伍

（1）计算机各专业的相关课程都与计算机行业的运营活动有关，并极具操作性，教师不仅要有丰富的理论知识，还要有相应的实践技能。建设一支高素质的专业教师队伍，是搞好专业教学改革的关键。因此，应努力建设一支专兼结合、结构合理、具有较高教学水平和实践能力的师资队伍。

（2）为使教师能站在 IT 行业发展的前沿，及时获取该行业发展的最新信息，就要不断提高教师理论联系实际的水平。今后要每年派出专业教师外出参加学习培训，不断汲取新的知识技能，接受新的管理思想、管理模式，培养出一大批既精通理论又精通实践操作的"双师型"教师。同时，不断从计算机企业中聘用富有实际工作经验的人才兼任教师，形成一支专兼职结合的高素质教师队伍，从根本上改变过去教学与企业实际脱节的局面。

（七）教学科研工作

加大产学研工作的开展。聘请专家、学者来校做专题讲座，有针对性地进行教科研理论和素质教育理论的学习，不断强化教师教科研合作和创造、求真的意识，更新教师的观念，树立现代教育理念，确保教育科研的先进性。

（1）积极参与学校教科室教科研的工作，鼓励本专业教师撰写教育教学论文。

（2）加强现代教育技术的培训，尽快提高广大教师的信息意识和现代信息技术下处理信息的能力。

（3）鼓励教师撰写课改实验论文和教学研究论文，积极参加省级技能大赛。

三、实践能力培养模式

课内外的实践教学是培养应用性软件人才创新与实践能力的主要途径。通常的实践教学环节，如课程实验、课程设计、实习、实训、毕业设计等，都以课程知识的掌握为主要目的，以设计、仿真为主要内容开展实践训练，缺乏实际的软件工程知识背景和体验，学生难以联系到软件生产实际和应用背景，社会生产目的不明显。因此，对应用性软件人才创新和实践能力的训练只能起到间接作用，缺乏明确的社会生产意义。

为弥补常规实践训练的不足，针对上述问题，我们构建了创新与实践能力培养模式，支持全面融入工程实践环境的学习过程，让学生从入学开始，就以一个实习工程师的身份一边参与真实工程实践项目一边完成学业。培养模式由训练体系、运行模式、训练资源、评价机制、管理机制、师资队伍六个模块组成。

培养模式构建原则以能力为导向，完善人才综合素质的培养；以应用为本，注重人才实践经验；以需求为导向，为学生创造择业机会。直接与业界软件生产接轨，以软件开发、设计、实现和项目管理为主要内容开展实践训练。采用直接的软件工程训练，有效地培养学生运用知识的能力和解决实际问题的能力，培养学生的学习兴趣和主动学习习惯，培养良好的职业素质和职场能力。这种直接的训练，社会生产意义明确，解决的问题具有一定的社会应用价值。

四、训练体系和内容

训练体系为二级层次逐渐提升结构，初级为有指导软件项目开发训练，中级为无指导软件项目开发训练。通过训练层次的逐渐提升，学生的能力和素质也得到逐渐的提升。

(一)有指导软件项目开发训练

该训练面向中低年级学生，参加训练的学生以项目组为单位，按照《××软件项目开发实训指导手册》的指导，一步一步完成一个完整软件项目的开发。通过初级训练，学生亲身体验和参与了软件项目开发全流程，熟悉了软件项目开发各个阶段的工作任务和使用技术，了解了软件项目管理，如成本控制、时间管理等方法，培养了职业素质，锻炼了职场能力。《××软件项目开发实训指导手册》根据真实软件项目开发资料编写，主要训练科目及内容如表1所示。

表1　　　　　有指导软件项目开发训练科目及内容

序号	训练科目	训练内容
1	软件项目计划	学习项目管理方式和开发流程、研究项目计划实例；按照模板编写项目开发计划、测试计划、配置管理计划；组织进行项目计划评审。建立项目组配置服务器。
2	软件项目分析	研究业务需求分析、系统分析实例，理解需求，按照模板编写系统需求分析说明书、测试用例，组织进行项目分析同行评审。
3	系统概要设计	研究系统架构设计、软件架构设计、数据库设计实例；根据业务流程和功能，按照模板编写系统架构设计说明书、软件架构设计说明书、数据库设计说明书；建立数据库；组织进行系统概要设计同行评审
4	系统详细设计与界面设计	研究系统详细设计、界面设计实例；根据业务流程、功能、软件架构设计，按照模板编写系统详细设计说明书、界面设计说明书；组织进行系统详细设计同行评审。
5	编码	参照代码实例，按照系统详细设计说明书、界面设计说明书编写代码，编码过程中严格进行配置管理；组织开发人员进行代码走查。
6	测试	研究测试实例；按照测试计划和测试用例进行测试，修改测试出来的问题；组织测试报告的评审。
7	项目交付	成员提交工作成果，项目组提交基线库、项目总结汇报，进行答辩。
8	职业素质与职场能力	项目开始前进行职业教育，如软件工程师职业道德规范和实践、职业化的责任意识、沟通意识、团队协作意识等；成员在项目开发过程中按照模板撰写工作日志、工作周报；项目组召开日例会、周例会。

（二）无指导软件项目开发训练

该训练面向经过初级训练，熟悉和掌握软件项目开发技术的学生，参加训练的学生以项目组为单位在没有指导情形下，独立完成一个软件项目的开发。通过中级训练，学生可独立完成软件项目开发，掌握了软件项目开发各个阶段的技术，锻炼了软件项目开发能力、项目管理能力，积累了软件开发经验，丰富了软件开发经历，进一步提升了职业素质和职场能力，激发学生潜能，启迪创新意识。软件项目主要来源于科研项目、企业委托研发项目、实际应用项目。学生通过经受真实的软件工程训练，在有限的时间内掌握软件工程实践能力，培养创新精神。

五、取得的成绩

应用技术学院计算机系在近年来一直注意实验教学的开展，特别是在实践教学改革后，更是进行了系统化的建设，育人成效明显：

在 2011 年在由工业和信息化部举办的全国软件专业人才设计与开发大赛中，软件工程专业有 14 名同学获奖。

2011 年全国"挑战杯"大学生设计大赛学校一等奖。

2009 年在由教育部主办的第五届全国就业技能大赛中，软件工程专业有 7 名同学获得奖励。其中，董美秀同学获得重庆赛区第一名，全国二等奖；刘建国老师获得重庆市唯一一个"最佳指导老师"称号。

参考文献：

［1］张霞."软件工程"课程教学改革的探讨［J］.计算机教育，2010（4）.

［2］文志诚，曹春丽.以社会需求为导向的软件工程专业

课程体系改革的研究［J］. 计算机教育, 2010 (4).

［3］姜湘岗, 章晓莉. 软件工程课程教学研究与研讨［J］. 计算机教育, 2010 (5).

［4］张晓龙. 面向应用性人才培养的软件工程课程改革与实践［J］. 计算机教育, 2010 (5).

［5］韩中元, 雷国华, 李军. 应用性本科软件工程人才培养模式的探索与实践［J］. 计算机教育, 2010 (10).

［6］张健, 安立龙, 朱旭东. 软件工程专业应用性人才培养模式的探索与实践［J］. 计算机教育, 2010 (12).

加强应用本科思想政治理论课实践教学的探析

王俊强

　　思想政治理论课是对大学生进行思想政治教育，宣扬马克思主义的主要阵地和主要渠道，是具有中国特色社会主义大学教育的重要标志。应用性本科是以应用性为办学定位，是对普通本科院校和高等职业院校等办学理念的提炼转化。因此，加强应用性本科院校的理论教育与实践教育的结合是其本质体现。然而，在思想政治理论课的教学实践中，存在着很多的弊病，归纳起来可概括为：教师讲得多，学生思考的少；逻辑推理多，启发诱导少；千篇一律多，形式变化少。造成这些弊端的原因归根结底都是理论与实践的脱离。2011 年，我们对我校思想政治理论课教学状况进行了问卷调查，学生在回答"当你在学习思想政治理论课时，你最想在哪方面进行加强？"这一问题时（选项有：A. 课堂授课；B. 自学环节；C. 考试环节；D. 实践教学），答案为 D 的占到了 87.5%。可见，大学生对政治理论课实践教学环节的要求是多么迫切。所以，通过提高思想政治理论课教学中的实践环节从而提高应用性本科的课堂效率，提升学生的整体素质，满足社会对应用性人才的需求，对于建设社会主义市场经济体系，实现高等教育大众化有着重大的意义。

一、思想政治理论课程实践教学的内涵

　　根据中共中央宣传部、教育部在 2005 年发布的《关于进一步

加强和改进高校思想政治理论课的意见》的总体精神及部署，思想政治理论课程实践教学的基本目标应该是：首先，通过思想政治理论课教学方式、方法的改革与创新，使学生能够更好地融入到课堂上来，形成"老师—思想政治理论课程—学生"，三者之间的良好互动，加强学生学习的主动性和创造性，提升课堂效率，使思想政治理论课的教学具有针对性和实效性；其次，通过课堂学习加课外实践的方式，使学生能够更好地把理论与实践结合起来认识社会，养成关注社会的习惯，能够正确看待和分析社会上的出现的一些新事件、新问题，正确看待自身价值，制定好自己未来的发展规划；最后，培养学生在学习思想政治理论课相关知识的基础上来领悟人生真谛，使学生能够通过系统地学习从而形成正确的世界观和方法论，运用马克思主义的辩证唯物主义和历史唯物主义的立场、观点、方法来看待问题，从而成为我国社会主义现代化建设的栋梁之才。

基于以上"05方案"的目标分析，我们可以把高校思想政治理论课的实践教学的基本内涵界定为：在教学过程中，在教师的指导下，以思想政治理论知识为依托，通过学生在校内外的亲身参与和体验，使其形成正确的世界观、人生观、价值观，并且使其主体能力得以优化的过程，是一种实践化、应用化的教学活动。

二、应用性本科思想政治理论课程实践教学存在的主要问题

（一）高校思想政治理论课实践教学普遍缺乏一个合理的规划及监督体系

（1）不少高校在制订思想政治理论课程的教学计划时，没有对教学实践时间的可操作性进行周密考虑。例如，很多高校对部分课程如思想道德修养与法律基础、马克思主义基本原理

等，采用每周两个小时讲授理论，一个小时实践教学，即所谓的"2+1"模式。此模式表面看起来既有理论又有实践，可是在实际操作上，每周一个小时的实践教学并没有一个具体的时间安排，需要每个任课教师自己去协调，去找时间。负责任的老师会利用学生的课余时间和学生商量着去进行实践活动，而一些不负责任的老师则只是简单地给学生布置些课外实践作业。因为没有统一领导和具体要求，多数学生不会去进行社会实践，而是通过复制粘贴等手段来完成作业。这种做法有悖于实践教学的初衷，结果造成了有形式无内容的现象，不仅影响了教学实践的工作，更重要的是毁坏了教学风气，导致部分学校老师弄虚作假，敷衍了事，最后受害的还是学生。

（2）思想政治理论课程实践教学过程中缺少科学的监督和考评机制。由于缺少监督机制，一些老师在实践教学中应付差事，敷衍学生，而学生也以"走过场"的心态去参加实践活动，使实践活动沦为形式；由于缺乏考评机制，学校对老师的实践活动无法评估，影响了老师的教学积极性，同时对学生的实践调研报告的要求不明确，致使实践报告的评分带有老师的主观随意性，使学生对实践课程失去了兴趣。

（二）思想政治理论课教学形式单一，教师照本宣科，"满堂灌"的现象普遍存在

如今的高校教师面临着科研与教学的双重压力，而实际生活中的各种问题也使得教师在教学上倾注的精力越来越少，导致部分教师在课堂上照本宣科，形成单调乏味的"满堂灌"，缺乏教师与学生之间的良性互动，使得学生对政治理论课程失去了学习的主动性、创造性，造成学生"口服心不服、"表里不一"，甚至使学生对学习马克思主义理论产生厌倦心理，直接影响了思想政治理论课的授课效果。

(三)实践教学的目标不明确、内容不规范

教学的目标是指教学活动所要预期达到的结果。在思想政治理论课实践教学中，目标的确立是教学活动中一个十分重要的环节。现今，关于思想政治理论课的教学实践环节，很多高校并没有出台一个统一的教学大纲。这就使得在实践活动中，教师只注重活动的本身，而没有对实践活动中的内容及实践活动所要达到的目标有太大的关注；学生也很难体会到理论知识与社会实践的关系。对学生而言，参加社会实践活动变成"走马观花"，没能让学生真正融入到社会实践中去，也就丧失了教学实践活动的意义。

(四)思想政治理论课实践教学中的经费困扰问题

任何一门学科的教学，尤其是实践性的教学，都需要经费的支持，如理工科的实验室建设费用动辄上百万、上千万的资金支持，相比之下，思想政治理论课的教学实践经费就显得少多了。根据教育部颁发的《高等学校思想政治理论课建设标准》，文件中虽规定每个学生每年在思想政治理论课上的经费为20元，但是，由于学校平时对此重视不够，造成申请经费困难，再加上外出实践形成的车费、门票费、餐饮费等往往都需要学生补一部分，而有些学生因具体情况又不愿意出钱，就造成了不易于协调的局面。这不仅给课程实践活动带来了很多困难，同时也使政治理论在科研和教学过程中成了没有实践支撑的"资料"性建设。"闭门造车"现象严重。

(五)思想政治理论课教学过程中缺乏稳固的实践 教学基地

普通高校在思想政治理论课社会实践方面缺少稳固的实践教学基地，究其原因，不仅与校领导的重视程度有关，同时还

与社会实践企业、单位的各种因素有关。首先，在校领导重视程度不高和没有专项经费的前提下，学校很难去外面找到一个稳定的教学实践基地，有时，校领导或任课教师通过熟人为学生联系一次或两次的教学实践，但又不好经常去麻烦人家，这就使得教学实践活动不能常态化。其次，企事业单位方面认为，接待学生的社会实践活动，偶尔一两次还行，经常接待的话，企事业单位无法提供更多的人力、物力去为大学生服务，在接待费用方面也承受不起。然而，思想政治理论课程的教学内容是关于人与自然的发展，是与社会、自然界息息相关的，是不可能在简单的厂房或狭小的工厂内解决的。因此，建立稳固的校企合作基地对思想政治理论实践教学具有重要的意义。

三、提高应用本科思想政治理论课程实践教学的几点思考

（一）将教学实践环节纳入到整个课程的规划体系中来，加强评估和监督体系

（1）思想政治理论课的实践教学要纳入到学校的整个教学规划体系中来。一个完整的实践教学涉及学校的学生处、教务处、财务处、后勤集团等多个部门的协调与配合，学校应该像对待专业课一样来对待思想政治理论的实践教学工作，建立一个有效、统一的协调机制。

（2）完善实践教学的评估和监督体系。完善实践教学的评估和监督体系是实现实践教学目标的重要保障。学校应该根据课程的需求，做好实践教学的大纲，根据每个实践活动的特点，制定出适合本实践活动的考核指标，指标应细化和量化，努力做到在活动结束后学校可以根据指标做出公正的评价。加强实践活动的监督体系，应包括对教师和学生的监督，防止教师不负责任，应付差事；避免学生"走马观花"，止于形式。

(二)完善思想政治理论课实践教学的目标

在思想政治理论课的实践教学中,实践教学目标的确立是整个实践活动的首要环节,是出发点和落脚点,是对实践活动的一种超前反映。它不仅制约着思想政治理论课程实践教学的方向,而且也决定着实践活动的步骤、方式方法和实践活动的内容。明确和完善实践教学目标对整个实践教学来说具有重要作用,以表1为例。

表1

实践活动名称	实践教学的目标
爱国主义教育之行	带领学生深入到博物馆、革命圣地,了解革命前辈抛头颅、洒热血的革命精神,培养爱国主义情怀,从内心树立起大学生对祖国的高度责任感和使命感。
城市体验生活	一个周末、一元钱、一座城市、一份工作、一份收获,在陌生的城市、陌生的人群中利用自己的知识和体力获得一份工作,培养学生的团队合作和自立自强精神,让学生在体验中获得团结、友谊和成长。
模拟法庭	组织学生到法院旁听或利用学校自建的模拟法庭,让学生扮演各种角色,从而亲身体会各种感受,目的是让学生知法、懂法、守法。
家庭情景剧	教师选择有意义的情境剧,学生分成若干小组,进行表演活动,目的是树立大学生正确的爱情观和婚姻观。

1. 丰富实践教学内容,加强互动式教学

实践活动的安排始终是围绕思想政治理论课教学内容和目的而展开的,学校在安排学生实践活动时,应避免实践活动的内容单一化,重复化。学校应该丰富教学实践的内容,从全方位来培养大学生正确的世界观、人生观和价值观。实践活动的内容应该包括：国情教育，思想素质教育，调查研究及最后论文写作训练等各个方面。加强互动式教学是顺应思想政治理论课实践教学的需要，也是提高大学生思想的主动性、创造性的重要途径。教师可以根据具体情况，结合当前的时事在课堂上开展多种多样的互动式教学。如：针对某一有价值的问题开展辩答式的互动，老师向学生提问题，也可以学生自己想问题，然后向其他学生和老师提问；研讨式的互动教学：把学生分成几个小组，然后进行研究和讨论，这种方式更符合思想政治理论课大班授课的特点；社会实践等多种互动教学方法。

2. 学校应多渠道筹备教学实践经费，确保经费的保障机制

学校领导应该结合学校自身的资源与社会企事业单位进行多方面洽谈，从而多渠道地获得资金来源。在条件许可的情况下，学校自身可以设立专门用于思想政治理论课教学的基金会，基金会由学校的主要领导把握或主管政治理论课的负责人主管。基金会的设立可以为政治理论课在资金使用方面注入更大的活力。学校应在节约、高效的原则下来使用经费，确保经费的合理使用，做到经费的专款专用，建立经费的保障机制。

3. 重视思想政治理论课实践教学基地的建设

建立稳固的思想政治理论课实践教学基地，参照产学研一体化的模式，根据本学校自身有利的资源与社会企事业单位等进行协商，本着互利互惠、长期合作的态度建立一个稳固的教学实践基地。同时还可以根据政治理论课程内容的需要，因地制宜地充分挖掘高校所在地的有影响的人文、自然、历史资源，有针对性地建立形式多样的教学实践基地。如：以本地博物馆为依托的宣扬优秀历史文化的教育基地；以革命圣地为依托的弘扬革命传统和艰苦奋斗的爱国主义教育基地；以本地大型的跨国企业或公司为核心的中国改革开放现代化教育基地；学校建立的对当地贫困地区留守儿童的学习辅导爱心教育基地等。

参考文献：

［1］教育部社会科学研究与思想政治工作司. 高校思想政治理论课实践教学的探索与思考［M］. 北京：高等教育出版社，2005.

［2］李建平. 思想政治理论课改革与教学［M］. 北京：社会科学文献出版社，2008.

［3］梁金霞. 大学生思想政治教育热点问题研究［M］. 济南：山东大学出版社，2006.

论当代大学生法律意识的培养

刘宗德

法律意识是指人们关于法律现象的思想、观点和心理的总和。内容包括对法的本质、作用的看法，对现行法的愿望和态度，对法律的评价和解释以及对人们行为的法律意义评价。大学生是社会的栋梁、祖国的希望，是未来经济社会的主要建设者、管理者和接班人。其法律意识的有、无、高、低，直接关系到整个民族法律意识的水平，培养和提高大学生良好的法律意识，是实现依法治国方略和全面实现小康社会目标的保障。

一、培养与提高大学生现代法律意识的重要性和必要性

党的十五大确定了"依法治国，建设社会主义法治国家"的基本方略，这是一项崭新的具有时代意义的伟大工程。邓小平同志指出："加强法制重要的是进行教育，根本问题是教育人。"大学生是祖国的未来，是国家和民族的希望，要实现依法治国的基本方略，教育和培养好他们具有重要的意义。

（1）培养和提高大学生现代法律意识，是促进培养现代化合格人才的需要，是国家法制建设的百年大计，是建设社会主义法治国家的长远方针。江泽民同志曾提出，"要经常地在学生中开展法制教育，增强他们的法制观念，使他们懂得遵纪守法

的道理"。提高大学生法律意识,从根本上讲,就是要通过提高大学生的法律素质和现代法治观念,培养适应社会主义市场经济,适应实施依法治国的基本方略,为建设社会主义法治国家所需要,能够遵纪守法、依法办事的一代新人。

(2)培养和提高大学生现代法律意识,是全面提高大学生素质的内在需求。江泽民同志在关于教育问题的谈话中曾指出,"不仅要加强对学生的文化知识教育,而且要切实加强对学生思想政治教育,品德教育,纪律教育,法制教育"。这就为大学生的素质教育提出了明确要求。从一定意义上讲,法律意识的提高有思想道德教育的因素,也有文化知识的成分,对于扩大学生的知识面,增强判断能力和创新能力,促进学生的全面发展,都具有积极作用。因此,在推进大学生素质教育的进程中,要不断加强法制教育,提高大学生现代法律意识,努力培养有理想、有道德、有文化、有纪律的"四有"新人,全面实现素质教育的目标。

二、当代大学生法律意识的现状及分析

(一)大学生的法律知识水平有待提高

法律知识是法律意识的一个重要内容,是衡量法律意识水平高低的一个重要标准。中国政法大学研究生院董奥教授通过他的法律意识调查报告显示出:"人们的法律意识水平的高低与其文化程度成正比。"虽然我国高校的大学生学过一些法律知识,但整体法律知识水平却较低。

(二)大学生法律意识欠缺、法制观念淡薄

法律意识是指人们关于法和法律现象的思想、观点和心理的总和。法制观念是高层次的法律意识,是人们对于现存的法律规范、法律活动和法律关系等现象的概括和总结。法律意识、

法制观念决定着大学生，甚至是以后走入社会依法办事的自觉性。当前，非法律专业大学生法律知识匮乏，就容易产生错误的法律判断意识、淡薄的法制观念。

三、培养和提高大学生法律意识途径的思考

大学生法律意识的形成既要遵循学校的教育规律，充分利用学校的知识优势、人才优势，又要根据大学生自身的身心发育规律，采用课内课外、校内校外相结合的途径，培养大学生的守法精神、护法精神和敬法精神。

（一）提高大学生对法理知识的认知

法理知识是对法学的一般理论、基本理论和方法论的认识，是培养大学生法律素质的知识和理性基础。四项法理知识是建构法律体系的基础和灵魂，也是塑造大学生良好法律品质的法文化底蕴。只有具备了相应的法理知识，才能使大学生为形成良好的法律素养奠定坚实的基础，也使得大学生知道什么是法律允许做的，什么是法律不允许做的，自觉地按照法律模式规范自己的行为。这一点关系到学校法律基础课程开设和教师传授方面的问题。

（二）培养大学生法律权利与义务观念

法律权利与义务是法律关系中最基本和最重要的内容。权利和义务是相辅相成的，没有无权利的义务，也没有无义务的权利。如果履行了义务就必然获得相应的权利，要想取得一定的权利就必须履行相应的义务。在学法的过程中，应引导大学生深刻认识权利和义务的一致性。当自己的合法权益受到侵犯时，要拿起法律的武器去捍卫它；在行使自己的个人权利时，也要尊重他人的合法权益，时刻铭记自己对国家、社会、集体、他人的义务并自觉履行。

（三）通过开设心理健康教育课程，培养大学生良好的心理素质，提高大学生的法律意识

大学生违法犯罪是因为法律意识的贫乏，而法律意识的缺陷是由于其心理发展不够成熟。心理健康教育使大学生掌握了基本的心理卫生知识，具有较强的意志力、稳定的情绪、乐观向上的进取精神，从而抵制各种不良风气的影响，以提高大学生的法律意识，增强法制观念。当今导致大学生犯罪的主要原因是由于不良情绪和各方面压力的不正确释放，而不良情绪和压力源于家庭、社会及自我心理调节能力低下，社会优胜劣汰的竞争原则，家庭过高的期望值与自身能力差异所产生的压力，有的找不到正确的方式排解，久而久之，使他们有可能通过犯罪的方式而释放出来。

（四）法制教育的师资队伍要优化

高等学校的法律教师不仅要深谙学校教育规律和青年学生身心成长规律，而且要具备比较系统的法律学科知识和较高的法律素质。不同的学校应根据自身条件，通过专、兼、聘等多种形式，形成一支具有相当水平的精干的专职教师为主体，同时聘请部分长期从事司法实务或法学教育工作的兼职教师为补充，整合组建地道的、高素质的法制教育师资队伍。

（五）法学案例的探讨

通过对各类与当代大学生学习和生活息息相关的典型案例的分析和讨论，如班会、研讨会、专题讲座等方式，并在每一次探讨中总结、归纳和体会。这不仅可以培养大学生对学习法律知识的兴趣，也能促进他们法律意识的增长和法律观念的增强。

（六）加强当代大学生的法律基础课堂教学

课堂教学是法律意识培养最有效的途径。在高校，法律基础课是学生获取法律知识的基本学科。通过教学，可以让大学生比较系统地学习和掌握法律的基本知识和基本技能，了解公民的基本权利和义务，初步学习宪法和其他法律的基本内容。明确宪法的基本内容可以分为两块，即国家权力的正确行使和公民权利的有效保障。而公民权利的有效保障居于支配地位，宪法的基本出发点就在于保障公民的权利和自由。通过对民法、刑法、行政法、婚姻继承法、诉讼法的基本理论与知识的学习，使大学生正确理解权利与义务的关系，在履行义务的前提下，合法行使自己的权利，帮助大学生形成依法办事、同违法的行为和现象作斗争的思想意识。

（七）理论联系实际，增强法制教育的实效性

当代大学生法律意识的培养和形成，离不开社会的实际和大学生的生活实际。学校要引导大学生深入社会生活，了解法律在社会生活中的运用，并结合自己及身边很多的法律实事进行思考，形成多种形式的法制教育的第二课堂，理论联系实际，让大学生把在课堂中学习到的法律知识充分地加以运用。通过组织学生开展一些主题鲜明的法制演讲、辩论赛、讨论会、专题论坛、知识竞赛、"模拟法庭"等活动，以及旁听一些典型案件的庭审，使学生能在自主参与、身临其境中耳濡目染，受到教育和启迪。这种既有直观实务又有深层理论的滚动式的校园法制文化活动，是培养和提升大学生的法律意识切实可行的渠道之一，能够极大地激发学生对法律现象给予关注的热情和兴趣，增强高校法制教育的实效性。

（八）提高大学生的社会责任感，促进法制教育的自觉性

一个人只有对社会产生高度的责任感，才会自觉自愿地接

受社会的约束，加强自身的自律性。所以，提高当代大学生的社会责任感和使命感，加强大学生思想道德教育，引导大学生正确认识自我，认识社会，树立正确的人生观、价值观和正确的人生追求目标，增强大学生的公德意识是促进当代大学生开展法制教育自觉性的重要保证。当代大学生作为知识分子，是具有一定的社会责任感的。在教育中，要善于引导大学生正确认识自己在社会发展中的历史使命，让他们意识到，社会未来是他们的，以增强他们的责任感。这样才能促进他们更自觉地学习法律和运用法律，形成知法、学法和用法的法律意识。

（九）重视、完善家庭教育

家庭教育机制的优劣，对大学生的成长及守法意识的培养有着普遍而不可替代的作用。家庭教育的不利，将严重影响对大学生法律意识的培养。首先，家长应提高自己的素质和修养。家庭是人的第一课堂，父母是子女人生的启蒙老师，也是其模仿的偶像。家长的个人素质、文化素养和品质是塑造子女良好人格的前提。如果家长平时素质低劣，社会态度不端、粗俗甚至行为恶劣，子女必然模仿其行为并逐渐复制出来，形成自己的行为方式。因此家长一定要注重自己的言谈举止，提高自己的文化底蕴和素质修养。其次，家长应创造良好的家庭氛围。如果家庭内的氛围庸俗低级，长期的感染熏陶，会直接影响着子女对生活的态度、情趣和个性的形成，而且容易养成子女缺少社会责任感、悖德、冒险的心理，放纵变坏，甚至走上犯罪道路。因此，良好的家庭氛围对大学生法律意识的培养非常重要。最后，家长要用适宜的教育方法来教育子女。家长要做到对子女不溺爱、不迁就、不粗暴。

总的来说，大学生的法律意识，对其个人的成长以及中国的法制化进程具有深远的意义。因此，高校为了使其培养出来的大学生能够适应法制社会对人才的定格和要求，就必须重视对大学生现代法律意识的教育。学校是培养大学生现代法律意识的一个重要场所，但仅靠学校的教育是远远不够的，它不是一朝一夕就能完成的，需要一个长远的规划和具体的安排，是一个系统而复杂的社会教育工程。提高大学生的法律意识，要把社会教育、家庭教育、学校教育、心理教育紧密结合起来，与国家的各种建设规程同步进行，形成良好的法制教育大环境，才能为社会输送具有较强法律意识的跨世纪人才，才能促进我国的现代化建设的繁荣与发展，才能实现国富民强的宏伟目标。

参考文献：

[1] 正义网. 大学生犯罪增多的原因分析 [J]. Http//www. jcrb. com/zyw/n156/ca86203. htm.

[2] 毛磊. 大学生犯罪率如何降到最低限度 [N]. 人民日报，2003 - 04 - 16.

[3] 杨莉，叶文明. 大学生法律意识的调查与研究 [J]. 统计教育，2006（9）.

[4] 谢山河，黄张华. 关于当代大学生法律意识的调查分析 [J]. 教育学术月刊，2008（7）.

[5] 黄伟东. 大学生法纪观念调查与对策分析 [J]. 科技信息，2007（37）.

[6] 邓小平. 邓小平文选：第3卷 [M]. 北京：人民出版社，1993.

[7] 姜廷志. 论大学生法律素质教育的意义和措施Ⅱ [J]. 西昌师范高等专科学校学报，2004（4）.

[8] 李齐全. 论大学生素质的培养 [J]. 安徽农业大学学报，2003（1）.

[9] 崔长珍. 关于加强大学生法制教育的思考 [J]. 河南工业大学学报，2006（3）.

思想政治理论课实践教学探索

吴志斌　申冬梅

　　实践教学是对理论认识、巩固、应用的有效途径，是培养具有应用、创新能力人才的重要环节，是理论联系实际、培养学生掌握科学方法和提高动手能力的重要平台。思想政治课堂理论教学始终是教学的主导，绝大多数的高校对实践教学不重视。思想政治理论课实践教学更应该注重现实性、针对性、有效性和主动性结合，学生通过学习和实践进一步把感性知识上升为理性知识，增强对理论的认识和理解，提高运用马克思主义理论分析和解决现实问题的能力。目前思想政治理论课教学形式单一，教学内容单调，教学方式实操性差。本文拟从实践教学的教学内容、教学效果、教学方式等方面进行探讨。

一、思想政治理论课现行实践教学的不足

　　目前在高校思想政治理论课实践教学在教学形式和教学方法、教学内容和教学效果等方面存在诸多不足，使本课实践教学课成为一种形式，导致思想政治理论和实践脱节，学生学习本门课程不感兴趣，认为只是空洞的说教，学习不了知识，对自己的专业和思想提升作用不大。

（一）实践教学形式单一、教学内容单调、缺乏创新性

　　目前，我国学界对高校思想政治理论课实践教学的教学形

式进行了诸多的探索，但是高校思想政治理论课实践教学目前只有相对稳定的课内和课外的实践教学两种形式，显得教学形式单一、缺乏创新性。教学形式主要局限于课堂教学、课堂讨论、参观考察、寒暑假"三下乡"活动、社会调查、社区服务、厂矿企业实习等少数几项常规性的活动，多数学校只是从面上组织部分大学生到社区，到基层去散发传单资料，做一次简单的科学知识宣传，组织一两次志愿者活动，没有将实践教学落到实处，未能将理论转化为实践。许多高校只是将思想政治理论课实践教学作为上级下达的任务去应付，未能真正意识到实践教学作为一种有效教育载体的真正意义，因而缺乏对实践教学活动形式的创新，未能对实践内容加以丰富，是一种消极被动的工作方式。此外，在开展思想政治理论课实践教学活动中，由学校组织与安排缺乏自主性，使得本应作为实践活动主体的学生缺乏自主实践的时间和空间，许多实践活动的开展被限制在固定的模式里，使学生的创新意识和创造能力受到抑制，不符合学生个性发展的需要，学生对此项活动不感兴趣。

（二）教学方式缺乏规范详实的教学计划和实施方案

思想政治理论课实践教学是思想政治理论课教学的一个重要组成部分，由于活动在课外、校外进行，是经常性、长期性的活动，不是个别学生、少数学生而是全体学生都要参与的活动。为此，与思想政治理论教学一样要有细致、周密、规范具体详细的教学计划和实施方案，来克服实践教学的盲目性、随意性和无序性，保证每一次实践教学目的的实现。目前，多数高校思想政治理论课实践教学还没有真正具体详实的教学计划和实施方案，相当程度上带有人为随意性，许多高校仅停留在一般性号召、要求或倡议上，部分高校组织实践教学的是学生会、团委或社团组织，思想政治理论课教师没有机会组织实施这样的实践教学活动。在具体安排和组织上不规范、不落实，缺少具体可行的教学计划和实施方案，导致思想政治理论课实践教学很难科学、全面、深入、持久地开展下去。在具体的教学设计、教学安排、相互协调、考核等环节都没有细致、周密、规范的计划和实施措施，实践教学信息反馈不及时等。许多高校的思想政治理论课实践教学不是作为一种经常性的必要教学环节来开展，活动开展随意性，时断时续，导致活动中的盲目性和无序性。在实践教学环节的具体落实中，组织者和实施者含混不清，职责划分不明，存在一些混乱的局面。实践指导不到位，导致学生对当前一些社会现象难以进行本质分析，思想理论和认识错位。

3. 实践教学效果不理想

思想政治理论课实践教学效果差，实施效果不理想。追求效果是社会实践教学的出发点。但目前多所高校思想政治理论实践教学对大学生的吸引力逐步减弱，效果不断滑坡，高校诸多部门都在组织学生开展社会实践活动，如学生工作部（处）、团委、学生社团、思想政治理论课教学部门等，都各有自己的安排，但由于缺乏沟通协调机制，往往在内容上重复，在时间、场地上冲突。主要呈现以下两种情况：一部分同学投入了时间真正参与了实践教学，感觉获益匪浅；另一部分同学没有参与社会实践，只是在网上胡乱拼凑社会实践报告草草了事。导致有些学生反复参加，而有些学生却很少有机会参与；缺乏对不同年级、专业、课程实践活动的系统规划，也缺乏必要的指导和总结升华，最终实践教学落实不具体，实践教学效果差。

二、思想政治理论课实践教学探索

克服目前实践教学形式单一、内容单调，缺乏创新性的局限，充分实现高校思想政治理论课实践教学的根本目标，对思想政治理论课实践教学进行大胆探索，科学设计实践教学详细方案，规划实践教学内容，选择灵活多样的实践形式，对实践教学模式创新，充分调动不同学院和不同专业学生的积极性，发挥优势互补、资源优化优势，使得高校思想政治理论课的实践教学能真正发挥服务社会、服务人民、锻炼大学生自我成长的功能。

（一）设计实践教学方案

精心设计实践教学的方案是保障实践教学取得预期成效的关键。科学、合理设计具有可操作性的方案，寻求理论和实践的结合点，注意充分调动学生的积极性和主动性，充分利用校内和校外现有资源，克服活动的盲目和无序。实践教学方案的设计对高校思想政治理论课辅导老师提出了更高的要求，避免理论教学中，教学方案重复利用。但是实践教学中由于其内容多变、形式多样，所以每一次实践教学都是一次新的构思过程。思想政治理论课教师需要充分准备、周密规划，精心设计是搞好高校思想政治理论课实践教学的重要环节。为此，在每次实践教学活动项目之前就必须预先设计好实践教学的具体方案，分配好人员，规划好各个环节，随时做好几套方案，以备临时调用，保证设计的方案能因地制宜，按环境情况的改变备用其他方案，保证实践教学活动的顺利开展。这样可以最大限度地实现实践教学的实效，以避免实践活动开展的盲目性和无序性。

（二）规划实践教学的内容

高校思想政治理论课的实践教学具有开放性和创新性的特征。要使思想政治理论课实践教学的实施科学而有效，就要开阔思路，认真去选择和规划实践教学的内容。

（1）与教材理论内容结合科学规划实践教学的内容。不能脱离新编教材理论内容，应该突出重点，选取教材上的主要内容来搞实践教学活动。思想政治理论课实践教学内容的科学规划要与其理论教学相结合，立足于思想政治理论课的教学内容，服务于思想政治理论课教学目的和教学目标。同时，由于思想政治理论课实践教学活动的内容和范围较广，而实践教学的时间和经费等相对有限，不可能做到对所学逐一实施，所以实践教学内容的选择要突出重点，选择教材上的主要内容，以避免实践教学活动的随意性和盲目性，确保高校思想政治理论课实践教学的有关内容与教材相关联，能够真正体现和落实该门课程的重点内容。

（2）科学规划高校思想政治理论课的实践教学内容。要遵循大学生教育规律，根据不同的主体分阶段、分层次、分对象、分阶段进行。不同的专业要有具体的针对性，结合专业的特征和课程设置的要求来确定实践教学内容，而不应该一揽子统括：对于低年级学生，要开展军训、生产劳动、社会调查、支援服务、公益活动、志愿者行动、组织义工协会等形式为主的活动，重在让他们了解国情，认识社会变化，增强建设国家、服务社会的责任感；对于高年级的学生，则要注意结合所学专业、以实践服务、专业实习、勤工助学、科技发明和创业实践、创新理论成果等为主，重在让他们发挥专业技能优势，在进行实践活动的过程中为社会发展作出贡献。

（3）科学规划实践教学的内容。思想政治理论课实践教学内容要选择与变化了的时代和学生思想实际相符合的内容，从知行统一规律出发，要和学生们的日常生活相关，遵循贴近实际、贴近生活、贴近学生原则。在确定实践教学内容时要根据学生的知识水平、接受能力和生理心理特点，分年级、分阶段安排不同的实践内容，充分体现实践教学内容设计的实用性。高校思想政治理论课实践教学不是让学生去学习那些虚无缥缈的东西，而是要学会对生活中具体问题的操作和动手能力，学习在实践过程中与人相处、与人配合、与人沟通和交往的一种能力。通过选择与学生们日常生活、学习生活、交往生活、集体生活等密切相关的内容，关心学生、了解学生，促进学生学习该门课程的兴趣，提升认识高度，将理论与实践结合起来，实现教书与育人、塑造人与服务人的统一。要注意结合学生的思想实际问题，要具体、务实，避免大或流于空泛，如组织学生参观歌乐山烈士陵园，对学生进行爱国主义教育，不应全部是革命先烈的英雄事迹，应多让学生了解一些普通群众和人民热爱祖国的先进事迹，使学生懂得爱国并不都是关键时刻的轰轰烈烈，日常生活中一点一滴和默默无闻地在平凡的工作岗位上为祖国做贡献，都是爱国的具体表现。

（三）选择得当的实践教学形式，力求灵活多样

实践教学活动的主题必须与学生的思想实际接近。高校应该从现有的多种教育资源和教学目标出发，精心选择和探索适当的思想政治理论课实践教学形式，不断丰富思想政治理论课实践教学的内容，去实现大学生的全面发展目标。

（1）设计周密的实践活动方案。根据学生的思想、专业及实际能力有针对性地设计相应的实践活动，每进行一次实践教学活动，有具体、有针对性的实践教学主题、选择合适的实践教学方式、完成具体的实践教学各个环节、撰写具体的实践教学报告以及实践教学的具体要求、对实践开展过程进行有效监督和考核等诸多方面都要制订细致、周密、规范的教学计划和实施方案，以保证每一次的实践教学可以有章可循、有序展开。要根据各门课程和课程内容的特点，采取灵活多样的实践教学形式，选择相应的实践教学形式，提高实践教学的针对性和时效性，避免思想政治理论课实践教学具体实施的盲目性、随意性和无序性。

（2）要选择得当的实践教学形式。为了便于操作，要求对实践教学活动的形式保持相对的稳定性，根据不同的课程特点，可以把受学生欢迎的、效果较好的、便于操作的形式相对固定下来。除沿用、完善一些好的传统做法外，思想政治理论课实

践教学可不拘于某一模式，力求形式创新，使其灵活多样。创新实践教学形式，要坚持课内实践和课外实践相结合、校内实践和社会实践相结合、走出去与请进来相结合、假期实践和学期内实践相结合、集中实践和分散进行相结合的原则，充分利用各种教育资源。例如，法律与道德课程本身就具有很强的实践性，教学中可以根据理论教学的进度，组织学生到法院旁听，到模拟法庭进行庭审模拟等，使大学生亲身体验，以增强其法律意识；还可以结合大学生的校园生活、公民道德建设状况调查、大学生诚信状况调查、法律宣传进社团等实践教学活动，在实践中增进大学生对道德法律理解和体会的深度与广度。

（四）结合实际，不断创新思想政治理论课实践教学模式

实践教学确实对学生有很强的震撼力。有些实践主题和学生的思想实际有一定距离，学生在交流中讲大道理多而不能把自己摆进去，这就要求我们在确定主题时要结合学生的思想实际确定实践教学主题，力求实践教学主题要具体、务实。

（1）开展社会实践活动，实施基地教育。以社会为课堂，以与学生密切相关的社会生活现实问题为题材，以假期和课余为主要活动时间，以学生能动地参与为主要途径，利用地方教育资源优势，建立校外德育教育基地，组织学生到基地参观学习，有计划地为学生寻求或创设一定的情景，寓教育于实践中，让学生在现场接受思想政治理论教育。如社会调查、志愿服务、公益活动、"三下乡"活动等实践教学模式引导学生将书本知识与社会实际相结合的一种有效形式。

（2）根据教学内容、教学目的选择合适的教学案例。学生通过熟悉的校园内事例；改革开放以来本地区出现的新情况、新问题、新经验；历史上有代表性和教育意义的典型事例，集讲授、录像、讨论等多种教学方式有机结合在一起，引导学生

综合运用所学的理论知识来思考、研究、分析这些案例，独立作出判断和决策，从而提高学生分析问题和解决问题的能力。案例教学为学生提供逼真的典型环境，教师引导学生去思考、讨论、研究，并运用所学原理寻找解决方案，使学生在切身体验和感受中提高综合素质，取得了较好的教育教学实效。

（3）开展网络教学。互联网迅猛发展，为思想政治理论课实践教学创造了一个广阔的平台，信息时代网络是联系教师与学生的重要纽带，网络教学是实践教学的重要形式。思想政治理论课教师应该掌握基本的网络知识和技术，通过建立网络德育基地等形式占领网络教育的阵地，开展网上辅导。利用校园网，建好思想政治教育的网页，引导学生健康上网。马克思主义的基本理论资料、时事政策、社会上及校园内的先进人物、先进事迹都应放到网上去，供大家及时了解、学习；还可以将思想政治理论课的思考题、推荐书目等放到网上，便于大家方便、快捷获取信息。构建现代、人性化的师生互动界面，有效地利用网络的虚拟性和匿名性，畅通思想政治理论课教师与学生进行思想交流的渠道，便于教师及时掌握学生思想动态，及时解答学生提出的疑惑，有利于引导学生形成正确的思维方法。

参考文献：

[1] 王娟. 高校思想政治理论课实践教学研究 [D]. 中国石油大学，2009（5）.

[2] 申群喜. 提高思想政治理论课实践教学效果的思考 [J]. 当代教育论坛，2008（5）.

[3] 仪红玲. 高校思想政治理论课实践教学的研究 [D]. 吉林农业大学，2011（6）.

[4] 彭喜保. 高校思想政治理论课实践教学研究 [D]. 山西财经大学，2010（5）.

[5] 王娟. 高校思想政治理论课实践教学研究 [D]. 中国

石油大学，2009（5）.

　　［6］黄敏. 地方高校思想政治理论课实践教学研究［D］.西南大学，2009（3）.

　　［7］王小元，段勇. 提高思想政治理论课实践教学效果探讨［J］. 经济与社会发展，2006（12）.

应用性本科经管专业毕业论文实施模式创新研究

孙彩虹

毕业论文是实现大学生培养目标的重要教学环节。毕业论文在培养大学生探求真理、强化社会意识、进行科学研究基本训练、提高综合实践能力与素质等方面，具有不可替代的作用，是教育与生产劳动和社会实践相结合的重要体现，是培养大学生的创新能力、实践能力和创业精神的重要实践环节。同时，毕业论文的质量也是衡量教学水平，学生毕业与学位资格认证的重要依据。教育部办公厅曾在 2004 年发出通知，要求各省级教育行政部门（主管部门）和各类普通高等学校都要充分认识这项工作的必要性和重要性，制定切实有效措施，认真处理好与就业工作等的关系，从时间安排、组织实施等方面切实加强和改进毕业论文环节的管理，决不能降低要求，更不能放任自流。

然而，近年来大学毕业论文方面的情况并不容乐观，只要你每年亲历长达几个月的毕业设计过程，就可发现多起无法否认的走过场的敷衍了事的事件，而且经管专业毕业论文的质量问题更为突出。这种"大学毕业论文的被应付之风"，破坏了我国高等教育的持续健康发展，大大降低了大学毕业设计的教学质量。为此，我们认为，非常有必要关注一下这种不良风气，深究其产生的根源，尽快地采取有效的措施。

一、毕业论文质量滑坡的原因

(一)学生对毕业论文不重视

从四年级下学期开始一直到毕业，部分学生的主要精力都放在找工作上，而这段时间正好是撰写毕业论文的时间。由于毕业设计（论文）成绩对学生找工作没有直接的影响，故部分学生采取了消极应付的态度。这种"就业第一，毕业论文第二"的客观存在相当程度上影响了毕业设计（论文）的写作质量。杨平（2010）指出，相当一部分学生对毕业论文写作的态度有如下表现：逃避教师的指导，自己定下最低的要求；以通过网上下载或找人代做的方式执意蒙混闯关，对导师的论文修改要求置若罔闻等。在一些论坛上甚至还总结了"葵花宝典之毕业论文 8 小时完稿速成大法"，足以看到学生在毕业论文上收获的是学术上的苍白和混术上的高明。

第一步：选定研究范围。这里不用太具体，首先想一个大概的题材和研究方向，同时定下题目。记住题目别写太大，不然导师找你麻烦，注水要在暗处。这就完成了 10%（耗时半小时）。

第二步：搭设结构。结构最重要，把结构大纲调理到二级标题即可，标出简单的研究论调。写到这，开题报告其实就已经完成了 30%（耗时 1 小时）。

第三步：开始填充没用的话。比如自改革开放以来……记住需要引用名人名言，学术观点的时候，用【】标记即可。该分析例子的时候，只需要标出你想证明什么就成。一般废话要写到百分之三十到一半左右，综述类的内容多，技术性的就少一点，自己掌握。这就完成了 60%（耗时 2 小时）。

第四步：找论据，找资料，因为上一步是先确定了结论，所以逆推论据就非常容易了，千万别正着写，研究一百个例子最后发现他们互相矛盾你就虾米了。基本上例子很好找，只找有用的。一般 1 万字论文 4 个具体例子、4 个简述例子就够了，写完例子，你的论文就完成 90% 了（耗时 3 小时）。

第五步：把学术引用、注释、参考书目补完。各学校要求不一样，一般的，名人名言来 2 句，书本知识 3~5 处最合适。注释别多别少，来个四五个就成。这两部分你可以翻翻自己的专业书，记住页码写对。最后参考书目建议直接关键词豆瓣查书，记住找没什么人关注的没人看过的复制信息即可。此时，论文已经完成 95%（耗时半小时）。

第六步：美化。该调整格式的调整格式，该找错别字找错别字，该在论文结尾给学校和老师卖萌就卖萌。OK，100% 完成（耗时半小时）。

(二)指导教师对毕业设计（论文）投入精力不足

毕业（论文）质量主要取决于学生的态度和能力，但指导教师投入精力的多少对毕业设计（论文）质量也有直接的影响。指导教师主要做以下工作：对学生在选题、拟订论文提纲，收集、选择、运用资料以及写作方法等方面给予必要的指导；督促学生按进度完成写作任务；对论文提出修改意见和初步审查意见等。

目前高校教师教学任务重，自身的科研压力大，所以投入毕业论文指导的时间、精力有限，加上大量普通高校专任老师没有办公室，对论文当面指导只得利用老师课间或者学生到老师家里进行指导，这就形成了沟通的不便。这也是影响毕业设计（论文）质量的重要因素。

(三)毕业论文答辩流于形式

毕业论文答辩是毕业论文质量的最后一道屏障，该工作是否认真直接影响到学生对毕业论文的重视程度，最终也必然影响到毕业论文的整体质量。不少学生存有"要毕业了，学校不会在毕业论文上为难"的错误观念，而且过多的学生论文答辩不通过事实上也增加了老师们的工作量。所以，教师对于不合格的毕业论文的评阅或答辩竟表现麻木或随意放行，潜规则是让98%的人通过，2%的人倒霉；无论成绩评为"优"还是"中"，评语都是一样的套话；毕业答辩在缓和的气氛中进行，教师提问很中庸，有些不着边际，或者过于肤浅，学生回答东拉西扯，却被认为还算对。毕业论文东拼西凑，质量问题十分突出，最终毕业论文答辩不得不流于形式。

二、提高应用性本科经管专业毕业论文质量的举措

毕业论文是高校人才培养过程的一个重要环节，也是最后一个环节。在某种程度上，对于高校毕业论文质量的评价体现了对高校人才培养质量的评价。当前出现的毕业论文质量偏弱是对高校人才培养质量的一个警示，如何切实有效地改进毕业环节工作和提升毕业论文质量，是提高高校人才培养质量的一个重要改革内容。

(一)科学设计和规范选题环节，严格把好命题和选题关

毕业设计（论文）命题过程主要包括以下四个环节：布置毕业论文命题要求；专业教师命题；系审核小组审核；对教师所命题目的修改完善。在这个过程中，不论是对命题的要求和审核，还是专业教师命题的依据和思路，都要求题目要真，内容要实。如何做到题目真，内容实，毕业设计（论文）题目来源是关键。毕业设计（论文）题目主要来自两部分：一部分来自教师纵向科研课题和横向科研课题。鼓励有科研课题的教师，结合任务来指导学生毕业设计（论文），这样更有利于提高毕业

生的综合能力。但同时要解决好课题要求和教学要求的衔接，避免将学生当劳动力使用。另一部分主要来自企业，包括企业的项目、校企合作研究项目、产品开发及企业需要帮助解决的生产技术问题等。

（二）开辟新的毕业设计（论文）管理新模式

为了更好地缓解毕业论文和就业之间的矛盾，毕业论文启动工作时间应提前，可在第七学期就开始毕业设计（论文）工作，或直接安排学生在企业完成毕业设计（论文）。校企双方共同要配备指导教师，这样学生可以直接向现场工程技术人员学习专业技术知识和生产技能，而且可以通过实践，加深理解，创造性地应用几年来所学的专业理论知识，逐步树立工程意识，为学生走上工作岗位打下坚实的基础。通过真题真做，可增强了学生的成就感。

（三）加强指导教师管理，增强指导教师服务意识

毕业设计指导教师必须由业务水平较高、实践经验丰富的具有中级以上技术职称的教师担任，同时也可聘请企业有经验的专家和教师一起合带。应明确校企双方责任和要求，增强指导力量。从下达任务书到指导学生写出高质量的开题报告，从引导学生自主制定设计方案，从学生汇总所有资料和理清设计思路到撰写毕业论文，每一环节都要求指导教师认真把关。对于企业急需毕业生上班的情况，一方面要由学院或指导教师与企业协调，说明毕业论文的重要性，得到企业的理解和支持；另一方面指导教师也要加强服务意识，对于有的确实需要就业的学生，可利用晚上和双休日时间对学生加以辅导，使其尽量做到毕业论文和就业两不误。

（四）严格答辩程序

答辩也是毕业论文的一个重要环节，答辩前应先对学生进行答辩资格审查，要求每位学生准备好毕业论文材料3～4份，做到每位答辩教师都能严格审核毕业设计（论文），在论文审核过程中，系里要组织相关专业教师交叉审核，交叉打分，交叉进行答辩，尽可能找出存在的问题或缺陷，写出评审意见，给出评分。这个环节不仅可以对毕业设计（论文）的撰写格式、内容质量进行把关，还能防止了学生抄袭、造假等。

三、结束语

我们应当尽快建立毕业设计的大众教育标准，重视对教师的监督指导，切实加强对毕业设计过程的科学管理。总之，要采取多种改革措施，刹住大学毕业论文质量下滑的趋势，全面提升大学毕业论文的教学质量。

参考文献：

［1］周建涛，李欣. 本科毕业设计（论文）质量存在的问题及对策探讨——以北航经管学院金融（保险）专业为例［J］. 中国农业大学学报：社会科学版，2006（3）.

［2］杨平，王志萍，李平. 论大学毕业设计的"被应付"之风，中国电力教育，2010（25）.

［3］周艳荣，张玉莲，刘松平. 提高本科生毕业论文（设计）质量的对策研究［J］. 中国电力教育，2010（21）.

［4］杨会成，凌有铸. 提高应用性本科毕业设计质量的思考，中国电力教育［J］. 2010（24）.

［5］张超，赵德安. 本科毕业设计与科研项目相结合的实践与思考［J］. 中国电力教育，2009（12）.

创新创业

应用本科创新教育的问题与策略研究

谢泽文

  创新是一个民族的灵魂，教育领域中的创新管理在创新型国家建设中至关重要。应用技术本科作为普通本科的改革，也属于高等职业教育的重要组成部分，它担负着学生行为养成和传授专业知识、技能的重要任务。为社会输送的高技能应用性人才，直接面向生产，面向应用，承载高新技术应用的实施环节，因其培养目标的特殊性更应该关注创新问题。创新教育的核心是培养学生的创新精神与创新意识，提升创新能力。其根本方法就是给学生学习的自由，发掘学生创新智能，用自由激发学生自主的创造潜力。

一、应用本科教育的特点决定其必走创新之路

  应用本科教育是把主动适应区域经济产业结构的调整与发展作为办学方向，按照市场需求，培养生产、建设、管理和服务第一线高级技术应用性的人才。从现状看，我国成为世界加工中心的趋势已初步确定，但一线的高级技术人才缺口巨大，生产技术、生产工艺、产品质量、服务水平等都无法快速提高，直接影响到我国制造业的持续发展。因此，社会需求大批的高级技术应用性人才，而且需求数量在急剧上升。既有一定理论水平、又有较强专业实践能力，并具有较大发展后劲和创新能

力的一线高级技术人才是社会和企业十分欢迎、十分紧缺的，这是现时我国的国情。应用本科教育作为高等教育的组成部分，任务就是培养一大批具有必要的理论知识和较强实践能力、创新能力的一线高级技术应用性人才，必须坚持理论与实践紧密结合的教育方针，注重学生实践能力的培养，并在实践中进行创新教育，培养学生的创新能力。

二、应用本科创新教育存在的问题

创新教育在许多发达国家早已成为教育的重要内容，并形成了一系列的理论和策略。我国高校创新教育起步较晚，尤其是作为改革的应用本科更需要创新。目前，应用本科教育在创新方面存在诸多亟待解决的问题。

(一)体制结构问题导致创新口号盖过创新落实，创新教育"冷热不均"

应当承认，我国现有的高等教育体系是在计划经济条件下形成的以传统普通教育为主体的体系，它在普及文化知识、传承文明成果、推动科学发展等方面起到重要的历史作用，但也形成了以专业知识为本，以学科为导向，相对忽视社会中各行业、各职业的要求及各类社会成员个性发展的不同需要的基本特征。在这一教育体系中，应用本科教育处在"金字塔"塔尖的位置，其学科结构、专业体系、课程设置、教育模式、考试选拔标准等都鲜明地体现了传统教育体系的特征。

培养具有创新能力的应用性技术人才应作为应用本科教育的总目标，但应用本科教育起步较晚，且一般是由普通本科院校转型而来，受原来教学管理及教学模式的影响较重。而且，受实训设备与实训人员所限，其实施的教学计划只是增加了一些实验、实习的数量，在实训的数量与质量上与所预定的人才培养目标要求还有很大差距。从中央到地方的积极倡导，再到学校的培养方案和教改目标，似乎处处都体现学生创新精神的培养，但真正落实的少之又少。"瓶颈"在于缺乏行之有效的、适合应用本科教育的创新教育策略，实际工作未能"着陆"，以致出现上面"干打雷"，下面"不下雨"的尴尬局面。即使有些应用本科院校实施了创新教育，也往往流于形式，浮于表象，不能深入到问题的实质，很难取得实实在在的效果。

（二）"实战型"的师资队伍成为创新教育的"瓶颈"

普通高校里的应用本科教育的师资队伍应该是较强的，高职称和高学历的教师不少，但是教师实践能力较弱，实战能力不强；同时，严重缺乏企业或行列的优秀兼职教师。这些都成为应用本科创新教育的"瓶颈"。

"双师型"教师缺乏。应用本科教育的培养目标与应用性人才的培养模式决定了从事应用本科教育的专职教师必须是"双师型"教师。大部分院校把符合"既有教师系列技术职称，又有其他系列技术职称，或者在企事业单位从事过相关工作"条件的，都算做"双师型"教师。"双师型"教师强调教师要具有的专业实践能力，对多所应用本科院校的调查表明，在教师队伍中"双师型"教师的比例约占教师总数的 5% ~ 15%。因此，应用本科教育中的"双师型"教师十分缺乏。

企业或行列的优秀兼职教师不足。应用本科院校从企业或行列聘请一些专业基础扎实，有丰富实践经验或操作技能，并且具备教师基本条件的专业技术人员或管理人员担任兼职教师，不仅可以加强学校同企业的联系，而且可以改善教师队伍的结构，提高教师队伍的实践能力。一些发达国家亦是如此，如美国职业技术院校的教师分为专职和兼职两种，其中大部分为兼职。我国多数应用本科院校兼职教师大部分来自普通高校或其他高职院校，真正来自企业或行列的"实战型"教师所占比例较小。这就使校企联系的程度大受影响，成为应用本科创新教育的"瓶颈"。

（三）应用本科学生实际特点导致缺乏创新教育的信心

一方面缺乏自信，认为学生不能创新，不会创新。目前，应用本科教育的招生像独立学院一样，一般都在本科第三批次中录取。他们认为其生源仅比高职学生基础略好，只是做事的"胚子"，不是创新的"料"，因此把学生"动手能力"的培养作为最高的、甚至是唯一的目标，而包括创新精神在内的学生综合素质培养则存在缺失。事实证明，很多学业平平的人却蕴藏着惊人的创造力，如"发明大王"爱迪生只有小学文化，"抓斗大王"包起帆只有初中文凭，"杂交水稻之父"袁隆平原来的身份也只是一位农技师。因此，面对创新教育，应用本科院校根本无需自惭形秽，作茧自缚。

另一方面把创新教育等同于创造教育，认为学生不会创新。有些应用本科院校把创新教育"约等于"创造教育，认为创新教育就是培养"发明家"的教育，这就把创新教育"神化"了。创新有原发创新、集成创新和引进、消化、吸收、再创新等多种类型，难度是不一样的。应用本科院校的创新教育，目的不是让每个学生都去做发明家，而是通过积极有效的培养策略，提高学生的创新素养，使他们在日后的生产、生活中有所"革新"，少一些"僵化"；多点"新意"，少一点"呆板"；有所"开拓"，少一份"保守"。这对挖掘应用本科学生的潜能是十分有益的。应用本科院校的创新教育，重在学生创新意识的培养、创新方式的掌握和创新实践的锻炼。

三、应用本科院校开展创新教育的策略

根据形势发展制定行动方针和科学方法，科学的策略才是解决问题的前提和关键。应用本科教育实施创新教育，尽管存在一些问题，但也有其自身的优势。根据应用本科教育特点、

生源特征及创新教育特点，要实现应用本科创新教育的有效性和长效性，必须多管齐下，采取相应的策略。

(一)全方位熏陶——营造创新教育环境

要使学生处处感受创新的全方位，覆盖学生在校期间的各类活动场所和各种影响源，包括教室、图书馆、宿舍、食堂和校内广播电视、网络等。人是在环境中学习成长的，营造浓郁的创新环境对创新教育具有十分重要的作用。为此，学校首先就要在环境设计和布置上积极创新，力求新颖、简洁、实效；各种宣传媒介要加强创新的宣传与引导，烘托氛围；引入专业指导人员，鼓励相关教师争做创新的实践者与指导者，在教学中注意教学内容的开放性、教学方法的启发性、教学方式的灵活性和教学评价的多元性，使应用本科创新教育方法科学，富有实效。

(二)全过程渗透——完善创新教育体系

要使学生时时想到创新的全过程，包括学生从初进校门到毕业离校期间学习、生活的所有环节。如思想政治课教学（含创新知识讲座）要着重培养学生的创新人格和创新精神；专业教学要着重开发学生的创新思维和创新能力；创新活动和竞赛要着重使学生的创新思维转化为创新成果等，力求创新教育在学生短短几年的学习期间不留"真空"。

(三)全员激励——建立创新激励机制

要使学生人人参与创新，只有"给创新之火添加利益的燃料"，才能使创新之火熊熊燃绕、生生不息。在往往缺乏成就感的应用本科学生群体中，要特别重视激励策略的运用，尤其是发挥精神和物质双激励的作用。教学过程中，要鼓励学生勤动脑，对新奇思想不歧视；实践活动中，要激励学生质疑，对不同见解不忽视；创新竞赛中，要奖励学生的发挥，对小制作、小发明不轻视。每位教师都要做学生创新之火的"助燃剂"而不是"阻燃剂"，哪怕现在只是"星星点点"，毫不引人注目，但只要科学引导并一以贯之，终将燃成"燎原之火"。

（四）全身心投入——搭建创新实践平台

只有把创新教育策略充分运用到具体的实践环节，才能最终使创新之树根深叶茂，开花结果。创新思想、创新理论教育是应用本科学生创新能力培养的根本，创新教育要有机融入到教学和活动中，以激发学生的创新需要、动机、兴趣和理想。只有使学生形成稳定的创新心理，才能为创新教育向更深、更广层面推进提供可能。专业教学中的创新教育是创新教育的主要阵地，也是培养学生创新素质的主渠道。教师首先要有创造精神，并学会把这种精神渗透于教学过程的始终，要引导学生创新性学习，通过教学手段的创新、方法的创新、思路的创新来激发学生的创新思维，培养学生的创新能力。创新实践中的创新作品是应用本科学生创新能力培养的果实，应用本科教育要充分发挥实践性强的特色和优势，积极组织创新兴趣小组，大力开展实践创新活动。如创新训练计划项目，科技创新竞赛活动，强调学生动手能力的培养，重视创新能力的培养，引导学生将创新思维向创新产品转化，使创新教育产生实效，结出果实。

尽管应用本科创新教育客观上存在一些问题，但是在国家大力发展高等职业教育的背景下，应用本科院校只要努力创造条件，解决"实战型"的师资"瓶颈"问题，切实做好应用本科教育的人才培养方案，树立全方位熏陶、全过程渗透、全员激励、全身心投入的创新教育理念和创新工作模式，就一定能在高等职业教育中闯出一条创新教育的"光明大道"，确立应用本科教育在普通本科院校中的特色地位，同时也为高职院校树立良好的创新教育典范。

参考文献:

[1] 苏锡锋. 高职创新教育存在的问题与对策 [J]. 黑龙江高教研究，2004（9）.

[2] 吉鸿. 高职创新教育目标体系的构建与保障 [J]. 中国成人教育，2007（19）.

[3] 倪卫东. 高职创新教育的探索与实践 [J]. 无锡职业技术学院学报，2005（4）.

论应用本科低年级学生主题班会建设

吴荣秀

低年级的应用本科新生是本科院校一个相对特殊的群体。他们往往缺乏独立性与理性思维，遇事易冲动；自制力不够，易受外界影响；自信不足，易盲目跟从；上进心不强、目标模糊；渴望张扬个性却往往方式不当。为此，利用主题班会这一其他教育载体无可比拟的独特优势，抓住机遇对其进行教育引导，使之尽快适应大学学习生活，顺利实现角色转换、走上良性发展的轨道，同时对高校学生工作队伍今后工作的开展，都有着重要的意义。

一、应用本科低年级学生班会的主题建设

一般说来，确定班会主题的因素主要有两个：宏观上来自上级教育部门和学校的统一部署与要求；微观上来自班级与学生的实际需要。前者相对固定，后者灵活、多变，两者相互贯通，互相促进，而微观因素更大程度上决定了班会的主题。

主题班会应立足于解决实际问题，突出针对性。一般说来，班会的主题应高立意、主旨鲜明，这样才能使学生现有的知识水平、思想觉悟与道德观念得到升华，实现德育教育的目的。但是对于应用本科低年级学生而言，主题班会的效果如何，光有高立意还远远不够，与现实问题的相关程度直接决定班会成

效。这要求班会的主导者辅导员深入学生当中，观察、发现其中存在的问题，获取第一手的材料，针对学生群体或部分学生学习、生活、心理等方面存在的突出问题尤其是带有普遍性和倾向性的问题设置班会主题。

主题班会应贴近学生生活，走进学生心灵。成功的主题班会是师生之间、同学之间就共同关心的话题进行频繁交流、双向互动的结晶。大学生们有自己的喜怒哀乐，在不同的时期有不同的重点关注对象。关键是要去了解学生内心需要什么、关心关注什么，知己知彼力戒空谈，选择贴近学生心灵话题的班会主题。

主题班会应注重阶段性。与一般本科生相比，应用本科学生的综合素质相对较差，在不同时期表现出的问题不同，班会主题也应反映出其阶段性。在进校之初，突出表现是他们渴望独立而独立能力弱，学习自觉性不够且方法不当。对此，大一学生应以行为培养、习惯养成为重点。新学期伊始，在以"我心中的大学"为题憧憬美好生活的同时反思"我为什么要上大学"，认清形势、准确评估自我，明确上大学的目标、意义和价值所在。面对比中学时代多出来的大量课余时间他们往往不知所措，以"我的大学我作主"为题有效规划课余时间为自己充电，引导其由被动向主动充电转换。"挫折与失败——大学生活的宝贵财富"培养抗挫能力。展开辩论大赛，以"上网与学习""专业知识学习与综合能力培养谁更重要"等为主题正确处理网络与学习、专业知识学习与能力培养的关系。大二学生进入个性化发展阶段，专业课程的学习任务繁重，对大学生活的新鲜感已荡然无存，惰性出现，纪律观念减弱，有的还可能恋上了吃喝玩乐，这时需要在对诸多问题进行解决的探索中培养其综合素质。"做人与做事""恋爱与事业"等主题就突出了，适时引导学生"守纪与责任"以"把握今天，握手未来"让学生明是非，知情理，全面提高自身综合素质。

班会主题应具备系统性与连贯性。每次围绕一个不同的主题开展班会，如"独立"、"责任"、"挫折"、"毅力"、"拼搏"、"感恩"、"爱情"、"网络"、"人际"、"解读幸福"、"诚信"、"细节"等，逐步把理想信念、爱国主义、品质养成、价值观培养等纳入进来，注重学生良好品质、阳光心态、文明礼仪、行为习惯的培养。兼顾职业规划、心理健康教育，与形势政策、社会实践活动、就业指导、校园文化、创新创业等融为一体，形成强大的系统合力，再结合实际情况的变化而适当调整。这样既能保证我们常规管理的连续性，又因其兼顾了科学性、系统性与连续性而保证了教育目标的实现。每次主题班会解决一个实际问题，重点强调一个要素，坚持下去就能在潜移默化中完成对学生进行素质教育的目标。

二、应用本科低年级学生主题班会的内容建设

（1）大学生活适应。应用本科低年级学生首先遭遇的便是适应困难。从生活自理能力与独立意识的培养入手，从大学学习方法、资源认识与利用、全方位安排校园生活等方面解决新生遭遇的不适应，引导学生适应大学生活并主动思考，为自觉规划、经营大学打下基础。

（2）纪律观念与时间管理。开展"《学生守则》之我见"、"拥抱我的大学"等主题班会，探讨时间管理的方法与策略，让学生主动进行时间的整体与局部规划，实现科学高效利用。在平和而热烈的氛围中为纪律观念差、自制能力弱的新生植入守纪观念，让课堂出勤、寝室卫生、集体活动在无声中被学生接纳。

（3）稳定专业思想。可采取专业导师座谈会、新老生交流会、校友专题报告等形式，让新生充分了解所学专业的特点、课程设置、师资情况、考研就业情况，树立稳定的专业思想，激发学习动力、增强信心。

（4）职业生涯规划。认识自己的爱好与兴趣、性格、价值观、能力等，了解职业生涯规划的不同阶段和相应步骤，制订短期计划与长期规划并付诸行动，逐步实现。

（5）情绪管理。认识正面情绪与负面情绪，正确看待情绪带来的影响，掌握情绪管理的技巧与方法，快乐生活。

（6）人际关系管理与团队意识培养。注重礼仪，学会与人交往并理性相处。掌握人际交往的基本原则，学会并能灵活运用人际交往的技能与沟通技巧。学会应对矛盾、正确处理人际冲突，维系良好的人际关系。锻炼团队意识，学会悦纳他人，善于与人合作，能借助集体的力量克服困难，在友好的交往与合作中实现共同进步。

（7）珍爱生命，在挫折中成长。尊重生命、珍视生命、学会感恩与包容、热爱生活，多做有意义的事，发掘人生价值，以积极、健康的心态应对挫折。

（8）幸福爱情。培养爱的能力，处理好恋爱与学业的关系。

（9）网络伴我健康成长。客观认识网络利弊，避免沉迷网络，健康上网。学习正确使用网络资源，将其功能最大化。

三、应用本科低年级学生主题班会的主体建设

（1）辅导员是主题班会的总导演、导师。要实现主题班会的教育目标，要求辅导员首先做到"心中有数"，从宏观上把握并指导学生开展班会。具体说来，①辅导员应制定学期主题班会总体规划，召集各班的组织策划者统一学习主题班会的目的、意义，让学生做到策划之前就心中有数，指导班委在征求全班同学意见的基础上拟订学期班会主题计划。②在班会开展过程中，辅导员需要对出现的问题进行灵活处理和积极引导。由于学生的年龄、认识水平的局限性与差异，他们的认识往往有些片面，辅导员要点评、纠偏，使学生能够认识到自己在班会过程中表现出的优点和不足，感受到受重视而激发出更大的参与

热情，这是学生自我教育的重要形式，也是辅导员开展教育的良机。③班会结束时，总结升华班会主旨，帮助学生提高认识，提高主题班会的实效性，也为主题班会的后续开展与深入了解学生积累了素材。此外，辅导员还要做好"追踪教育"。班会结束后，要密切留意学生在思想行为上的变化，到他们实际的学习和生活空间中去了解他们的现实表现，以观察和巩固班会效果，必要时加以继续教育、引导。

（2）班委是主题班会的策划师、执行者。班团干部是班会的具体实施者、承办者，自编、自导、自演是对班委在主题班会实施环节中担任角色的准确描述，从班会具体内容到参与人员的分工、角色，都是由班团干部一手策划组织的。成功的策划与有效的组织是班会成功的关键。随后负责组织策划、分配任务，让更多的人有事可做，通过观察生活、查找资料，让每个人都有备而来，做到有话可说、有情可表，力求全体同学有所收获、有所教益。

（3）班级学生是主题班会的主体与利益受众。同学的关心与参与是主题班会成功的决定因素。同学们是班会参与的群众基础，他们对班会主题和内容的了解，对班会形式的选择，无疑将为主题班会的召开营造热烈的氛围，能平添不少的教育效果。辅导员应引导、鼓励学生主动通过各种途径查找信息、拓展思路，加深对主题的理解，积极参与到班会的筹备、选材，参与到选取最能解决问题的角度的思考与行动中来。

四、应用本科低年级学生主题班会的形式建设

传统形式与创新形式相结合，辅之以网络、多媒体、班刊等物质载体。

一是会议形式。以"说、讲、评"为典型特征，主要以报告、讲座、会议等形式出现，适于人数众多的集中教育，通常用于对国家政策、规章制度等政治性、制度性强，严肃的规定

内容的传达。可邀请有关人员，如劳动模范、战斗英雄、专家、优秀教师等给学生作系统讲解、现身说法，使理论知识与学生生活更贴近。其优点是容量大、集中性强，教育的主客体间的信息传达直接、明确、快速。但因其重在说理而易偏向空洞说教、学生参与环节少，互动差，容易流于形式，缺乏吸引力。

二是演艺形式。刚迈进大学校园的应用本科新生从高中阶段紧张密集的学习中解放出来，他们带有明显而强烈的表现欲，开朗奔放、不拘一格，热切盼望展示自己。才艺表演类的联谊、文艺晚会、故事会、影、视、剧评等娱乐性强的班会形式，有关交通、饮食、防火和防盗安全方面的小品，其氛围宽松，学生在无拘无束中自由地展现自我、学习知识，有助于增强自信、增进了解，又提升了品位，丰富了校园文化生活。

三是历奇形式。应用本科低年级大学生具有强烈的好奇心和猎奇心理，他们精力充沛、热力四射，兼富挑战性与趣味性的户外活动很受他们欢迎。参观、社会调查与实践、野外生存训练等，均以户外为主要场所，以素质拓展类活动为内容，能培养、锤炼学生的团队意识、合作精神，对班级凝聚力、向心力的增强能起到立竿见影的效果。在共同接受考验的经历中，克服娇气与依赖，融入集体，乐于合作。

四是自主探讨式。主要是知识竞赛、辩论赛、演讲、座谈会、讨论会等适于对学生们感兴趣的、需要深入认识、理性对待的热点问题。其特点是联系实际强、说理透彻，思辨性强、需要充分的前期准备，学生参与面广，热情高。这种方式的主题活动，气氛自由、民主，利于发挥学生主动性，自己寻找问题的答案。在和谐的气氛中，学生容易袒露胸襟，发表对问题的看法与大家交流，提出尚未解决的疑惑与同学研讨。这种方式比单纯的说教说服效果要好得多，通过交流，学生能够相互启发、交流思想，同时也培养了学生的语言表达能力和思辨能力。

主题班会的开展还需积极主动展现和报道班集体风貌，可以创办班刊作为辅助。学生们思维活跃，对生活充满热情，他们需要心灵的驿站，需要有一个释放心情的天空。但由于校报和系刊的篇幅有限，来自学生的优秀作品不能一一与大家见面。班刊的创办弥补了这一不足，为学生提供了一个展示自我、展现班集体风貌的舞台，既可鼓励学生积极思考、积极创作，同时也锻炼了学生综合能力。

网络形式。当前高校大多实行学分制，学生们的课程内容不尽相同、个人时间不统一、教室不固定，不利开展集中式主题班会。辅导员可利用现代的网络手段，开辟班级 QQ 群、班级公告、班级邮箱等方式，指导学生开展进一步的思想交流和碰撞，这既缩短了时空距离又能畅所欲言，促进了学生们的自我教育和自我管理。

参考文献：

［1］陈娟. 论高校新生思想政治教育主题班会载体建设［J］. 安徽农业大学学报：社会科学版，2010（3）.

［2］殷丽萍. 高等职业学校主题班会的优化设计与组织探讨［J］. 太原大学教育学院学报，2011（4）.

［3］赵文，邹爱婕. 主题班会对大学生素质教育的作用与对策［J］. 内蒙古农业大学学报：社会科学版，2011（4）.

以逻辑思维培养促创新思维培养
——宏观经济学教学为例

彭寒飞

　　高校学生创新能力培养是个永恒而经典的话题。究竟如何才能培养和提高学生的创新能力，也是人们探索的话题。创新能力的培养和提高需要诸如学校教学环境、学习体制、管理模式、课程改革、实习实践等全方位创新系统的配合，才能顺利完成。创新能力培养包括创新意识、创新技能、创新思维等的培养。首先，激发学生的创新意识；其次，培养和训练学生的创新技能及创新思维；最后，学生才可能自觉进行创新和创造。

　　创新思维在创新创造的整套过程中显得尤为重要。创新思维有时来源于想象、直觉、灵感的闪现，有时来源于艰苦的脑力劳动后的结果。无论哪种方式和方法，都要遵循创新创造的规律和技巧。把非逻辑的纳入逻辑思维，把逻辑的变为非逻辑的再纳入逻辑思维过程，都属于创新。而逻辑思维和知识在创新中具有推理论证和精确验证的重要作用，没有逻辑思维就产生不了创新。因而，逻辑学教育在高校学生创新性思维的培养过程中显得异常重要。高校学生已经具备一定的逻辑学知识和逻辑思维习惯，只是存在强化和不同学生不同水平的问题。如何通过逻辑思维的训练培养学生创新思维和创新能力，是我们面临亟待解决的课题。

一、逻辑学具有培养创新思维的功能

逻辑学在高校教育中具有多种功能，其创新思维培养功能在当今受到人们越来越多的重视。比如创新思维的积极的求异性特征。它往往表现为对司空见惯的现象和已有的权威性理论持怀疑的、有分析的、批判的态度而不是盲从和轻信。而这种怀疑、分析和批判必须来源于逻辑思维和推理及逻辑论证，不然就毫无说服力。

创新思维的另一主要特征——敏锐的观察力同样离不开严密的逻辑思维。即在观察的过程中，不断地将观察到的事物与已有的知识或假设联系起来思考，把事物之间的相似性、特异性、重复现象进行比较发现事物之间的必然联系，作出新的发现和发明。这种联系思考，发现不同或相同，就是逻辑推理过程。

创造性的想象是创新思维的另一重要特征。它表现为不断地改造着旧表象，创造新表象，赋予抽象思维以独特的形式。这种创造性想象最终能否创造新表象，取决于对想象加以逻辑论证。

创新思维还需要独特的知识结构。它表现为具有扎实的基础知识、精深的专业知识、广泛的邻近学科知识，以及关于科学技术发展的新成就的知识。无论基础知识，还是专业知识，或其他知识，必须把它们进行联系、分析、结合才能产生新的知识和方法，才能创新。联系、分析、结合就是逻辑推理的过程。

活跃的灵感对于创新有着重要作用。它能突破关键，使兴奋的选择性泛化得到加强，产生神经联系的突然性接通。活跃的灵感产生以后不能孤立存在，它在于突破，基于联系，最终前后接通。这仍然建立在逻辑学基础之上。

二、逻辑思维培养是高校学生创新思维培养的有效路径

创新思维培养就是逻辑和非逻辑思维的培养。非逻辑思维也依赖于逻辑思维才得以验证和实现。高校教育更适合对逻辑思维的培养而非对非逻辑性思维的培养。逻辑思维能力比非逻辑思维更容易通过后天培养而实现，属于一种规范。学生在校就是学习一种规范，如知识的规范、思维的规范、科学的规范等。在高校真正培养和强化学生的逻辑思维能力，运用逻辑思维这种工具，是培养创新型人才的有效路径。

高校逻辑思维培养普遍缺乏和落后，应根据不同学校，不同学科，不同学生的具体情况，建立逻辑思维培养的体系，包括课程、实践、实习、论文等多个环节和层面。在课程教育教学中实现逻辑创新教育功能，是一个基础和一块奠基石，为实践、实习、论文的逻辑创新教育铺平了道路。

三、宏观经济学教学中逻辑思维培养促创新思维培养案例

在宏观经济学教学中，要教会学生运用经济学理论、方法思考经济现象，解读经济政策。要做到这些必须充分运用逻辑思维对经济现象进行分析推理，找到问题及问题的原因。但要解决问题，提出解决办法，得运用创新思维进行想象、创造。运用创新思维提出解决办法后，又要充分运用逻辑思维推理出可能的结果。不同的经济状况，运用创新思维提出不同的解决办法，会得出不同的经济结果。如何选择，得靠我们的逻辑思维推理和权衡。

每个时代的经济理论都有其自身的逻辑，且都能自圆其说。在古典主义经济时代，人们对萨伊定律深信不疑，认为供给创造自身的需求，社会可以处于自动的充分就业的均衡状态，社

会没有生产过剩，一切生产活动的目的都是为了消费。萨伊定律在它产生的时代背景下，有效地促进了生产，也具有一定的逻辑辩解性。但随着时代的发展，经济的发展，萨伊定律暴露出它的局限性，明显不能解释随后的经济现象。

凯恩斯定律则运用创造性思维从相反的角度，从充分就业的逻辑推演开始，提出生产和就业水平决定于总需求水平，从需求的角度解决了萨依定律从供给角度不能解决的问题。凯恩斯定律和理论也具有严密的逻辑和相对正确性，切实解决了当时经济的棘手问题。

随后，凯恩斯的经济政策和主张带来了持续的通货膨胀和失业，即"滞涨"。弗里德曼则从货币供给的角度创新，研究了货币供应量对产量和物价的影响，强调货币供应量的变动是引起经济活动和物价水平发生变动的根本的和起支配作用的原因，对凯恩斯主义提出了挑战。弗里德曼的主张同样具有严密的逻辑性，1956年发表的《货币数量论——重新表述》奠定了货币学派的理论基础。弗里德曼强烈反对国家干预经济，主张实行一种"单一规则"的货币政策。这就是把货币存量作为唯一的政策工具，由政府公开宣布一个在长期内固定不变的货币增长率，这个增长率应该是在保证物价水平稳定不变的条件下，与预计的实际国民收入在长期内会有的平均增长率相一致。实则强调对货币进行有效地控制和干预，以防控持续的通货膨胀，为解决经济"滞涨"问题提供了有效思路和可行办法。

宏观经济学就这样在逻辑与创新思维的互动过程中不断发展演化和完善。同其他学科一样，它需要不断推理论证和创新，才能突破宏观经济学中的两难瓶颈，使经济健康平稳较快发展。

在宏观经济学教学过程中，也只有以逻辑思维促创新思维培养，才能为培养出新型创新型大学生奠定基础。

参考文献:

[1] 龙小平，龙小根. 从符合论的观点看逻辑真理 [J]. 自然辩证法研究，2005 (3).

[2] 阎莉. 整体论视域中的科学模型观 [D]. 太原：山西大学，2005.

[3] 吉力. 逻辑和哲学视野中的真之符合论 [D]. 太原：山西大学，2007.

[4] 崔凌志. 从对语言的考察到对哲学的批判 [D]. 山西大学，2007.

[5] 张力锋. 模态逻辑和本质主义 [D]. 北京：北京大学，2004.

[6] 刘德兵. 论可能世界视域下的同一性问题 [D]. 苏州：苏州大学，2007.

[7] 吴家国. 普通逻辑原理 [M]. 北京：高等教育出版社，2000.

[8] 陈波. 逻辑学导论 [M]. 北京：中国人民大学出版社，2003.

浅析高职院校创业教育现状与创新策略

杨　宁　郭本玲

　　党的十七大提出"提高自主创新能力，建设创新型国家"和"促进以创业带动就业"的发展战略。创新创业教育是适应经济社会和国家发展战略需要而产生的一种教学理念与模式。创业教育正在高校蓬勃发展，本科院校创业教育模式形式多样，高职院校创业教育还仅仅停留在一种意识的或是感性的层面，缺乏系统化。本文对高职院校创新创业教育进行了浅析和探讨。

一、高职院校创新创业教育现状

(一)教育观念陈旧

　　长期以来，我国高职院校仍以传统教育即知识教育为主，忽视学生的主体性、能动性、创造性，动手能力偏弱。在创业方面，中国的平均水平低于全球创业观察（GEM）统计的平均水平。我国学生创业比例不到毕业生总数的1%，而发达国家一般占20%～30%。因此，必须尽快转变传统教育理念，深化改革高职人才培养模式，从就业教育转向创新创业教育，树立起自主创业不仅是学生就业的重要途径，更是学生成才重要模式的新观念。

(二)创业教育课程重视不够

学校在设置创业教育课程时，往往是为了设置课程而设置课程，就业与创业指导课程仍把知识的讲授放在首位，忽视能力的培养，缺乏相应的技能训练，仍停留在照本宣科、理论与实践脱离、观念与行为脱节的状态，没有采取切实有效的措施来提高教育效果。在师资配备的问题上认识不足，重视不够。创业教育是一种实践性很强的活动，教师的学识、经历和经验很大程度上决定着创业教学的效果。既有专业知识，又有创业和企业管理经历的教师无疑才是创业教育较好的人选，但现实是许多教师缺乏企业经历和实践经验，还有的是连基本的教学经验都尚且不足的新教师，更多教师是边自学边教学。基于此，要完全吃透这些理论知识并使学生乐于接受，难度很大。

(三)生源质量较低和创业意识淡薄

受现有高校体制的影响，我国大多数高职院校处于高等教育链条的末端。也就是说高职院校本身质量不高，直接导致招收入校的高职学生生源质量受到影响。许多学生缺乏明确的人生目标，对家庭及学校的依赖性很强，甚至对所在学校和所学专业也不认同，由此导致部分学生采用"得过且过"的消极学习态度。再加上社会经济发展及产业结构的调整对人才层次的要求所带来的就业压力，使学生对将来自主创业的信心严重不足。因此，学生对创业创新的意识比较薄弱，创业方面的教育还需要进一步强化引导。

二、高职院校创新创业教育的现实意义

(一)开展创新创业教育是建设创新型国家的需要

党的十七大报告指出："提高自主创新能力，建设创新型国家。这是国家发展战略的核心，是提高综合国力的关键。"建设创新型国家的关键是培养创新型人才，高职院校作为高素质、高技能应用人才培养的基地，更应努力为建设创新国家培养出更多优秀的人才。

（二）开展创新创业教育是学生自身发展的需要

学校开展创新创业教育的宗旨是培养学生的创新精神、创业意识和创业能力，开发和提高他们创新创业的基本素质。通过创新创业教育，有助于培养学生善于观察、勤于思考的能力，在知识、技能等创新创业的智力因素方面得到锻炼和加强；同时，注重培养、提高他们在理想、抱负、信念、意志、毅力等创新创业的非智力因素方面的能力。为此，要进一步提高学生的综合素质，增强学生自身的发展能力，并为学生后续发展奠定良好的基础。

（三）开展创新创业教育是缓解毕业生就业压力的需要

据教育部统计，我国大学毕业生的初次就业率已经由 20 世纪 90 年代末的 90% 以上跌落到 2009 年的 74%。自从党的十七大提出"实施扩大就业的发展战略、以创业带动就业"的就业战略以来，特别是在遭受国际金融危机冲击影响的情况下，我国政府出台了一系列鼓励创业的政策措施，高职院校创新创业教育受到越来越多的重视和加强，这是现阶段缓解和解决毕业生就业压力的一项重要的内容和任务。遵循高等教育发展规律，充分反映社会人才需求，不断深化学校教育教学的改革，不断完善学生就业指导工作机制和制度，既是解决学生就业难的根本措施，也是推进高职院校科学发展的现实需要。

三、高职院校创新创业教育的路径选择

(一)转变观念、准确定位是创新创业教育的根本

目前,多数高职院校对大学生创新创业教育的功利主义倾向较为普遍,思想观念上缺乏足够的认识。在学校教育教学过程中把创新创业教育作为教育的补充,没有真正纳入大学生必修课之中,在办学指导思想上存在着创新创业教育只是为解决大学生就业的误区。为此高职院校必须深刻认识和领会创新创业教育的本质和内涵以及时代要求,以素质教育为切入点,把专业教育、素质教育与创新创业教育全面有机地深度融合,以创新精神、创业能力的培养作为贯穿创新创业教育始终的本质要求和定位,使大学生在职业生涯规划上塑造有高职特色的、独立的创新精神和创业人格,从而培养大学生服务社会、服务经济建设的综合素质和能力。同时,高职院校的创新创业教育要消除认识上的误区,解放思想,转变观念,建立起具有高职特色的、科学的学科体系,将创业教育融入学校教育教学体系中,纳入教学计划中,并作为实施素质教育的一项重要内容予以重视。要结合职业院校人才培养的特色和要求,从实际出发,统筹安排,把创新创业教育贯穿于学校人才培养的始终。

(二)教师队伍建设是创新创业教育的关键

创新创业教育的成功与否,关键在于师资队伍。它所需的教师应是具有创新精神、创业能力、创业实践的创业者兼学者。这样的教师在高职院校非常缺乏。加强师资建设的途径之一是"走出去"、"请进来"。"走出去"是定期让专业教师到企业挂职锻炼,与企业人员合作研究、开发创新项目,再将项目成果运用于教学,进一步充实教学内容。通过走出去,增进专业教师知识,拓宽视野,提高教育教学质量。"请进来"就是聘请企

业、工商、税务等各界专家作为课程的兼职教师和创业导师。他们不仅要经常与学生做面对面交流，把最前沿的成果、最新的信息、最成功的经验传授给学生，而且还可为学生提供实习实训和实地调研的机会，完善学生的知识结构。这样做既弥补了创新创业教育教师数量的不足，也实现了创业教师个性、能力、学识和经验的互补，优化了师资结构。途径之二是制订长期的创新创业教育师资培训计划，分批遴选优秀的辅导员、就业指导教师和相关人员外出参加创新创业培训进修，鼓励教师创造性地开展创新创业教育教学方法研究和探讨，编写适合高职创新创业教育的教材。

（三）创新教育平台的构建是创新创业教育的条件

创新教育基地平台的构建主要有如下几个方面：一是创新创业基地的组织机构和管理体制的建立。①学生管理：各年级学生自愿报名，择优录用；学生完成相应阶段的训练后可以选择继续或者退出；学生参与活动和接受考核后，由学院颁发参加活动证明或证书，完成较好的项目可以给予相应的实践创新学分。②教师管理：基地教师主要包括有志于该项事业的青年教师和实验室人员；同时，鼓励教师按照自身特点，设置创新项目。③活动管理：依照学生自身特点按项目分组，对于活动所需资金由基地统一申请；鼓励有创新内容的作品参加各类大赛；对于不能按时完成项目规定任务、不能按时参加活动的同学，辅导教师有权终止其项目。二是创新教育基地硬平台的建设。如建立实验室、创新工作室和相关实践实训基地，购买相应的仪器设备，引进了国内外公司企业进入基地等。三是创新教育基地软平台的建设。如建立创新创业模块课程体系、设立学院创新创业基金等，用于资助学生开展科研创新活动和创业计划，支持并组织学生参加全国有影响的课外学术科技竞赛，奖励学生学术科技创新活动成果等。

（四）优化课程体系是创新创业教育的核心

课程是实现教育目标的重要内容和保证。要创造良好的创新创业环境，培养和提升学生的创业能力，首先就要调整专业培养方案，建立渗透创业教育内容的教育课程，采取多种形式的教学方式，丰富学生的创业知识，让他们了解和熟悉有关创办企业及管理企业的知识和技能。根据专业开设匹配的创新、创业课设，比如国际商务专业开设外贸企业的经营管理；旅游专业开设旅行社经营管理、饭店经营管理；物流专业开设中小快递公司的经营管理、中小货运企业的经营管理等。课程内容主要讲授各类相关企业的开立和在前 1～3 年经营中面临的重点问题及解决方法。其次应该开设根据创业教育的具体目标专门设计的教育活动课程，在课外开展创业计划大赛、创业交流，开设创业教育课讲座等丰富多彩的形式实施创业教育课程。定期举办对话交流论坛，请创业成功人士直接与学生进行面对面的对话，解答其在课堂学习中和实际创业中的疑难问题，帮助学生分析创业成功与失败的原因，为其提供创业借鉴与指导。最后还应定期或不定期地邀请校内专家学者为学生开设更多的人文科学、自然科学讲座，邀请社会各界知名人士、校外专家学者来校举办讲座和报告，开阔学生的视野，完善学生的知识结构。

创新创业教育旨在培养大学生的创业意识、创业精神和创业能力，为国家培养创新创业型人才。创新创业教育工程的实施仅依靠高职院校的资源是远远不够的，需要国家相关部门、社会力量以及企事业单位的共同努力，通过全社会力量的共同参与，为国家的繁荣昌盛、民族的伟大复兴做出应有的贡献。

参考文献：

[1] 张玉芳. 职业学校创新创业教育现状与策略浅析 [J].

科技资讯，2011（14）.

［2］宋建军. 创新创业教育：高职院校不可或缺的教育［J］. 职教探索与研究，2010（1）.

［3］蒙贺伟. 大学生创新创业教育探析［J］. 农业网络信息，2011（1）.

高职院校大学生创业教育现状与对策研究^①

史学斌

随着中国高等教育进入"大众化"阶段，每年毕业的大学生人数剧增，就业形势也越来越严峻，大学生就业难的问题被广泛关注。而解决大学生就业压力的途径之一是大学生自主创业，此举不但解决了大学生自身就业问题还减轻了社会就业的压力。而且，创业更是促进社会创新的最佳模式之一。然而，目前我国高校创新创业教育还仅仅处于起步阶段，存在很多问题。

一、大学生创业教育的内涵

美国考夫曼基金会为创业教育做出了如下定义：创业教育是向个人传授一种理念和技能的过程，它帮助被教育者识别那些被别人忽视的机会，使其有足够的洞察力将他人犹豫的事付诸行动。具体内容应包括识别风险与机会，整合资源以开创新企业，并对企业进行管理等。

1989 年，联合国教科文组织在北京召开了"面向 21 世纪教育国际研讨会"，此次会议首次提出了"事业心和开拓教育"的

① 重庆工商大学应用技术学院教学改革项目"大学生自主创业能力的实践教学模式的构建与实践"的阶段性研究成果。

概念，后被译为"创业教育"。1991 年联合国教科文组织亚太地区办事处东京会议报告指出：创业教育是培养具有开创性的人，这种人应该具有冒险精神、创业能力、独立工作能力及技术、社交和管理技能。1995 年，联合国教科文组织阐述了创业教育的概念，即求职和创造新岗位。按照其解释，创业教育从广义上来讲，旨在培养具有创新精神、开拓意识、创业能力、社交和管理才能等开创性品质的人。创业教育注重把创新创业精神和开拓技能的培养提高到与学术性和职业性同等重要的地位，通过培养具有开创性品质的人，使他们能更好地适应未来社会需要，更好地为促进社会经济发展和个人生活质量提高发挥作用。其主要内容包括创业意识、创业知识、创业能力和创业心理品质。

在我国，大学生创业教育不仅仅是一种创业知识和技能的传授，更是一种理念，一种精神品质的挖掘、培养和树立，是对大学生追求卓越、成就事业、实现价值的激情或者说本性的开发、疏导和锤炼。当前，我国正处于"后金融危机"和"高等教育后大众化"的时期，宏观就业压力和结构性矛盾并存，大学生就业仍然面临较大的压力。对高等学校来说，创业教育是服务于国家转变经济发展方式、建设人力资源强国和创新型国家战略的迫切需要；是落实以创业带动就业发展战略，促进大学生充分就业的重要途径；是深化高等教育改革，推动高校教育教学、科学研究、社会服务三大功能有机结合，培养创新型人才的重要手段。

二、当前我国高职院校大学生创业教育的现状与不足

1991 年教育部《面向二十一世纪教育振兴行动计划》正式提出加强对教师和学生的创业教育，创业教育正式起步。经过十几年的探索实践，我国高职院校在开展大学生创业教育中虽

取得了一些成绩，但与大学生创业要求相比，仍处于起步阶段，还没有形成比较成熟和系统的创业教育模式。

（一）高职院校创业教育重视程度较低

大多数高职院校均由中专升格转化而来，中专教学的影子依然存在。而且，创业创新教育起步晚，认识不到位，多数学校没有成立创业中心，甚至没有一个教研室统筹管理创业教育。有的高校认为学生需要创业教育的是极少数，开展创业教育的需求和意义不大；有的高校教师认为大学生在校期间的任务是学好专业知识，不应该鼓励他们去创业。当然，除高校外，目前社会上对大学生创业也存在一些错误认识，不少人认为大学毕业生没有资金、没有场地、没有经验，创业必然要失败。在社会的影响下，一些在校大学生自身也对自主创业信心不足，从而轻视创业教育。

（二）创业教育资金投入严重不足

一些高职院校办学条件距教育部人才水平评估尚有很大差距，基础设施建设仍有很大资金缺口，再加之实践性教学投入也很大，许多院校创业创新教育资金投入严重不足，仅限于创业计划书的设计大赛、鼓励学生摆地摊练手等初级创业活动。在一些开展项目教学等依托外联单位教学的职业高校，其实训实习教学目的主要是为企业培养人才，而创业教育不受重视。

（三）师资队伍、课程体系严重滞后

创业教育的相关课程，如创业管理入门、创业市场调查、创业实务、团队训练等，往往需要教学者拥有实践经历和创业经验。而目前高职院校从事创业教育的师资力量普遍不足，主讲上述课程的老师，大多是长期从事理论教学工作，擅长于从理论到理论，其自身缺乏创业创新教育专业训练，既缺乏理论

素养，也缺乏实战经验。因此，这些老师在实施创业教育过程中，缺乏鲜活、生动的创业案例，对学生的吸引力不足。另外，在学校组织的创业活动中，指导工作的多为学生辅导员。他们在具体指导时更多地是宣传一些创业政策、创业形势、创业技巧等方面的知识，很少有专业或专职老师对大学生进行系统的创业指导工作。

与师资相对应的是课程体系严重滞后。我国多数高职院校的创业教育课程并不完善，创业教育至今没有纳入到学校整体育人体系中，也没有列入对高校考核评估的指标体系中；创业系列课程严重缺乏，尚无统一、科学的创业教育教材及正规化、学科化的课程体系，也缺乏切实有效的制度安排；创业教育浮于形式，对大学生创业能力的培养还停留在搞一些与创业有关的活动阶段，参加活动也仅限于一些国家或省里的创业计划大赛，参与活动的也只有少数人，带有极强的精英化倾向。

（四）缺乏鼓励创业的社会文化氛围

在高职校园内创业文化氛围不浓，没有将创业创新教育上升到文化高度去挖掘、积累和发挥。大学生创业社团和大学生创业教育组织机构很少、创业激励机制没有有效建立、大学生职业生涯规划设计大赛和创业计划大赛没有在学生中普及、校园内没有形成创业创新气候，更谈不上在潜移默化中影响学生的世界观、价值观和人生观。此外，国家政策、风险机制、银行贷款、税收减免政策环境也不利于毕业生大胆创业。

（五）创业实践基地严重短缺

大多数高职院校没有专项创业教育经费，再加之创业教育实践基地建设要比普通就业教育实训基地建设难得多，因此，大部分高职院校严重缺少创业实践基地。

三、进一步加强高职院校大学生创业教育的对策建议

（一）社会层面

1. 营造和谐创业氛围

文化是一种氛围，创业文化是一种包含专业知识、创业能力、创业精神的氛围。因此，和谐的创业氛围是开展创业教育、培养创新人才的前提。在创建和谐创业环境、氛围的活动中，社会舆论应该给予更多的支持和鼓励，从而激发更多的大学生产生创业欲望。同时，要注重对创业典型和成功案例进行大力宣传。

2. 建立政府帮扶机制

地方政府认真落实大学生创业的有关政策，应从资金、政策、管理、场地等方面建立大学生创业帮扶机制。对低碳、环保、高科技可持续发展项目，可经过专家论证，根据不同项目和优惠条件给予适度帮扶，使创业项目顺利展开。要组织行业专家定期深入有发展的重点帮扶企业给予全方位指导，帮助弱势创业项目走出低谷。

（二）学校层面

1. 学校领导要高度重视，建立完善的创业创新教育组织体系

高职院校必须把创业创新教育作为人才培养战略的一部分，与人才培养和教学改革有机结合。同时要成立一把手任组长的领导小组，由某一行政科室具体实施，相关职能部门共同参与，围绕目标，分工合作，共同支持创业教育，定期围绕创业创新教育召开、协调会、研讨会，解决工作交叉、扯皮问题。

2. 以科学发展观为统领，构建复合式课程体系

科学合理的创业创新课程体系主要包括理论课程体系和实践课程体系。

（1）建立合理的理论课程体系。理论课程体系包含三个模块：第一个模块是基础课程，包括创业学、创新理论、风险理论、企业管理理论。通过这个模块帮助学生搭建合理的知识结构，加深对创业创新教育的理解。第二个模块是核心课程，包括创业管理、创业团队、创业财务、机会识别、创业计划书、创业市场营销等，这个模块主要是帮助学生深入了解企业运营管理。第三个模块是交叉课程，包括经济学、管理学、心理学和金融学等课程，这个模块是让学生明白交叉学科的作用。以上三个模块，既独立又有交叉，是多学科组合的跨学科课程体系。由于高校的必修课时非常紧张，全部安排很不现实，除第一模块列为必修课并保证教学实践外，其他可根据专业特点、个人兴趣通过选修课完成。同时，推行弹性学分制度，给在校创业者一定的学分，激发学生创业热情和创业兴趣。

（2）构建创业创新教育实践课程体系。创业创新教育是实践性很强的课程，实践课程体系既包括教学实践，也包括真实的课外创业实践。通过实践教学环节激发学生创业热情、培养学生创业品质、提高创业实践能力和创新精神。通过实践学习使学生真实地体悟创业创新精髓。在实践环节，可通过职业生涯大赛、创业设计方案大赛、实际创业项目等方式鼓励大学生边学边做，不断提升自身能力。教学内容既要体现开放性，又要体现灵活性的特点。

3. 建立创业教育筹资体系

多方面拓展筹资渠道，一是建立教师创业教育研究基金，支持创业创新教师课改、课程开发和指导学生活动；二是设立创业教育专项资金和奖励基金，专门用于创业教育开展、资助创业项目、奖励有突出成绩的教师和学生，为全院师生的创业

创新活动提供必要的财力支持，同时也能促进和推动职业院校创业创新教育的全面开展。

4. 构建完善的创业创新教育指导体系，充分发挥指导教师作用

大学生作为创业创新教育的主体毋庸置疑，但在实践中需要富有丰富经验的教师作指导，指导教师起着"导演"、"教练"作用，随时解决出现的各种问题，要实现这一目标，必须建设一支高素质、多元化、专兼职教师队伍。教师是实现创业创新教育的关键所在。

（1）提高本校教师理论水平，建设一支科研型、具备创新精神的教师队伍。一是制订师资建设规划，有计划地做好教师参加创业教育方面的培训和学历提高工作，同时加大学科带头人、骨干教师培训投入，不断丰富授课教师知识结构；二是定期安排教师到企业实习、见习，了解企业管理流程，提高教师的综合素养和课堂教学针对性。

（2）聘请企业管理人员来校做兼职教师。为加强实践教学操作性，既可聘请创业投资专家、企业发展咨询顾问、企业管理人员来学校做专兼职教师，也可聘请企业家、创业典型人物、成功校友等来校讲座，树立科学民主的教育思想。

（3）建设"双师型"队伍。充分利用企业兼并、重组、产业结构调整之机，引进一批符合教师条件的专业技术人员充实教师队伍，借此改善师资结构，彻底改变不合理现状。

5. 搭建创业教育实践平台，理论与实践真正结合

一方面，学校可建立大学生创业园、创业市场、创业孵化和创业创新实训基地，解决大学生创业实践的空间问题；另一方面，学校积极开拓社会资源，多渠道，广泛联系，推动企业联合搭建实践基地平台，组成创业载体。要把校内外实践基地办成教师教学的示范性场所，同时也是学生动手实践的阵地和创造经济效益的实体。实践基地必须坚持以项目带动活动，引

导更多的大学生参与到创业项目中接受锻炼，体验真实的创业过程，提升学生自主创业能力和水平。

6. 学校要营造有利于创业创新教育的良好环境

学校的管理必须由传统的封闭式向学术民主自由、工作高效和谐、活动健康有序迈进。应通过各种有效学术活动和校园文化活动，培养学生创新欲望；充分发挥团委、社团和第二课堂作用，成立各种创业创新组织，大胆实践、大胆活动，举办创业论坛、规划竞赛、创业社团等形式多样的课外创业文化活动，培养学生创业能力和创新意识；授课教师必须转变传统的以知识传授为中心、过分强调自我作用的教学思想，充分体现以学生为中心，尊重学生的创新思维和创造精神，培养学生想学、善学、会学的良好习惯，打造敢于思考、大胆质疑的良好课堂氛围，充分发挥学生主体性作用，激发学生的创新思维、创造潜能和创造才能，促进创新意识和能力的形成。

（三）学生层面

1. 正确认识创业创新教育

高职所实施的创业教育，并不是鼓励学生在校期间就去创业，也不是毕业之后就让学生去自主创业，而重在培养学生的创新意识、创业的品质和创业精神，同时也是对那些有创业意向、毕业后准备创业的学生加强理论知识储备和技能培训。创业教育就是以创业为导向，培养创新创业素质的人才为目标，强调以创造、创新为核心的教育。从就业的角度看，创业教育也是就业教育，既可以通过创业教育推动就业，也可以为自主创业提供各种准备。

对大多数学生而言，通过创业创新教育，能够培养开拓创新精神，提高创业创新意识和自身综合素质。就学生自身发展而言，有了这方面的教育，上岗以后对企业创新、企业管理、企业发展将更为关心，对尽快进入角色也更为有利。近年来，大多数用人单位除了要求员工努力工作，更看重创新精神和独立工作能力。

对少部分学生而言，通过创业创新教育，对自主创业产生了浓厚的兴趣，既具备了自主创业的条件，又具备了创业相关知识，因此，走自主创业之路不失为一种很好的选择。

2. 将自己的专业与创业教育有机融合

学生在学好专业基础知识和专业技能的同时，要积极参与校内外创业创新教育各种活动，努力提高自己的创业意识，培养创新精神和团队精神，提升实践能力和创业品质，树立勇于冒险、敢于创业的价值观念。只有这样，才能具备社会竞争能力和生存能力，毕业后既可以寻岗就业，也可以为自主创业奠定良好基础；也只有这样，才能成为社会和企业需要的有用人才。

参考文献：

[1] 许朗，贡意业. 大学生创新创业教育模式探索——项目参与式创业教育 [J]. 学术论坛，2011 (9).

[2] 李家智. 高职院校创业教育的价值视角与途径探讨 [J]. 继续教育研究，2010 (4).

以创新思维为指导的实践教学探索

余以堂　吴淑珍

当今，现代化教育观念正影响着我们教育工作者，同时也给教师提出了更高的要求——具备创新意识和创新能力，在教学实践中形成现代教学风格，利用现代网络技术优化政治课堂，从而促进学生自主学习，掌握知识。为了让更多的学生对学习产生浓厚兴趣，这就促使更多的老师学会创新，同时将创新与实践教学相结合，让学生在不一样的学习和教学方式中，获得更多的知识和快乐。

一、实践教学理论现状

近年来，实践教学理论研究不断深入，主要表现在以下三个方面：

（1）研究对象由零散的环节转向综合的系统，即从教学环节的理论研究扩展到实践教学系统的理论研究。实践教学环节是一类教学环节的统称，这些环节都具有实践性强的特点，实践教学是实践性教学环节的升华。实践教学和实践教育通常相互替代，即广义的实践教学为实践教育，而狭义的实践教育为实践教学。实践教育是相对于理论教育而存在的综合教育方式，大致包括实践意识（情感取向）、社会实践（对社会的作用和社会的认可）、实践教学（技能的获取、动手操作、实证）等。实践教学包括认知实习、课程实验、课程设计、教学实习、科研训练、社会实践、毕业实习与毕业论文设计等环节。

（2）从"概念界定、结构组成、改革途径"的研讨逐步转向"实践教学功能、模式及体系的研究"。其中，"功能"研究注重实践教学和理论教学间的联系，也注重研究实践教学在培养学生综合素质方面不可替代的作用。虽然各高校开展实践教学体系的改革角度不同，做法也呈"多样性"，但是，实践环节的构成具有一致性，实践教学设计安排都遵循由浅入深、由单项练习到综合练习的原则。实践教学体系各要素之间相互制约。其中，目标体系是核心，它在一定程度上决定着实践教学的内容体系、条件体系、管理体系的结构，同时也取决于这些体系的功能水平。

（3）以马克思主义、毛泽东思想和邓小平理论为指导，同时汲取其他教育理论研究成果。在马列主义关于人的全面发展，毛泽东关于"教育与生产劳动相结合"、"理论联系实际"，邓小平关于"教育要面向现代化、面向世界、面向未来"等理论指导下，积极地引入诸如"教育本质论"、"教育与发展相互制约的规律"、"系统论"、"信息论"等理论研究成果，提高教学研究的水平，为实践教学改革提供必要的理论依据。

二、实践教学的特点

依据实践教学的活动形式、内容和规律，可以将实践教学活动的特点归纳为以下四个方面：

（1）教育过程中，学生活动的相对自主性从现代教育理论看，其学习应该在教师的指导下通过理论教学获得系统的理论知识和间接经验，而实践教学活动的特点，则是以开放的、动态的教学场景和状态使学生作为自主的、独立的活动个体，与社会、生产、自然、人群直接接触、交流，学生用已有的知识经验和能力去解决生活和生产过程中的实际问题，并在这个过程中接受信息、接受考验、经受锻炼，使自己的情感、态度、意志、个性、认知水平、自主性、创新性等方面都受到影响和触动，在原来的基础上得到培养和提高。实践教学活动中，学生的学习方式是直接体验，注重的是活动过程对学生的培养教育，使学生的主体意识和主动性可以得到最大限度的发掘。

（2）教育方式的实践性无论是实验、实习，还是社会实践活动，都强调了学生在活动中的实践性。在开放的教学环境中，实践教学不拘泥于书本知识，学生亲自动手，通过取样、观察、测试等，了解操作对象的具体特征，掌握事物运动规律；也可以通过调查、访问、测算、统计、分析，预测社会经济发展趋势，提出产业结构调整的最佳方案。这些活动过程有的是验证性实践，但大多数是对未知领域的探索，可以引发学生的兴趣，达到培养科学态度与科学精神的目的。特别是在实验中"有越来越多的学生看到自己的力量，体验实践与成功的乐趣，对人生充满积极的态度"，使学生对学科的兴趣转化为对科学的兴趣，使学生的一般智力转化为实际能力。总之，实践教学使学生在教育过程中的地位发生根本的变化，学生的学习态度、学习兴趣也随之发生变化。

（3）教育因素的多样性。现实的社会生活与生产活动为实践教学提供了丰富的教育内容，如何选取与社会经济发展紧密相联的教育内容，实现人才培养目标，是实践教学设计和实施的关键问题。实践教学教育资源的丰富性、教育内容的多样性是理论教学无法比拟的，实践教学为学生提供了广泛的活动内容和发展机会，来自社会的、经济的、文化的、道德的、法律的、环境的多种因素无时不对学生产生着影响和制约作用。这种活动的结果使学生在个性养成、知识整合、能力迁移以及对他人、对社会、对自然的态度和价值观念都会发生变化。事实证明，实践教学对培养学生的独立人格、创造性等是其他任何教育形式无法替代的。

（4）实践教学过程的探索性随着社会的发展，实践教学理论研究明显滞后于实践教学改革的发展。在创新人才培养的要求下，实践教学体系发展不尽完善，很多学生还缺乏主动进取和勇于创新的精神，由于各高校所处的社会位置及环境条件不同，实践教学不可能要求一个统一的模式，这就需要一个不断探索的过程，各高校应当在一定原则指导下建立适合自己的实践教学体系。

三、实践教学的功能和意义

（1）有助于"学"、"做"合一，培养学生的实践精神，优化学生的能力结构。学生运用知识解决实际问题时，必须投入实践，参与实践活动，在活动中培养实践精神，训练技能技巧，优化自己的能力结构。实践教学活动将理论知识的学习与实践活动紧密联系，是学生熟悉掌握各种技能技巧的最佳途径，有助于学生实现"学"、"做"合一，增强动手能力。

（2）培养学生的主体意识和创新能力。实践教学为学生创造了广阔的空间、多变的场景和发展变化的社会背景，各种不确定性和可选择性因素同时存在，需要学生自主地学习和选择，以适应快速变化的环境，在激烈的竞争中做出正确的选择和决定，得到准确的结果和答案。这些过程都需要学生富有主体意识和主体精神。一个好的教学体系应表现在能够释放学生的一切创造潜力，造成一种氛围，使学生充满好奇心、富于想象力，允许学生独立，允许学生充分表达和表现自己，甚至发现自我。

（3）促进学生人文精神的发展。当前，我国高等教育过窄的专业教育导致过弱的人文陶冶、过重的功利导向和过强的共性制约，这与强调人文精神、科学素养与创新能力相互统一的要求存在相当的距离。实践教学可使学生置身于复杂的社会环境中，在实践中，学生的人生观、价值观及自我完善会产生很大的或根本性的转变，由幼稚、简单走向成熟、理性和有责任感。实践教学为进一步加强人文教育，提供了足够的氛围和条件。

（4）有利于"通识教育"与"专业教育"的相互融合。从社会对人才需求层次和类型看，呈现多规格、多层次、多样化，强调应用性。所谓应用性人才，其基本特征就是"通识教育"与"专业教育"的统一。通识教育与专业教育是相对而言的，前者强调教育与社会、教育与人的发展的对应关系，强调人才的基础性、综合性和适应性，从而培养出基础理论扎实、知识面宽、适应性强的人才。相对而言，专业教育强调了按行业要求"对口培养"精通业务的"现成专家"，因而专业面相对较窄，但对专门知识和技能方面要求比较严格。近年来，通过教育思想的讨论，对人才培养模式已基本形成共识，就是"通才"与"专才"的结合，既要加强通识教育，又要掌握一定的专业知识和技能，要在"通"的基础上有所"专"，在"专"的基础上能融会贯通。

总之，实践教学的目的是使学生具有良好的综合素质。

四、优化实践教学的途径——创新

（一）树立创新意识

人类社会发展的历史，就是不断创新的历史。要创新，首先要树立创新意识。这就要求学生做到以下几点：①要破除创新神秘感。每个正常人生来都有创新细胞，关键是能不能发挥它的潜能。陶行知先生早在 40 年代就提出了"人人是创造之人"的论断。②要有危机感。知识经济的核心是科技，科技的生命在于创新。那种把学习视为单纯继承性的观念，以及师者，即传道、授业、解惑的观念已经不完全符合新时代的需要，教学内容、方法、研究等方面都要适应新时代的需要。第三，要树立使命感。知识经济的关键是人才，基础在教育。

（二）掌握创新方法

笛卡尔曾指出："最有价值的知识是方法的知识。"要树立创新意识，必须掌握相应的方法：①量变质变方法。创造型人才在知识、技能的积累达到一定程度就会产生质的飞跃。爱迪生一生能有1320多项发明专利，主要是各方面知识的积累达到了一定的量。②类推的方法。如飞机模拟鸟的飞翔、摩天大厦模拟人的骨骼等。这种方法要求丰富的联想力和较深的逻辑推理能力。③数学方法。应用较多的是相加的方法，如生物加进化论（生物进化论）；铅笔加橡皮（橡皮铅笔）等。当然，科学的创新方法并不是简单的相加，但做为一种方法，其原理基本如此。④物理方法。如阿基米德发现浮力定律；富兰克林发明避雷针等。⑤化学方法。运用化学原理创造出新的化合物，如诺贝尔发明安全炸药；巴斯德发明消毒法等。创新，一要"创造"，二要"出新"。二者都需要专业知识基础，这一点是共通的。这就要求学生既要勤奋学习学问，又要注意创造方法。理论联系实际，想前人所未想，创前人所未创。

（三）培养创新能力

一是从课堂教学中培养要求学生多问"为什么？"不仅求知其然，而且求知其所以然。使学生在掌握各科知识基础上，探究并掌握先哲思维深处的创造性思维方法。二是在课后讨论中培养课余开展创造性思维方法的讨论。很多灵感是在思想的交流、碰撞中产生的。三是在生活实践中培养要教育学生认真观察，独立思考，标新立异，大胆突破。

同时，在教学的过程中还应该注重以下特性：

（1）层次性。针对不同教育对象，确立不同的创新教育目标、设置不同的创新教育内容的途径。

（2）基础性。创新力的产生和发展须有坚实的知识基础和生理基础。

（3）示范性。教育者应以自身的创新意识、思维以及能力等因素去感染、带动受教育者创新力的形成和发展。

（4）开放性。表现在教育内容、教育方式、途径及教育者的开放性等方面。

（5）民主性。在师生关系、教学环境、学生自由发展等方面形成有利于创新的民主氛围；

（6）启发性主要指创新教育中的教学方法要有启发性。

参考文献：

钟启泉. 国外课程改革透视［M］. 西安：陕西人民出版社，1999.

基于创新理念的实践教学设计策略

罗慧星

一、创新与实践教学概述

创新是指要具有能够综合运用已有的知识、信息、技能和方法，提出新方法、新观点的思维能力和进行发明创造、改革、革新的智慧。创新是一种勇于抛弃旧思想旧事物、创立新思想新事物的精神。创新并不是不倾听别人的意见、孤芳自赏、固执己见、狂妄自大，而是坚持独立思考，不喜欢一般化，追求新颖、独特，与众不同，灵活地应用已有知识来解决问题。创新提倡不迷信书本、权威，提倡学习前人经验，因为大多数的创新都是在前人成就的基础上进行的。只有具有创新精神，我们才能在未来的发展中不断开辟新的天地。

实践教学是巩固理论知识和加深对理论认识的有效途径，是培养具有创新意识的高素质工程技术人员的重要环节，是理论联系实际、培养学生掌握科学方法和提高动手能力的重要平台。完善实践教学体系是高等教育的必然要求。越来越多的人已经意识到，目前我国紧缺高层次技能型人才，高等教育必须以培养具有一定理论知识和较强的职业能力，科技、生产、建设、管理、服务第一线急需的专门人才作为办学宗旨，从而更好地为地方和区域经济建设服务。只有这样，高等教育才能真

325

正发挥其应有的社会功能，实现其社会价值。完善实践教学体系是高等职业教育教学改革的必要环节。常见的几种实践教学形式为实验、实训实习、技能考核、毕业设计、综合实训和顶岗实习。它是把学到的理论知识拿到实际工作中去应用和检验。

创新与实践教学的关系是相辅相成的、相互渗透的。创新与实践教学一起构成统一的完整体系。

二、创新精神的培养

创新是知识经济时代的一个显著标志。江泽民同志在全国科技大会上指出："创新是一个民族进步的灵魂，是国家兴旺发达的不竭动力"，"一个没有创新能力的民族，难以屹立于世界民族之林"。要想让创新型人才辈出，就要用创新教育培养学生的创新精神。

(一)对所学习或研究的事物要有好奇心

牛顿少年时期就有很强的好奇心，苹果为什么落到地上呢？经过苦心研究，终于发现了万有引力定律。好奇心是包含着强烈的求知欲和追根究底的探索精神，谁想在茫茫学海中获取成功，就必须有强烈的好奇心。正像爱因斯坦说的那样："我没有特别的天赋，只有强烈的好奇心。"

(二)对所学习或研究的事物要有怀疑态度

不要认为被大多数人认同的就是真理。伽利略对亚里士多德"物体依本身的轻重而下落有快有慢"的结论的推翻就是一个很好的例子。伽利略验证了两个不同重量的物体的下落时间只与高度有关，与两个物体的重量无关。怀疑态度激发人们去钻研，去探索。对课本我们不要总认为是专家教授们写的，不可能有误。专家教授的专业知识渊博精深，我们是应该认真地学习。但是，事物在不断地变化，有些知识现在适用，将来不一定适用。再说，现在的知识不一定没有缺陷和疏漏。老师不是万能的，任何老师所传授的专业知识不能说全部都是绝对准确的。对待所学习或研究的事物，我们应做到：不要迷信任何权威，应大胆地怀疑。这是我们创新的出发点。

（三）对学习研究的事物要有追求创新的欲望

如果没有强烈的追求创新欲望，那么无论怎样谦虚和好学，最终都是模仿或抄袭，只能在前人划定的圈子里周旋。要创新，我们就要坚持不懈的努力，勇敢面对困难，要有克服困难的决心，不要怕失败，相信一点，失败乃成功之母。

（四）对学习研究的事物要有求异的观念

不要"人云亦云"。创新不是简单的模仿。要有创新精神和创新成果，必须要有求异的观念。求异实质上就是换个角度思考，从多个角度思考。求异者往往要比常人看问题更深刻，更全面。

（五）对所学习或研究的事物要有冒险精神

创新实质上是一种冒险，因为否定人们习惯了的旧思想可能会遭致公众的反对。冒险不是那些危及生命和肢体安全的冒险，而是一种合理性冒险。大多数人都不会成为伟人，但我们至少要最大限度地挖掘自己的创新潜能。

（六）对学习研究的事物要做到永不自满

一个人如果不愿去想另一种可能比这种思想更好的思想，这个人就会变得自满，最终停止了创新。水满则溢，人自满则败。如果说骄傲是失败的开头，那么自满是智慧的尽头。没有了智慧还如何创新？所以人不能变得自满。

三、实践教学存在的问题与解决方案

相对于理论教学而言，实践教学是教学过程中最薄弱的环节。

（一）在实践教学过程中存在以下一些问题

（1）实践基地建设问题。由于实践设备和场地不足，使得目前实践教学条件难于满足实践教学的需求。

（2）对实践教学的重要性认识不够。重视理论教学，而忽视实践操作技能的提高。

（3）实验教学安排存在随意性。首先是实验内容安排的随意性，其次是实验教学时间安排的随意性。

（二）解决方案

学校应加大实训室的建立和投入，提高学生对实践教学的认识，对实践教学有一整套合理的安排。

四、全面构建创新与实践教学体系

（一）设疑导思，培养创新思维

思源于疑，思维是从解决问题开始的。教师在课堂教学中，要不断地通过提出开发性问题或质疑性问题，创设新的教学环境，为学生进行创新思维营造良好的环境。引导学生循序渐进地由被动思维转变到积极主动的思维。在设疑过程中，教师先从学生已有的知识出发，根据教学内容和教学目标，提出富有针对性和启发性的问题。引发学生生疑，在学生的意识中创设探究新知识的情景，进而指导学生动手做实验。这样可以充分发挥学生学习的主动性，调动学生的感觉器官和思维能力，让学生从感知现象开始，对新知识进行由浅入深，由表及里的认识，达到以"疑"导"思"，以"思"求"知"的目的。有了疑问，才会有思考；有了思考，才会有创新。设疑导思突出了教师的主导作用和学生的主体地位，是培养学生创新思维的重要途径，是学生自主学习与主动探究精神的主动体现。

(二)提高学生学习兴趣

兴趣是一切创造性学习的基础和前提。可以在课堂上创设一种轻松和谐的气氛，激发学生创新的兴趣。把学生带入新鲜活泼、富有趣味的情节之中，激发他们的兴趣。要充分利用学校的资源，利用音响、视频、幻灯片等多媒体教学方式来调动学生的学习热情，使学生快速进入课堂学习的状态之中。在教学过程中，可以灵活运用新颖的教学方法或设计富有趣味性的教学环节，把教学活动组织得丰富多彩，富有吸引力，从而使学生对学习过程产生兴趣。

(三)突出学生主体地位，鼓励创新行为

传统的教学模式存在三大弊端：一是重知识、轻能力；二是重结论、轻过程；三是重模仿、轻创新。其结果是严重影响学生的思维活动，压抑了学生的创新精神。改变这种传统的教学模式仍然是当前实践教学的首要任务。在课堂教学中，只有突出学生的主体地位，才能激发学生创新。要做到书让学生读、问题让学生提、见解让学生谈、结论让学生下、办法让学生想。要鼓励学生多提问，鼓励学生发表意见；鼓励学生向课本挑战，敢于提出与课本不同的观点；鼓励学生向权威挑战，敢于质疑权威的结论。一旦学生成为课堂学习的主人，就会有创造性思维的火花的闪现。

(四)注重实践，发展创新能力

实践是检验理论的最好方法，实践教学使枯燥乏味的理论

知识变得生动，进而让学生更好的掌握知识。创新源于生活，一个人的创新能力主要是靠自己平常对事物的观察力。生活中的任何一个小细节都可能会成为它的源头，这就要看你对生活的态度了。

参考文献：

［1］崔爽，范茜．高职院校学生素质教育的方法与途径的探讨［J］．才智，2010（34）．

［2］王友明．高职院校开展创业教育工作的途径和方法［J］．职业技术教育，2009（2）．

［3］李五聚，张改亮，吕遂峰．提升高职院校毕业生就业率的途径与方法探析［J］．中国职业技术教育，2010（7）．

［4］岳平．创新创业教育是适应时代和发展之需——关于把创新创业教育作为高职教育必修课的思考（之一）［J］．邯郸职业技术学院学报，2007（2）．

新媒体在大学生"三下乡"社会实践中的应用探析

张 瑞

    传统媒体以其历史悠久、获取信息成本低等特点默默承载着传播信息的使命。时至今日，随着科学技术的发展及人们希望更快获取更多信息的需求增加，一种不同以往的新媒体应运而生。新媒体技术是相对于传统媒体技术而言，依托数字技术、互联网技术、移动通讯技术等新技术，以手机网络、Twitter 博客、即时通讯软件、SNS 社区等为代表，向受众提供信息服务的技术。在信息技术日新月异变化的新形势下，互联网的互动、手机与互联网的互动以及互联网络、手机网络、电视网络三网融合等形成了新媒体环境。大学生作为文化层次较高的特殊群体，无疑是受新媒体技术及环境影响最深远的一族。在现代高等学校中，新媒体已经逐渐展示出了其相对于传统媒体的优势。将之应用于教学、文体活动、社会实践等是一种有益的尝试。

一、新媒体的特征

    新媒体之"新"是相对于报刊、广播、电视等传统媒体而言的。而之所以称其"新"，是由新媒体相对于传统媒体的特征决定的。具体而言，新媒体的特征归纳如下：

    第一，全时传播。信息传播的时效性有四个发展阶段：定时、即时、实时。全时，全时传播指的是信息随时可以进行发布。

第二，全域传播。地域和空间限制越来越少，只需要设备和传输信号，就可以发布信息。

第三，全民传播。传播不再是机构、媒体单位的事情，每一位民众都可以参与其中，谁都可能是记者、编辑。

第四，全速传播。传播速度比旧媒体快，在事件发生的同时就能够进行传播活动。

第五，全媒体传播。传播信息不单是文字或者图片，还附有音频、视频等多触觉通道。

第六，全渠道传播。客户端多样化，比如电脑、手机、短信等都可以进行信息发布。

第七，全互动传播。新闻的线索搜集、采访、发行等一系列活动，所有用户都有机会参与进去，并且在事后可以发表评论。

第八，去中心化传播。不存在类似于"头版头条"这样的状况，不同受众可以选择出很多主题进行讨论，同时也说明了新媒体使新闻多元化。

第九，去议程设置传播。信息传播不再是比较固定的用词模式，不同的消息发布人可以用自己使用语言的习惯进行传播。

第十，自净化传播。虽然在新媒体的传播过程中，负面信息传播面积是正面信息的四倍，但是一般小道消息都会有相关人员出面澄清，所以造成的误会基本可以得到有效的遏制。

二、将新媒体应用于大学生"三下乡"社会实践的必要性

新媒体的特征决定了新媒体在社会、经济、科学取得大发展的今天可迅速为广大人们所接受。大学生作为具有较高文化水平并善于追求"时尚"的特殊群体，无疑将成为新媒体应用的"排头兵"和忠实"粉丝"。既然大学生对新媒体如此情有

独钟，那么将新媒体应用于教学、文体活动、社会实践等工作中，必然更容易为大学生所接受，并且因为接受而产生更加强大的追求先进的动力。

大学生"三下乡"社会实践是各高校在暑期开展的一项意在提高大学生综合素质的社会实践活动。一般而言，需要大学生以志愿者的形式深入农村，传播先进文化和科技，体验基层民众生活，调研基层社会现状。虽然在改革开放30余年后的今天，社会主义新农村建设取得举世瞩目的成就，但仍存在一些较为贫穷和落后的村庄，不仅没有网络，甚至没有电话、电视。大学生选择开展社会实践的地方往往就是这些贫穷落后的村庄。在这种情况下，一边是通讯不畅，一边是迫于将社会实践的情况传播至所在学校及各类媒体，这无疑将迫使大学生们设法去解决这一矛盾，新媒体的应用也便顺理成章。

大学生每年暑期"三下乡"社会实践的开展时间，各高校大致相同。在各实践团队深入农村之后，面对相似的情况，如何快速学习和借鉴其他兄弟团队的好的思路和做法、取长补短是很多团队都乐于思考的问题。而各高校社会实践的组织者们更希望能够找到解决这一问题的方法。在这种情况下，新媒体以其全时传播、全民传播、全速传播、全互动传播等特征跃入他们的视线。将新媒体应用于大学生"三下乡"社会实践正是解决这一供需矛盾的有效手段。

三、新媒体在大学生 "三下乡" 社会实践中的应用及效果

新媒体在大学生"三下乡"社会实践中的应用出现在2011年暑假。团中央倡导广大青年学生以实践团队的名义开设微博，首次将微博这一新媒体形式应用在大学生"三下乡"社会实践中。各社会实践团队通过自己的微博，实时展示和分享实践中的所见所闻所感，搭建了一个"网下实践、网上交流"的新

平台。

自 6 月 25 日，团中央"青春三下乡"官方微博开通以来，各高校社会实践团队便迅速感受到新媒体给传统工作项目带来的巨大生机和活力。团中央学校部和新浪网指派了专门工作人员，负责微博和官方专题网页的维护与更新，每天通过微博向广大"粉丝"发送活动通知，通报项目进展，开启讨论话题，分享精彩留言，成为广大同学在实践期间普遍关注的"第一媒体"。而每天将自己的工作情况和所见所感精心编辑成 140 个字，在结尾注上"@青春三下乡"，点击"发布"，则成为同学们社会实践期间的流行时尚。

自 7 月初"三下乡"活动开展以来，"青春三下乡"官方微博每天都能收到 2000 多条全国各地的同学们发来的新消息，至今已累计收到近 12 万条。"青春三下乡"的每一次转发和分享，都会让某个远在田间地头、厂矿企业的实践团队兴奋不已，"今天，你@青春三下乡了吗？"已然成为同学们挂在嘴上的口头禅。

截至 2011 年 9 月 1 日，通过新浪微博（weibo.com）搜索获取了下列反映微博在"三下乡"社会实践中的应用效果的数据：

表 1　　微博在"三下乡"社会实践中的应用效果

项目	数量
"青春三下乡"粉丝数量	75 501 人
含有"三下乡"词汇的微博条数	128 609 条
含有"社会实践"词汇的微博条数	209 834 条
含有"支教"词汇的微博条数	297 392 条
含有"实践团"词汇的微博条数	6919 条
含有"三进三同"词汇的微博条数	4801 条

以新媒体为工具，对"三下乡"社会实践进行创新，已经

成为凝聚青年、服务青年的新路径。

四、应对新媒体在大学生 "三下乡" 社会实践中可能引发的问题

新媒体的应用为"三下乡"社会实践带来了生机和活力，但同时也可能产生一些负面影响、让高校和实践团队面临许多新的挑战。

新媒体催生了媒体民主化，为人们提供了自由表达的平台，它所产生的巨大社会影响力，改变了原有的言论环境。如不加强引导和监管，可能发生具有不良社会影响的事件，甚至危害国家和社会的安全。

针对新媒体的特征，在将其应用于"三下乡"社会实践时，应从以下几个方面应对可能引发的问题和矛盾：

第一，提高对于新媒体、新媒体构成群体特征、新媒体舆论形成过程及其舆论特征的认识，把握新媒体环境下形势变化与发展的规律，从而处理好新媒体引发的各种矛盾和问题。

第二，提高信息技术运用能力，创新工作方式，运用信息技术提供的手段和途径，应对新环境的挑战，利用好"新媒体"这一工具化解"新媒体"引发的各种矛盾和问题。

第三，提高应对新媒体的沟通能力，提高沟通的智慧与艺术。在新媒体对信息长度做出限制的情况下，如何表达出恰当的意思需要深思熟虑。

第四，加强对参加"三下乡"社会实践活动大学生及实践团队的培训，将新媒体的应用注意事项作专门的要求，坚持社会主义核心价值观，注意身份，注意影响。

第五，加强实时监管，安排专人定时对指定微博发出的内容进行审阅，及时发现问题、解决问题，将矛盾、问题化解在强化之前。

在新媒体开始盛行的今天，将新媒体应用在高校的"三下乡"社会实践活动中，既迎合了大学生追求"时尚"的需求，又拓展了实践活动的宣传渠道，同时也增进了团队间的交流。但各高校仍要加强引导和监管，未雨绸缪，不断提升应对可能引发的问题和矛盾的能力，从而使新媒体在大学生"三下乡"社会实践中的应用所产生的影响趋于良性，并做到"可控"。

参考文献：

[1] 娄超. 新媒体环境下大学生思想政治教育的创新 [D]. 成都：西南交通大学，2010.

[2] 丁荣伟. 新媒体环境下高校辅导员工作方法探究 [J]. 科技信息，2011（5）.

[3] 张珂. 新媒体环境下高校红色网站内容建设路径研究 [J]. 中国青年研究，2011（7）.

[4] 孙国强，刘涛. 试析新媒体对大学生思想政治教育的影响 [J]. 改革与开放，2011（8）.

[5] 詹小华，王世魁，等. 大学生参加"三下乡"活动动机与行为模式研究——以广州十所高校在校学生情况为例 [J]. 科技致富向导，2011（2）.

重庆农村劳动力转移培训问题及对策研究

母小曼　杨　矛　徐　敏

　　重庆工商大学重庆工商大学应用技术学院秉承"厚德笃学，强能创新"的院训，以培养生产、建设、管理和服务第一线所急需的技术应用性高级专门人才为办学目标，学院以学生为中心，积极探索以职业能力为本位的教学内容、教学方法、手段和模式的改革，高等职业教育教学改革取得显著成效。

　　2010年重庆工商大学成立职业培训中心，承接世界银行重庆市农村劳动力转移培训子项目，由应用技术学院负责运行，高等职业教育积极参加劳动力转移培训，是学院重视职业能力培养，服务社会发展需求的重要步骤。本文为学院实践教学办公室、职业培训办公室承接重庆农村劳动力转移培训后，所做的可行性分析，希望对学院开展劳动力转移培训有指导作用，同时也是结合培养对象需求，强化职业能力的重要探索。

一、重庆农村劳动力转移培训现状分析

　　重庆"大城市、大农村、大库区"的空间格局造就了庞大的农村人口，形成了对城市化发展进度的阻碍，也导致了农业发展的低效率。据最新统计资料显示：2009年末，重庆全市户籍人口3235万人，其中农村户籍人口2358万人，占全市总人口的72.9%，农村劳动力总数1378万人，占农村户籍人口的

58.4%。相对于直辖之初，农业人口下降了 0.5 个百分点，不到 100 万人。反映了重庆城市化进程的加快，但农业人口在 2009 年依然达到了非农业人口的 2.58 倍，城乡统筹道路道路艰难。

（一）重庆市区县农村劳动力资源现状

为充分了解重庆市农村劳动力资源机构，受重庆市农委委托，重庆市农委阳光办、重庆市培训集团、重庆工商大学职业培训中心联合对主城区的九龙坡区、渝北区，渝西走廊的永川区，渝东南翼的黔江区、秀山县，渝东北翼的万州区、云阳县共计 7 个区县进行了面上和抽样调查。抽样调查涉及 14 个乡镇、28 个行政村、28 个村民小组，共 2522 户农户，8631 人。针对农村 16 ~ 60 岁的劳动力，共计 5299 人进行了一次详细调查，基本摸清了调查地区农村劳动力总量及结构、转移培训等情况。调查显示，我市农村劳动力转移培训呈现良好势头，在实施城乡一体化发展战略过程中，发挥了重要作用。重庆市区县农村劳动力资源呈现以下几个特点：①农村劳动力富余数量大，分布不均。目前，重庆累计转移农村富余劳动力超过 750 万人，还有 213 万富余劳动力需要转移，其中都市发达经济圈仅 136.7 万人，占 10%。农村富余劳动力主要分布在山区和经济相对落后地区。②农村劳动力综合素质低，转移就业稳定性不高。高中及以上文化程度 94.4 万人，仅占农村劳动力 12.6%；同时农村劳动力职业技能水平不高，市内农村劳动力中，接受过技能培训的只占 24.7%。重庆转移农村富余劳动力其培训量将达到 700 万人左右。

（二）重庆农村劳动力转移的特点

重庆农村劳动力转移的规模大，呈不断增长势头。近年来，重庆市转移的农村劳动力约占农村劳动力总数的 30% 左右，转移人数和转移就业收入都不断增长。①劳动力转移以就地转移和外出务工为主，外输与内转双向流动。从趋势上看，农村劳动力流动性越来越大，外出就业的范围也在扩大，外出就业仍然是农村劳动力转移的主要途径。农村劳动力转移沿海地区仍是吸收转移的主要去向。同时，以自发外出为主，农村劳动力转移盲目性减少；以二、三产业为主，农村劳动力转移主要集中在劳动密集型。年龄层次主要集中在45岁以下青壮年劳动力，文化程度以初中文化为主。②劳动力转移是农民增收的主要途径。经统计，抽样调查中的2117户农村家庭总收入为3008.46万元，户均14 210.9元，人均收入4413.2元。其中，家庭务工年总收入2353.3万元，户均务工收入为11 115.9元，人均务工年收入3452.04元，劳务收入占总收入的78.2%，成为农村家庭收入主要来源。

(三)重庆农村劳动力转移培训的效果

重庆农村劳动力转移培训提高了就业率，成为农村劳动力有序转移的助推器。受过陪训的农民的收入普遍提高，据2008年7个抽样调查区县的统计，接受阳光工程培训转移就业的农民月均收入1000多元，比在家务农的农民收入高约600元，比未受训农村劳动力高出300元以上。阳光工程直接纯收益达3.2亿元。

二、重庆农村劳动力转移培训中的主要问题

重庆农村劳动力转移培训有效地提升了劳动力技能、帮助其转移就业，推动了统筹城乡发展。重庆市政府也出台了一系列推进农村劳动力转移培训的政策，但在具体实施实践中，农村劳动力转移培训中暴露了许多问题，诸如企业和行业参与不足、培训主体如何定位、培训项目大量重复建设等，制约了农村劳动力转移培训。

（一）重庆农村劳动力转移培训存在政策、机制设计缺陷

重庆农村劳动力转移培训政策执行有障碍，主要体现在区、县级政府缺乏政策调控手段，农村劳动力进城进镇特别是进入全国大中城市的"门槛"过高，输出容易转移难，难以从根本上减少农村人口。一是转移培训机制设计上存在缺陷，缺乏信息服务机制。未能建立信息发布机制和实现全国共享，劳动力市场和中介机构发育不完善，致使务工农民信息不灵。缺乏对农村劳动力培训的制度约束机制，农村劳动力输出转移工作的考核奖惩机制不健全。各级政府和相关行业、部门抓农村劳动力输出转移的积极性不高，尚未形成全社会关心支持农村劳动力转移工作的浓厚氛围和上下联动、齐抓共管的工作格局。二是转移培训资金不足，执行机构分散。农民如果参加技术含量较高的培训，还需负担相当的费用。

（二）重庆农村劳动力转移培训参与部门多，体系构建不科学

据统计，截至 2007 年重庆市共有农村劳动力转移培训基地406 所，具有中职招生权的职业学校计 150 余所。每年仍有主要是农村居民为主的几十万适龄青年未能接受高等教育和中等职业教育。目前的教育培训体系，与重庆市产业发展和城乡统筹劳动力转移要求有很大的差距，对推进城乡统筹的改革试验、形成统筹城乡发展的良性机制也有一定的障碍。同时，企业和行业参与不足，常导致农村劳动力在培训过后，就业困难。由于没有企业和行业的指导，所学的技能与实际工作所需技能有差距，或者不能应用。而且培训内容与市场需求不紧密，不能满足农村劳动力的需求。培训基地专业设置大多集中在一些传统专业，如建筑、缝纫、机电、模具等，专业设置重复，缺乏

特色。现有培训学校，其专业设置大多针对 20 岁左右年轻农民，设置需长期培训的专业。而农村大量的 30~50 岁的富余农民，由于他们大多为家庭支柱，其收入为家庭主要来源，不可能参加长期培训；同时他们中一部分人年龄大、基础差，学习技术含量高的专业较困难，导致其只想接受简单技能的短期培训。

三、推进重庆农村劳动力转移培训的几点对策

(一)充分发挥职业教育的办学优势服务转移培训

职业教育参与重庆农村劳动力转移培训有许多不可替代的优势：①设备优势。从事职业教育的院校普遍具备较好的实验、实训设备设施，也有较好的教学场所。②师资优势。职业院校的师资力量较强，而且职业院校强调懂理论、会实践的教师素质，拥有一批既懂理论教学又能指导实际操作的"双师素质"教师。③基地优势作用。职业院校强调校企合作、开放办学，各专业均与企业紧密联系，有一批高质量的实习、实训基地，与社会、生产一线紧密结合、条件优良、设备先进，通过合理安排，能很好地满足劳动力转移培训之所需。④管理优势。职业院校对技能教学、能力培养、实践实训的组织与管理有成熟的经验，可以确保农村劳动力转移培训工程的顺利实施。⑤政策信息优势。职业院校具有较强的政策支持，有利于协调政府、学校、企业之间的关系，有利于达成共识，形成合力，调动各方积极性为农村劳动力转移服务。⑥职业技能鉴定优势作用。各职业院校一般具有职业资格培训经验和先进的培训理念。在职业院校开展劳动力转移培训，也有利于农民工在完成各个阶段的教学要求后，或者通过阶段的考试后颁发职业资格证书；与职业技能鉴定中心合作，定期对农民工进行技能等级考核认定，并颁发证书，为其顺利就业、向城市产业工人转化创造条

件。⑦培训模式优势。职业院校强调能力本位，与企业联系十分紧密，职业技能培养过程与岗前实习相接轨，"顶岗实习"、"工学结合"、"定单培养"、"半工半读"等人才培养模式使参加培训的农民工"适销对路"，与培训后的就业深度融合。

（二）开发模块式：能力为本位的培训课程和教学材料

劳动力转移培训可以依托职业院校的优质教育教学资源，编写适用农村劳动力转移培训的实训项目、实训指导书。鼓励从事职业教育的教师队伍进入企业一线工作学习，了解行业发展趋势，收集教学素材，遵循"实用、实效、实践"的原则，编写农村劳动力转移培训的实用性讲义，并注重行业实用新知识、技术、标准的应用以及培训前职业技能推介，保持培训内容的不断更新。

重庆工商大学职业培训中心根据这一模块，采用了以下一些做法：①成立由企业技术专家和校内外职业培训专家组成的培训教材编写委员会；②在调研企业用工需求基础上，开发部分课程培训大纲，已经完成3个；③开发与培训大纲相配套的、市场需求的教材，目前已经完成2本；④邀请企业技术专家共同设计实训项目、编写实训指导书，目前已经完成《销售员》、《酒店从业人员》、《秘书》、《物管员》、《商务礼仪》等实训指导书5种；⑤加强实训环节，建设实训基地。目前已拥有53个校外实训基地，建设中西餐饮、客房、礼仪、电话访谈CRM、零售管理等实训室31个，特别针对劳动力培训进行了设计优化。

（三）广泛开展校企合作，拓宽劳动力转移培训的出口

开展校企合作，主动参与转移培训到企业就业的全过程。加强校企合作，推进"订单"、"定向"的劳动力转移培训模式。一方面由合作企业提出培训要求，学校组织技能培训满足

企业用工要求；另一方面结合地方政府、农村劳动力劳务输出的目标、要求设置培训项目、培训内容，满足农民工的发展要求。

认真分析企业要求，充分挖掘校企合作潜力，积极争取更深入的校企合作。以笔者所在学校为例，开展了与重庆啤酒集团、小天鹅集团、苏宁电器等企业的合作，订单式培训企业所需技术应用性人才；同时企业需要不同层次的劳动力，比如服务性、劳动密集性劳动力，可以依托职业院校与企业的良好关系，主动开展定向人才的劳动力转移培训，适应企业的用工需要，满足劳动力的就业需要，打造了从培训到就业的一体化链条。

同时针对一些用工缺口大、发展迅速的企业，比如重庆打造计算机装配基地，引进的英业达等大型打工企业。可以与之共同合作，职业院校提供教学场地、师资、招生渠道，企业提供就业岗位、实践实习场所、培养标准。校企共同宣传、共同招生、共同培训。由企业负担大部分培训费用，实现农村劳动力的有效转移，实现农民工向产业工人转化。

以职业能力导向的应用本科实践教学的探索与实践——重庆工商大学应用技术实训与创业中心发展纪实

李定清　肖大成　张梁平

　　重庆工商大学应用技术学院作为一所本科院校下设的高等职业教育院校，成立于 1999 年，是以培养生产、建设、管理和服务第一线所急需的技术应用性高级专门人才为办学目标的二级学院。学院坚持"开放办学"的办学理念，树立"以需求为导向，以能力为本位"的人才培养观，充分利用综合性大学的优质教育资源，走产学研结合的道路，努力探索并实践具有鲜明职业教育特色的高素质应用性本科人才培养模式，取得了令人瞩目的创新成果和办学成就。目前已成为重庆市乃至西南地区高素质应用性人才最重要的培养基地之一。

　　重庆工商大学应用技术学院近年来基于实训中心在实验教学方面进行诸多探索与实践，取得较大的成效。实训与创业实训中心是以"职业能力"为导向，以培养高素质应用性本科人才为目标的多学科交互融合的实践教学平台，是学生实践能力和创新能力培养的基地。实验中心以实训课程体系改革为突破口，不断深化课程实训方法和手段改革，全面整合优化实训资源，构建由认知实习、课程实训、综合实训、创新创业实训组成的综合性实训平台。中心经过 5 年多的建设，在应用性本科层次的高等学校中具有了一定影响力，起到了一定的示范作用，并于 2011 年评为重庆市市级实验教学示范实验中心建设单位。本文系对该实验中心实验教学的总结。

一、中心演进过程

重庆工商大学应用技术实训与创业中心占地面积 4000 余平方米，功能实训室涵盖了目前应用技术学院的 5 个本科专业、8 个专科专业，共计 31 间，设备 1480 余台套，可供 1300 余位学生同时进行实践教学活动，中心资产达 1000 余万元。

中心主要面向应用技术学院全体学生进行专业的课程实训，主要包括会计学、市场营销、连锁经营、旅游与酒店、软件工程等专业的课程实训，同时承担本校区各种基础课程的实训。近年来，中心多次接待了国内外专家学者的考察，承办了多次国家级、市级的各类技能竞赛活动，发挥了应有的辐射作用。中心的建设发展历程大致分为三个阶段：

1. 第一阶段（2002.6—2006.9），重庆工商大学实验实习中心江北分中心阶段

2002 年重庆工商大学正式成立，学校成立了重庆工商大学实验实习中心，全面负责学校的实验设备管理、实验室的建设及实验课程的运行等。

2. 第二阶段（2006.7—2009.9），应用技术实训基地阶段

伴随着重庆市在普通高等院校开展应用性本科教育改革的深入，学校于 2005 年加大应用技术学院实践教学改革的力度，将原实验实习中心的江北分中心资产移交应用技术学院，成立重庆工商大学应用技术实训基地，由应用技术学院直管，由学院全面负责实训基地的建设、运行与管理。应用技术实训基地在 2006 年 7 月正式成立；2007 年，学校以专项建设的方式下达 100 万元的实训基地建设经费；2008 年通过与洲际集团的合作，由洲际集团出资 50 余万元在应用技术实训基地建成了"洲际标

准间"。2007年9月，重庆工商大学出台了《应用技术学院2007—2009年深化教学和管理体制改革方案》(重工商大〔2007〕261号）文件，根据文件精神将学院所收取学费总额的7%作为应用技术实训基地的建设经费。该文件的出台，为应用技术实训基地的建设提供了充足的经费保障。

3. 第三阶段（2009.9至今），应用技术实训与创业中心阶段

2009年，学校通过学校实验室建制调整，成立了重庆工商大学应用技术实训与创业中心，学校在制定第二轮《应用技术学院深化教学和管理体制改革方案》时，投入了800万元经费用于应用技术实训与创业中心的后续建设。学院根据改革的思路，不断完善实训中心的实训条件，同时大力建设具有创新、创业性质的学生实训平台，从硬件建设到软件建设全面发展。通过本阶段的建设，中心的使用面积达到4000余平方米，各功能实训室达到31间，资产总额近1000万元，中心工作人员及教师达67人，每年基地每学年开出的实训课程学时数达到25万人学时，实训项目220余项。

二、示范中心建设举措

应用技术实训与创业中心树立正确的办学导向，明晰高职教育人才培养定位及培养目标，建立符合国情和各方需求的高职教育人才培养是保证高职教育人才培养质量，办出职业教育特色的关键所在。实验教学作为学院人才培养目标实现的关键环节，也是实验实习中心的重要工作，而实验教学质量则是实验实习中心运行的出发点。因此，就加强实验教学的运行与探索，"中心"坚持"以需求为导向，以职业能力为本位，以构建平台为基础，以多维互动为方法，以创新创业为目标"的实践教学理念，以"传授知识、培养能力、注重创业、提升素质"为宗旨，加强专业基础和综合能力训练，重视学生创新、创业

意识的培养，着力提升教学质量，逐步形成了特色鲜明的多维互动实践教学体系。该体系的特点体现为十六个字："内修外练，内外兼修，能力本位，多维互动。"内修为学院完善了职业能力的研究与项目开发，外练为学院成功打造了校内外两个实践教学平台和多种并行融合的校企合作模式，两者相辅相成塑造出职业教育实践教学体系的鲜明特色。

中心以加强素质教育和培养职业技能能力并举、理论教学和实践教学并重为原则，以综合实验为主体，以创新创业实验作为提升内容，采取工学结合、过程化教学、案例教学等多样化教学模式，构建知识与技能融合、专业与行业对接、人才培养与社会对高技能人才要求合拍的一体化教学体系，从而实现培养德、智、体、美全面发展的，具有创新创业精神、实践应用能力等高素质的高级专门人才的目标。

（一）坚持"开放办学"理念，塑职业教育核心竞争力

实验中心注重与校内外的各种交流与合作，通过搭建各种对外交流平台，给实验教学提供一个良好的环境。通过加强对职业教育内在规律的研究，明确了"开放办学"的理念，通过搭建开放合作的国内和国际两个交流平台，大力开展校企合作、国际交流合作等工作，借对外交流之力，不断创新职业教育的理念、机制和办学模式，最大限度地提升了人才培养质量。"开放办学"目前已成为学院一大办学特色。

1. 以职业能力为重心，创新校企合作新模式

实验中心与企业广泛合作，积极与国内外大中型企业建立长期战略联盟，共建校外实习实训基地，充分借助企业的资金、人力等资源，精心设计建设方案，充分营造"互动性"、"仿真性"实践实训环境，有效突破校内教育资源有限的瓶颈制约，实现了校企共建、资源共享。紧密依靠企业行业，以"人才共育、就业共担、资源共享"为目标，全方位、多层次开展校企

合作是学院实施"开放办学"的基础。面对发展的要求，提出了"围绕专业办产业，办好产业促专业"的战略思想，不断强化和深入推进校企合作。中心与企业的合作主要体现在三个方面：

（1）充分借助企业资源，校企共建校内实训基地。重百集团将单店 POS 操作系统软件赠与学院用于连锁经营实训室建设，扬子江假日集团则具体指导了酒店实训室的规划与建设。洲际集团在学院直接投资建设其集团下属"Holiday Inn"、"Holiday Inn Express"等系列酒店标准间实训室，两间星级酒店标准间实训室于 2008 年 6 月建成并投入使用，有效推进了学院实训基地由模拟仿真向真实环境的转变。

（2）创新校企合作模式，多种合作方式共育人才。2002 年至今，学院已先后与 53 个企事业单位建立了实习合作关系，实习点遍布全国 13 个省市或地区。除了实习合作外，先后与重啤集团、重庆登康公司等品牌企业签订了"订单培养协议"，"订单培养"目前已成为最为稳定的校企合作模式之一。同时，通过采用合办专业模式与更多企业展开深度合作。其中，与重庆中新会展公司合办了会展与策划专业，与中软合办了软件与工程专业。通过努力，实现了每个专业都有企业资源的全方位参与，专业特色更为鲜明，学生的就业竞争力也得到质的提升。

（3）坚持"企业、行业、专业"三结合原则，校企合作研发职业能力标准。职业能力是实践教学的逻辑起点，是职业教育的培养目标，也是毕业生就业竞争力的根本体现。在对职业能力标准制定和修订的过程中，邀请洲际集团、万豪酒店等十余家合作企业的经理或人力资源部部长，与学院各专业教师共同对职业要求和岗位能力进行讨论、分析，确定各专业岗位群的职业能力标准。在广泛征求企业意见的基础上，经过各教学系的精心论证，现已确定学院现有的市场营销、贸易经济（连锁经营）等 8 个应用本专业对应的专业核心职业资格证书与扩展职业资格证书。

通过近几年持之以恒的建设，学院在合作办学上取得了显著的成效。目前，校企合作过程已呈现出几大鲜明的特点：第一，人才培养方案体现"企业化标准"；第二，育人场所扩展到"企业车间平台"；第三，校园文化延伸到"企业文化平台"；第四，招生计划体现"企业用人订单"；第五，动作模式体现"市场化机制"；第六，合作模式从"单一"到"多元"。与众多企业全面而深度的合作，为学院各方面的发展打下了坚实的基础。

2. 汲取先进国家的办学经验，积极推动国际交流合作

在不断深化校企合作的同时，充分借助各类外事资源，积极开展国际交流合作。一方面，学院不断加大国际合作交流的力度，搭建各种国际交流合作的平台。除与澳大利亚南岸理工学院等 TAFE 学院达成合作协议外，学院与美国爱尔琴社区学院签订了战略合作协议，现已启动了学生互换学习等合作项目，双方正在协商下一步开展合作办学的计划。同时学院积极与美国多所大学联系，计划开展"2＋2"等合作办学项目；与英国职业技能鉴定机构达成"国际认证证书"定向培训计划。另一方面，对内积极利用各种外事活动资源，开展英语沙龙、英语演讲比赛等多种形式的交流活动，同时采用并强化在各专业实施双语教学的模式，营造国际化课堂氛围。随着对外事交流工作重视程度日益加大，学院于 2008 年初在学校各二级学院中第一个正式确立了外事办公室的机构设置，实现了学院外事工作的专门化管理。

同时，国际合作与交流的有效开展，既拓宽了学院办学的视野，更为学生提供了国际交流的舞台，越来越多的学生走出国门，一睹世界风采。2008 年至今，学院已先后派出近 60 名学生前往瑞典、美国、英国、加拿大、丹麦、韩国、新西兰等国参加交换学习或带薪实习。其中，学院参加迪斯尼交换项目、

赴美带薪实习项目和泰国皇家理工大学交换学习项目的学生数量居全校之冠。通过这些对外交流，拓宽了学生的学术视野，增强了学生的社会阅历，同时带动了学生英语能力和综合素质的提升，大大增强了学生的就业竞争力。

（二）确立"以职业能力为导向"的实验教学改革方案

提高教育、教学质量是高等学校永恒的办学主题，实验中心始终把提高教育、教学质量、促进内涵发展摆在重要突出的位置。坚持"能力本位、两个平台、多维互动，创新创业"的实践教学理念，加强基础和专业基础实验技能训练，重视专业技能培训，增强创新意识和创业能力的培养，提高教学质量，使实验教学具有主动性、创新性、系统性、高效性、科学性。转变教育观念，逐渐建立起分层次、模块化、立体化的"基础知识与专业技能、综合应用与技术设计、创新意识与创业实践"的能力体系。

1. 开发优化职业能力标准

与行业专家和知名企业的管理人员联合开发各个专业的职业能力标准，并不断优化以能力标准为基础的课程体系。在公共基础课、专业基础课、专业主干课、专业选修课及集中实践教学环节中都明确规定了实验与实训教学的内容和要求。

2. 加强内外实验平台建设

通过科学规划和论证，实验中心通过自建与联建的方式，先后建立30余个实训平台，覆盖了所有专业，能提供90%以上的课程实训。同时，实验中心充分重视校外平台的建设，广泛建立学校与企业的合作，先后与多家知名企业联合建立校外实训与实习基地。

3. 打造高水平双师型队伍

采用引进、培养、聘用、合作等多种手段相结合的方法加强师资队伍建设。选拔、培养或聘请一批高素质的技术骨干充实实践教学队伍,以培养"双师素质"(能承担理论和实验教学的教师)为目标,不断提高"双师型"教师的比例;鼓励实训人员参与科研项目和实践教学管理。通过"内培外引",现已建立起一支专兼职结合、校内外统筹、双师结构合理的教师队伍。

4. 不断优化专业结构

以职业岗位群为依据,遵循"以需求为导向、以职业能力为本位"的办学理念,专业设置不断完善。现已初步形成了结构合理、特色鲜明、经管工协调发展的专业结构布局,突出了应用本科的办学特色。

5. 探索课程教学改革

改革传统课程教学方法,强调课堂教学内容的实用性和技能性。大力推进沙盘模拟化实训教学、本土案例实训教学、情景实训教学、项目实战实训教学、以赛促学的实训教学、创业公司实训教学等改革,强化课堂互动教学,提高学生学习的积极性和主动性。同时,将现代教育技术引入实践教学中,利用先进的网络技术、信息技术、更新教学手段,开展信息化辅助实践教学。积极推进课程考试制度改革,探索了"4+4+2"、"双合格"、口试等多种考核形式。

6. 加强教学改革与研究

积极探索订单式、工学结合、合办专业、国际化培养等多种人才培养模式,取得显著成效。2007 年,学院被重庆市教委确定为 C-TAFE 办学模式试点院校,是重庆市四所院校中唯一的本科院校。反映学院教学改革成果的《构建职业能力为导向的高职教育多维互动的实践教学体系研究与实践》被评为学校教学成果特等奖和重庆市教学成果一等奖。

7. 优化实践教学管理体制

初步建立了一套科学的教学质量自我保障和监控机制,通过教学检查、专家督导、领导听课、教师评教、教师评学和学生评教活动,及时、全面地了解和监控教学情况,为严格教学管理、促进教学改革、提高教学质量提供了制度保证。同时，成立实践教学委员会作为实践教学的领导机构，下设应用技术实践教学办公室作为实践教学的管理机构。应用技术实训与创业实训中心是课程实训的运行机构，各专业教学系为实践教学的组织机构，做到管理有序，责任明确，使有限的资源得到充分利用，真正实现教学资源统筹调配和共享，提高使用效率。

为达到能力为本位的培养目标，实验中心的实践教学确立以学生为主体、以教师为主导、以能力为本位、以需求为导向的课程实训教学模式，采取了一些相应的手段。比如：场地设置仿真化、真实化；课程实训项目化；实训平台多元化。在实训过程中强调学生的自主性、拓展性、互动性，以激发学生的学习热情，增强对专业知识的理解。在课程实训的教学过程中，针对存在的问题和不足，不断推进对实践教学方法与手段的改革和创新。

（三）大力开展创新创业教育，打造职业教育发展活力

创新创业教育是21世纪知识经济时代世界高等教育的发展趋势，更是促进职业教育改革与发展的不竭动力。学院领导高瞻远瞩，积极顺应这一趋势，开展创新创业教育的改革与实践，不断完善创新创业人才培养体系，为社会经济的发展培养具有社会责任心、创新精神、创业意识和创业能力的人，以不断增加应本教育的竞争力，提升应本教育的地位。

1. 积极开展科技创新实践活动

其选题紧密结合科研和社会实践应用，创新创业项目与实际相结合。在实验项目过程中，鼓励教师带领学生开展科研实践，参与企业的营销与策划、连锁超市的布点及经营、旅游产品和景点的研发与管理工作、会计的建账及审计工作等，邀请政府官员、社会企业知名人士来校讲学并与师生互动的论坛交流，激发学生创业意识、让学生与创业成功者进行面对面交流，分享创业心路历程，培养学生创新创业意识。

2. 建立创新创业实践教学体系

建立了创新创业实践教学体系，系统地进行学生创新和创业意识的培养、创业知识的传授和创业能力的培训。通过坚持开展职业技能大赛、职业论坛、学术论坛等形式多样的活动，建立了以"一赛两坛"为特色的学生"强能创新"的综合素质拓展平台。各项活动结合专业特征，强调知识与能力并重，理论教学和实践教学并行，以职业能力培养为重心，让学生通过素质拓展平台的锻炼，"学会学习、学会实践、学会创新"。学院确立了"系企一体"的指导思想，在各教学系通过多种形式建立学生创业实习和孵化基地。如在酒店系通过与旅控集团旗下的渝之旅合作成立"渝之旅北滨路门市"，旅行社由酒店系主任担任总经理，旅行社的日常运行和管理都由酒店系的学生负责；在营销系成立营销模拟公司，在会计系成立记账公司，在贸易经济系与学生合办连锁超市，让学生在真实的职场氛围中和对公司的经营管理中，不断积累和提升创新创业素养和能力。

3. 搭建融竞技、学习、实践、创新于一体的素质拓展平台

实现了第一课堂和第二课堂的有机结合，并延伸至第三课堂，促进学生素质的全面发展。据不完全统计，近5年来学生撰写并公开发表的学术论文和市级以上媒体发布的新闻稿件数量达到300篇；2008年以来获得学校每年申请并完成的学生创新基金项目30多项，总金额达到20 000余元；学生学术期刊《应用技术论坛》2006年至今已经出刊9期，刊载学生学术论文260余篇；学院学生共获得各类省部级及以上奖项近50项。其中，2007级市场营销三位学生代表参加2010年全国高校市场营销大赛，以全国第二名的优异成绩荣获全国总决赛一等奖，实现了学院学生获得国家级重要比赛一等奖零的突破。

三、建设成效

应用技术实训与创业实训中心本着以培养学生能力为目标，

以技能竞赛为手段，近年来实验中心多次接待了国内外专家学者的考察，承办了多次国家级、市级的各类技能竞赛活动，发挥了应有的辐射作用。"实验中心"坚持"以需求为导向，以职业能力为本位，以构建平台为基础，以多维互动为方法，以创新创业为目标"的实践教学理念，以"传授知识、培养能力、注重创业、提升素质"为宗旨，加强专业基础和综合能力训练，重视学生创新、创业意识的培养，着力提升教学质量，逐步形成了特色鲜明的多维互动实践教学体系。

"实验中心"坚持开放办学，深化校企合作，积极打造校企一体化合作办学模式。紧密依靠企业行业，以"人才共育、就业共担、资源共享"为目标，全方位、多层次开展校企合作是"实验中心"践行"开放办学"的基础。应用技术实训与创业实训中心紧紧围绕着学校"培养高素质应用性高级专门人才"的办学定位，坚持"能力本位、两个平台、多维互动，创新创业"的实验教学理念。以能力本位为实验中心。实验中心从校内实训、校外企业（校企合作、学生自创）两方面着力构建集"理论知识、实训技能、创业能力"为一体的，结合"课程实训、一赛两坛、工学结合、创业实战"等关键工作的多维互动的实验教学模式，从而使学生得到全面发展，成为具备扎实的专业理论基础，受过系统的专业应用能力训练，具备较强的分析问题和解决问题的能力、创新创业的能力，适应区域经济社会发展，具有广阔视野的高水平的应用技术本科人才。

随着学院办学实力的不断提升，办学成果的日渐丰硕，学院的地位和影响在重庆市乃至全国不断提升。学院是全国职业技术教育对外交流中心常务理事单位和全国应用性本科人才培养发展论坛理事会理事单位。2010年成为重庆市高等职业技术教育研究会应用本科教育专业委员会主任单位。

学院得到了社会媒体和舆论的广泛关注。学校校报对学院建院十周年取得的显著成效做了整版的专刊报道；2008年11月

26 日,《光明日报》教育版头条发表了《本科院校办职教:"压缩饼干"还是"营养餐"》的文章,集中报道了学校举办应用本科教育以来在教育教学改革上取得的丰硕成果,获得了极高的社会评价。学院的应用技术本科教育被重庆市教委高教处领导誉为"走在了全市本科院校应用技术学院的前列,是重庆普通本科院校应用技术教育的楷模"。